2022 中国统计摘要

CHINA STATISTICAL ABSTRACT

国 家 统 计 局 编

National Bureau of Statistics of China

图书在版编目(CIP)数据

中国统计摘要. 2022 = China Statistical Abstract 2022 / 国家统计局编. -- 北京 ：中国统计出版社, 2022.5

ISBN 978-7-5037-9799-6

Ⅰ. ①中… Ⅱ. ①国… Ⅲ. ①经济统计－统计资料－中国－2022－年刊 Ⅳ. ①C832-54

中国版本图书馆 CIP 数据核字(2022)第 062249 号

中国统计摘要—2022

作　　者 / 国家统计局
责任编辑 / 郭　栋
封面设计 / 黄　晨
出版发行 / 中国统计出版社
通信地址 / 北京市丰台区西三环南路甲 6 号　邮政编码 / 100073
电　　话 / 邮购 (010) 63376907　书店 (010) 68783172
网　　址 / http://www.zgtjcbs.com
印　　刷 / 河北鑫兆源印刷有限公司
经　　销 / 新华书店
开　　本 / 710×1000 mm　1/16
字　　数 / 197 千字
印　　张 / 14.25
版　　别 / 2022 年 5 月第 1 版
版　　次 / 2022 年 5 月第 1 次印刷
定　　价 / 58.00 元

《中国统计摘要—2022》

编委会和编辑工作人员

编 者 说 明

一、《中国统计摘要》是为及时反映我国国民经济与社会发展情况而编辑的一本综合性统计资料。《中国统计摘要-2022》收录了 2021 年社会经济主要指标数据，同时简要列示了 1978 年以来的历史资料。内容包括：综合、人口、国民经济核算、就业和工资、价格、人民生活、财政、资源环境和能源、固定资产投资、对外贸易和利用外资、农业、工业、建筑业、消费品零售和旅游、运输和邮电、金融、科技和教育、卫生、社会服务、文化和体育、香港和澳门特别行政区主要社会经济指标、台湾省主要社会经济指标、国际主要社会经济指标及主要统计指标解释。

二、为确保本书的出版时效，书中 2021 年部分数据为初步统计数，正式数据以正式出版的《中国统计年鉴-2022》为准。

三、书中所涉及的全国性统计指标，除特殊注明外，均未包括香港、澳门特别行政区和台湾省数据。

四、香港特别行政区和澳门特别行政区的统计是构成国家统计总体的一部分。但根据中华人民共和国“香港特别行政区基本法”和“澳门特别行政区基本法”的有关原则，香港、澳门与内地是相对独立的统计区域，根据各自不同的统计制度和法律规定，独立进行统计工作。本书中香港和澳门特别行政区统计资料分别由香港特别行政区政府统计处、澳门特别行政区政府统计暨普查局提供，国家统计局编辑。

五、本书中部分数据合计数或相对数由于单位取舍不同而产生的计算误差，均未作机械调整。

六、本书有关符号使用说明：摘要各表中的“空格”表示该项统计指标数据不足本表最小单位数、不详或无该项数据；“#”表示其中的主要项；“*”或“①”等表示本表下有注解。

目　　录

一、综合

二、人口

三、国民经济核算

四、就业和工资

五、价格

六、人民生活

七、财政

八、资源环境和能源

九、固定资产投资

十、对外贸易和利用外资

十一、农业

十二、工业

十三、建筑业

十四、消费品零售和旅游

十五、运输和邮电

十六、金融

十七、科技和教育

十八、卫生、社会服务、文化和体育

十九、香港和澳门特别行政区主要社会经济指标

二十、台湾省主要社会经济指标

二十一、国际主要社会经济指标

附录一

附录二

附录三

附录四

1-1 分地区行政区划(一)

(2021年底) 单位：个

区划名称	地级	#地级市	县级	#市辖区	#县级市	#县	#自治县
全国	**333**	**293**	**2843**	**977**	**394**	**1301**	**117**
北京市			16	16			
天津市			16	16			
河北省	11	11	167	49	21	91	6
山西省	11	11	117	26	11	80	
内蒙古自治区	12	9	103	23	11	17	
辽宁省	14	14	100	59	16	17	8
吉林省	9	8	60	21	20	16	3
黑龙江省	13	12	121	54	21	45	1
上海市			16	16			
江苏省	13	13	95	55	21	19	
浙江省	11	11	90	37	20	32	1
安徽省	16	16	104	45	9	50	
福建省	9	9	84	31	11	42	
江西省	11	11	100	27	12	61	
山东省	16	16	136	58	26	52	
河南省	17	17	157	54	21	82	
湖北省	13	12	103	39	26	35	2
湖南省	14	13	122	36	19	60	7
广东省	21	21	122	65	20	34	3
广西壮族自治区	14	14	111	41	10	48	12
海南省	4	4	25	10	5	4	6
重庆市			38	26		8	4
四川省	21	18	183	55	19	105	4
贵州省	9	6	88	16	10	50	11
云南省	16	8	129	17	18	65	29
西藏自治区	7	6	74	8		66	
陕西省	10	10	107	31	7	69	
甘肃省	14	12	86	17	5	57	7
青海省	8	2	44	7	5	25	7
宁夏回族自治区	5	5	22	9	2	11	
新疆维吾尔自治区	14	4	107	13	28	60	6
香港特别行政区							
澳门特别行政区							
台湾省							

1-1　分地区行政区划(二)

(2021年底)　　单位：个

区划名称	乡镇级	#镇数	#乡数	#民族乡	#街道
全　国	**38558**	**21322**	**8309**	**958**	**8925**
北京市	343	143	35	5	165
天津市	252	125	3	1	124
河北省	2254	1287	656	39	310
山西省	1278	631	430		217
内蒙古自治区	1025	509	270	17	246
辽宁省	1354	640	201	54	513
吉林省	958	426	181	28	351
黑龙江省	1316	565	336	52	415
上海市	215	106	2		107
江苏省	1237	699	19	1	519
浙江省	1364	618	258	14	488
安徽省	1512	997	239	9	276
福建省	1102	655	252	19	195
江西省	1570	834	562	8	174
山东省	1825	1072	57		696
河南省	2457	1178	606	12	673
湖北省	1255	761	161	10	333
湖南省	1943	1133	389	83	421
广东省	1609	1112	11	7	486
广西壮族自治区	1253	806	312	59	135
海南省	218	175	21		22
重庆市	1031	625	161	14	245
四川省	3101	2016	626	83	459
贵州省	1509	831	314	192	364
云南省	1418	665	539	140	214
西藏自治区	699	142	534	9	23
陕西省	1316	973	17		326
甘肃省	1356	892	337	32	127
青海省	404	140	222	28	42
宁夏回族自治区	242	103	90		49
新疆维吾尔自治区	1142	463	468	42	210
香港特别行政区					
澳门特别行政区					
台湾省					

1-2 按行业分法人单位数

单位：个

行 业 门 类	2016年	2017年	2018年	2019年	2020年
全国总计	**18191382**	**22009092**	**21787273**	**25280211**	**29389255**
农、林、牧、渔业	1481473	1926771	232818	1879887	2090924
采矿业	104074	108900	70191	70983	80683
制造业	3019269	3483617	3269606	3463346	3846747
电力、热力、燃气及水生产和供应业	99469	120736	110714	113649	123729
建筑业	754512	1045232	1218463	1458539	1901819
批发和零售业	5041698	6252424	6499161	7155907	8415106
交通运输、仓储和邮政业	443325	540994	577233	629631	748046
住宿和餐饮业	317619	378974	431323	449277	514980
信息传输、软件和信息技术服务业	507674	719150	919879	1047408	1285534
金融业	122516	135068	137934	131744	142488
房地产业	533557	642893	744924	811663	933969
租赁和商务服务业	1768005	2242096	2551306	2825375	3394995
科学研究和技术服务业	813251	1035170	1275579	1390741	1738335
水利、环境和公共设施管理业	122367	146295	148860	172856	216714
居民服务、修理和其他服务业	359932	420667	497292	522903	598808
教育	486026	517739	665883	698893	769578
卫生和社会工作	275554	286858	272504	279155	299142
文化、体育和娱乐业	341182	414973	566593	585224	686805
公共管理、社会保障和社会组织	1599879	1590535	1597010	1593030	1600853

注：1.2018年为经济普查年份，农、林、牧、渔业统计口径与其他年份不同，农、林、牧、渔业法人单位数为农、林、牧、渔专业及辅助性活动和兼营第二、第三产业的农、林、牧、渔业法人单位。

2.统计范围不包括国际组织(以下相关表同)。

1-3 分地区按三次产业分法人单位数

(2020年)

单位：个

地 区	法人单位数	第一产业	第二产业	第三产业
全国总计	**29389255**	**1827421**	**5904042**	**21657792**
北 京	1174904	6858	67254	1100792
天 津	371124	10684	69170	291270
河 北	1456954	106861	379431	970662
山 西	772765	97184	112411	563170
内蒙古	439523	60334	69478	309711
辽 宁	748782	50296	152619	545867
吉 林	237731	26302	38739	172690
黑龙江	344360	53748	50982	239630
上 海	532762	5200	76033	451529
江 苏	2540015	41935	743879	1754201
浙 江	2277240	48515	593845	1634880
安 徽	1160828	96705	254409	809714
福 建	1156978	54003	221019	881956
江 西	765836	77906	155567	532363
山 东	2842426	127605	666397	2048424
河 南	1652264	136573	281552	1234139
湖 北	1183265	67468	225063	890734
湖 南	831104	66175	138136	626793
广 东	3526206	40563	795214	2690429
广 西	754741	81140	99060	574541
海 南	140362	11535	17239	111588
重 庆	642720	78978	86191	477551
四 川	934554	93708	145612	695234
贵 州	543603	108209	92893	342501
云 南	741669	97737	105141	538791
西 藏	49889	2533	12397	34959
陕 西	689053	55017	134092	499944
甘 肃	302596	61979	35020	205597
青 海	112136	18304	15464	78368
宁 夏	133774	18974	19866	94934
新 疆	329091	24392	49869	254830

1-4 分地区按行业分法人单位数(一)

(2020年) 单位：个

地　区	法　人单位数	农、林、牧、渔业	采矿业	制造业	电力、热力、燃气及水生产和供应业	建筑业	批发和零售业
全国总计	**29389255**	**2090924**	**80683**	**3846747**	**123729**	**1901819**	**8415106**
北　京	1174904	7315	70	25025	1427	42143	307996
天　津	371124	11246	80	42926	965	26463	95568
河　北	1456954	117945	5279	250033	6022	120241	411316
山　西	772765	104786	6643	43690	5907	58195	221278
内蒙古	439523	68491	4635	27812	3365	34692	110098
辽　宁	748782	60355	4012	100250	3658	46855	208749
吉　林	237731	34884	1063	22457	1757	13888	55953
黑龙江	344360	59153	2029	29455	2719	17456	79395
上　海	532762	5482	5	55728	245	21317	161888
江　苏	2540015	55010	345	548185	5193	195165	735916
浙　江	2277240	52432	944	501768	6281	87747	754359
安　徽	1160828	115230	1397	141296	5989	107387	307510
福　建	1156978	59673	1811	158080	6853	55581	404678
江　西	765836	86027	4045	89404	8060	54839	201735
山　东	2842426	160524	2795	416009	7884	245179	906404
河　南	1652264	171732	3435	159715	5337	114702	500883
湖　北	1183265	83408	2977	114737	5826	102993	314974
湖　南	831104	87971	4011	75839	7309	51860	191685
广　东	3526206	48290	2862	647485	10550	139563	1097327
广　西	754741	89695	3914	53555	3738	38744	196525
海　南	140362	12577	209	4510	498	12249	29772
重　庆	642720	83236	1381	57984	2371	25288	190309
四　川	934554	99709	3536	72084	6032	65208	216758
贵　州	543603	110156	4757	52591	2445	33578	119765
云　南	741669	104282	6271	43405	3367	52690	203469
西　藏	49889	2871	316	3873	294	7994	7233
陕　西	689053	61675	5509	49204	3688	79521	175186
甘　肃	302596	66112	1416	16231	1776	16078	62709
青　海	112136	18810	543	5636	860	8543	22228
宁　夏	133774	20259	728	9784	718	8913	35299
新　疆	329091	31588	3665	27996	2595	16747	88141

1-4　分地区按行业分法人单位数(二)

(2020年)　　　　单位：个

地　区	交通运输、仓储和邮政业	住宿和餐饮业	信息传输、软件和信息技术服务业	金融业	房地产业	租赁和商务服务业
全国总计	**748046**	**514980**	**1285534**	**142488**	**933969**	**3394995**
北　京	20656	35847	76341	7778	30112	221441
天　津	16035	5672	17825	4738	13752	48083
河　北	37489	17538	49354	4365	51251	124301
山　西	21188	12368	36222	2824	24282	72254
内蒙古	14153	4917	11255	1763	14905	41848
辽　宁	26407	10122	33783	3873	27175	75878
吉　林	6869	2770	6907	1375	8140	19754
黑龙江	10831	2993	12594	1544	10893	28176
上　海	20153	20695	28013	9602	23425	86456
江　苏	73866	32208	113158	6193	72874	251853
浙　江	48213	33787	112541	16626	63792	237068
安　徽	31798	21335	45235	3439	34455	137351
福　建	23530	16900	70248	4733	26042	124636
江　西	24805	10151	31528	2018	21157	86737
山　东	82583	41439	105443	9842	73834	297319
河　南	31923	24403	66983	2920	54504	158736
湖　北	30590	19944	64252	3305	39805	146105
湖　南	17452	14484	33795	2235	26286	90197
广　东	82795	59860	180484	30521	132006	554117
广　西	20399	12713	27898	3174	29889	100500
海　南	2926	3674	7860	821	13110	19885
重　庆	14260	25902	27586	2033	20038	72995
四　川	22198	19025	38077	3465	30775	110135
贵　州	10370	18625	11738	1641	15427	49635
云　南	16717	18052	26952	3434	24672	79834
西　藏	686	1157	1081	320	684	5607
陕　西	15528	13639	25994	2600	23673	73078
甘　肃	5408	6168	4525	1534	7904	21819
青　海	2088	2548	2844	365	3434	13660
宁　夏	4398	2084	3876	801	3530	14308
新　疆	11732	3960	11142	2606	12143	31229

1-4 分地区按行业分法人单位数(三)

(2020年) 单位：个

地区	科学研究和技术服务业	水利、环境和公共设施管理业	居民服务、修理和其他服务业	教育	卫生和社会工作	文化、体育和娱乐业	公共管理、社会保障和社会组织
全国总计	**1738335**	**216714**	**598808**	**769578**	**299142**	**686805**	**1600853**
北京	222040	8004	37706	21228	7954	82571	19250
天津	42869	2248	9144	8479	3010	9625	12396
河北	72442	11240	24548	29666	11714	27088	85122
山西	34791	7121	16018	19778	8445	17997	58978
内蒙古	19582	4758	8646	13986	5449	8950	40218
辽宁	37584	4694	14272	23366	12539	14359	40851
吉林	10343	1917	4648	8867	4432	4278	27429
黑龙江	18145	2793	5168	13265	6564	7565	33622
上海	37615	2664	17875	9283	5046	13669	13601
江苏	182643	17298	46772	42284	32095	47539	81418
浙江	103928	12567	41526	54244	16690	52742	79985
安徽	57701	9999	24591	28272	12244	23232	52367
福建	54197	7619	20506	23600	8314	30424	59553
江西	27219	5182	12405	21670	8687	14443	55724
山东	153680	20713	47685	63276	22428	50216	135173
河南	92406	14625	27288	62366	19422	36426	104458
湖北	71496	11806	23830	30650	13404	26551	76612
湖南	56458	8119	15915	34672	12511	27782	72523
广东	209766	13668	68344	77498	19674	66685	84711
广西	38701	8875	19648	32145	6598	14253	53777
海南	7039	1366	3849	5771	1843	4337	8066
重庆	24265	5145	17733	18374	6694	17272	29854
四川	48100	7375	21340	36227	17507	26918	90085
贵州	13804	4231	17383	18456	5964	10059	42978
云南	32954	6803	18573	19353	6964	18086	55791
西藏	1453	209	670	1038	578	1011	12814
陕西	32979	7696	15605	22321	11841	15199	54117
甘肃	8263	1907	5986	12663	3933	6365	51799
青海	4998	1424	2169	2569	1581	2107	15729
宁夏	4816	1050	2784	4162	1037	2472	12755
新疆	16058	3598	6181	10049	3980	6584	39097

1-5 国民经济与社会发展总量指标(一)

指　　标	单　位	1978年	1990年	2000年	2020年	2021年
人口						
年末总人口	万人	96259	114333	126743	141212	141260
城镇人口	万人	17245	30195	45906	90220	91425
乡村人口	万人	79014	84138	80837	50992	49835
国民经济核算						
国内生产总值	亿元	3678.7	18872.9	100280.1	1013567.0	1143669.7
第一产业	亿元	1018.5	5017.2	14717.4	78030.9	83085.5
第二产业	亿元	1755.1	7744.1	45663.7	383562.4	450904.5
第三产业	亿元	905.1	6111.6	39899.1	551973.7	609679.7
人均国内生产总值	元	385	1663	7942	71828	80976
就业和失业						
就业人员	万人	40152	64749	72085	75064	74652
#城镇就业人员	万人	9514	17041	23151	46271	46773
城镇登记失业人员	万人	530	383	595	1160	1040
居民收入						
全国居民人均可支配收入	元	171	904	3721	32189	35128
城镇居民人均可支配收入	元	343	1510	6256	43834	47412
农村居民人均可支配收入	元	134	686	2282	17131	18931
财政						
一般公共预算收入	亿元	1132.3	2937.1	13395.2	182913.9	202538.9
一般公共预算支出	亿元	1122.1	3083.6	15886.5	245679.0	246321.5
能源						
一次能源生产总量	万吨标准煤	62770	103922	138570	407295	433000
能源消费总量	万吨标准煤	57144	98703	146964	498314	524000
固定资产投资						
全社会固定资产投资总额	亿元		4517.0	32917.7	527270.3	552884.2
#房地产开发	亿元		253.3	4984.1	141442.9	147602.1
对外贸易和实际利用外资						
货物进出口总额	亿元	355.0	5560.1	39273.3	322215.2	391008.5
出口额	亿元	167.7	2985.8	20634.4	179278.8	217347.6
进口额	亿元	187.4	2574.3	18638.8	142936.4	173660.9
外商直接投资	亿美元		34.9	407.2	1443.7	1734.8
主要农业、工业产品产量						
粮食	万吨	30477	44624	46218	66949	68285
棉花	万吨	217	451	442	591	573
油料	万吨	522	1613	2955	3586	3613
肉类	万吨	943	2857	6014	7748	8990
原煤	亿吨	6.18	10.80	13.84	39.02	41.26
原油	万吨	10405	13831	16300	19477	19888
水泥	万吨	6524	20971	59700	239471	237811
粗钢	万吨	3178	6635	12850	106477	103524
发电量	亿千瓦时	2566	6212	13556	77791	85342

1-5 国民经济与社会发展总量指标(二)

指　　标	单 位	1978年	1990年	2000年	2020年	2021年
建筑业						
建筑业总产值	亿元		1345	12498	263947	293079
消费品零售						
社会消费品零售总额	亿元	1559	8300	38447	391981	440823
运输和邮电						
客运量	万人	253993	772682	1478573	966540	830257
货运量	万吨	319431	970602	1358682	4725862	5298499
邮政业务总量	亿元	14.9	46.0	232.8	21053.2	13698.3
电信业务总量	亿元	19.2	109.6	4559.9	136763.3	16960.2
移动电话用户	万户		1.8	8453	159407	164282
固定电话用户	万户	193	685	14483	18191	18070
金融						
金融机构人民币各项存款余额	亿元	1155	13943	123804	2125721	2322500
金融机构人民币各项贷款余额	亿元	1890	17511	99371	1727452	1926903
科技、教育、卫生、文化						
研究与试验发展经费支出	亿元			896	24393	27864
技术市场成交额	亿元			651	28252	37294
在校学生数						
#普通、职业高等学校	万人	86	206	556	3285	3496
普通高中	万人	1553	717	1201	2494	2605
初中	万人	4995	3917	6256	4914	5018
普通小学	万人	14624	12241	13013	10725	10780
医院数	万个	0.93	1.44	1.63	3.54	3.70
医院床位数	万张	110	187	217	713	741
执业(助理)医师	万人	98	176	208	409	429
社会保障						
参加基本养老保险人数	万人		6166	13617	99865	102872
参加基本医疗保险人数	万人			3787	136131	136424
参加失业保险人数	万人			10408	21689	22958
参加工伤保险人数	万人			4350	26763	28284
参加生育保险人数	万人			3002	23567	23851
社会保险基金收入	亿元		187	2645	75513	96347

注：1.2000年社会消费品零售总额根据第四次全国经济普查结果及有关制度规定进行了修订。
2.本表价值量指标中,邮政、电信业务总量2000年及以前按1990年不变价格计算；2020年邮政业务总量按2010年不变价格计算、电信业务总量按2015年不变价格计算;2021年邮政业务总量按2020年不变价格计算、电信业务总量按上年不变价格计算；其余指标按当年价格计算。
3.2021年社会保障数据为快报数。2017年及以后大部分省份参加新型农村合作医疗的人员并入城乡居民基本医疗保险参保人数中；2016年及以前主要为城镇基本医疗保险参保人数。

1-6 国民经济与社会发展速度指标(一)

指　　标	2021年为下列各年%				平均每年增长%		
	1978年	1990年	2000年	2020年	1979-2021年	1991-2021年	2001-2021年
人口							
年末总人口	146.7	123.6	111.5	100.0	0.9	0.7	0.5
城镇人口	530.2	302.8	199.2	101.3	4.0	3.6	3.3
乡村人口	63.1	59.2	61.6	97.7	-1.1	-1.7	-2.3
国民经济核算							
国内生产总值	4336.5	1538.1	570.4	108.1	9.2	9.2	8.6
第一产业	632.7	331.8	229.7	107.1	4.4	3.9	4.0
第二产业	6496.3	2145.8	605.7	108.2	10.2	10.4	9.0
第三产业	6277.5	1736.2	654.8	108.2	10.1	9.6	9.4
就业和失业							
就业人员	185.9	115.3	103.6	99.5	1.5	0.5	0.2
#城镇就业人员	491.6	274.5	202.0	101.1	3.8	3.3	3.4
城镇登记失业人员	196.2	271.4	174.8	89.7	1.6	3.3	2.7
能源							
一次能源生产总量	689.8	416.7	312.5	106.3	4.6	4.7	5.6
能源消费总量	917.0	530.9	356.5	105.2	5.3	5.5	6.3
固定资产投资							
全社会固定资产投资总额		12240.1	1679.6	104.9		18.7	16.7
#房地产开发		58271.7	2961.5	104.4		25.4	20.2
对外贸易和实际利用外资							
货物进出口总额	110143.2	7032.4	995.6	121.4	17.7	14.7	11.6
出口额	129682.3	7279.3	1053.3	121.2	18.1	14.8	11.9
进口额	92668.6	6746.0	931.7	121.5	17.2	14.6	11.2
外商直接投资		4975.1	426.1	120.2		13.4	7.1
主要农业、工业产品产量							
粮食	224.1	153.0	147.7	102.0	1.9	1.4	1.9
棉花	264.5	127.1	129.7	97.0	2.3	0.8	1.2
油料	692.5	224.0	122.3	100.7	4.6	2.6	1.0
肉类	953.3	314.7	149.5	116.0	5.4	3.8	1.9
原煤	667.6	382.0	298.1	105.7	4.5	4.4	5.3
原油	191.1	143.8	122.0	102.1	1.5	1.2	1.0
水泥	3645.2	1134.0	398.3	99.3	8.7	8.1	6.8
粗钢	3257.5	1560.3	805.6	97.2	8.4	9.3	10.4
发电量	3326.5	1373.8	629.6	109.7	8.5	8.8	9.2

1-6 国民经济与社会发展速度指标(二)

指标	2021年为下列各年%				平均每年增长%		
	1978年	1990年	2000年	2020年	1979-2021年	1991-2021年	2001-2021年
建筑业							
建筑业总产值		21790.3	2345.1	111.0		19.0	16.2
消费品零售							
社会消费品零售总额	28283.3	5311.1	1146.6	112.5	14.0	13.7	12.3
运输和邮电							
客运量	326.9	107.5	56.2	85.9	2.8	0.2	-2.7
货运量	1658.7	545.9	390.0	112.1	6.7	5.6	6.7
移动电话用户		8967874.3	1943.4	103.1		44.5	15.2
固定电话用户	9384.9	2637.8	124.8	99.3	11.1	11.1	1.1
科技、教育、卫生、文化							
研究与试验发展经费支出			3111.0	114.2			17.8
技术市场成交额			5731.0	132.0			21.3
在校学生数							
#普通、职业高等学校	4084.3	1694.7	628.7	106.4	9.0	9.6	9.1
普通高中	167.7	363.2	216.9	104.5	1.2	4.2	3.8
初中	100.5	128.1	80.2	102.1	0.0	0.8	-1.0
普通小学	73.7	88.1	82.8	100.5	-0.7	-0.4	-0.9
医院数	398.1	257.4	226.7	104.5	3.3	3.1	4.0
医院床位数	673.8	396.6	342.0	103.9	4.5	4.5	6.0
执业(助理)医师	438.3	243.2	206.5	104.9	3.5	2.9	3.5

注：1.国内生产总值按可比价格计算，固定资产投资总额平均每年增长速度按累计法计算，其他价值量指标按当年价格计算。

2.能源生产和消费总量、固定资产投资2021年比上年速度按可比口径计算。

1-7　国民经济与社会发展结构指标

单位：%

指　　标	1978年	1990年	2000年	2020年	2021年
人口					
城镇	17.92	26.41	36.22	63.89	64.72
乡村	82.08	73.59	63.78	36.11	35.28
国内生产总值					
第一产业	27.7	26.6	14.7	7.7	7.3
第二产业	47.7	41.0	45.5	37.8	39.4
第三产业	24.6	32.4	39.8	54.5	53.3
就业人员					
第一产业	70.5	60.1	50.0	23.6	22.9
第二产业	17.3	21.4	22.5	28.7	29.1
第三产业	12.2	18.5	27.5	47.7	48.0
一般公共预算收入					
中央	15.5	33.8	52.2	45.3	45.2
地方	84.5	66.2	47.8	54.7	54.8
一般公共预算支出					
中央	47.4	32.6	34.7	14.3	14.2
地方	52.6	67.4	65.3	85.7	85.8
货物进出口总额					
出口总额	47.2	53.7	52.5	55.6	55.6
初级产品		25.6	10.2	4.5	4.2
工业制品		74.4	89.8	95.5	95.8
进口总额	52.8	46.3	47.5	44.4	44.4
初级产品		18.5	20.8	33.3	36.4
工业制品		81.5	79.2	66.7	63.6
一般公共预算收入与GDP之比	30.8	15.6	13.4	18.0	17.7
一般公共预算支出与GDP之比	30.5	16.3	15.8	24.2	21.5
R&D经费与GDP之比			0.89	2.41	2.44

1-8　“三新”经济综合情况

指　　标	单位	2019年	2020年	2021年
“三新”经济增加值	亿元	161927	169254	
第一产业	亿元	6685	7423	
第二产业	亿元	70443	73487	
第三产业	亿元	84799	88345	
工业战略性新兴产业增加值增速	%	8.4	6.8	16.8
高技术制造业增加值增速	%	8.8	7.1	18.2
高技术制造业投资增速	%	17.7	11.5	22.2
经济发展新动能指数	2014年=100	325.5	440.3	

1-9　文化、旅游、体育、专利密集型产业增加值情况

(2020年)

指　　标	增加值(亿元)	增加值占GDP比重(%)
文化及相关产业	44945	4.43
文化制造业	11710	1.16
文化批发零售业	4361	0.43
文化服务业	28874	2.85
旅游及相关产业	40628	4.01
旅游业	36429	3.59
旅游相关产业	4199	0.41
体育产业	10735	1.1
体育制造业	3144	0.3
体育建筑业	217	
体育服务业	7374	0.7
专利密集型产业	121289	12.0

1-10 东部、中部、西部及东北地区主要经济指标(一)

(2021年)

指标	单位	东部地区	占全国比重(%)	中部地区	占全国比重(%)
人口					
年末常住人口	万人	56605.0	40.1	36445.0	25.8
国民经济核算					
国内(地区)生产总值	亿元	592201.8	52.1	250132.4	22.0
第一产业	亿元	26583.4	32.0	21587.2	26.0
第二产业	亿元	231411.8	51.8	103420.2	23.1
第三产业	亿元	334206.5	55.0	125125.1	20.6
对外贸易					
货物进出口总额	亿元	310502.2	79.4	33701.9	8.6
出口总额	亿元	170656.6	78.5	21878.6	10.1
进口总额	亿元	139845.5	80.5	11823.3	6.8
农业					
主要农产品产量					
粮食	万吨	16006.7	23.4	20084.0	29.4
棉花	万吨	31.7	5.5	25.1	4.4
油料	万吨	683.1	18.9	1587.9	43.9
工业					
规模以上工业企业利润总额	亿元	47356.6	54.4	16572.9	19.0
建筑业					
建筑业总产值	亿元	149632.4	51.1	72528.4	24.7
消费品零售					
社会消费品零售总额	亿元	222912.8	50.6	105965.0	24.1

注：1.东部10省(市)包括北京、天津、河北、上海、江苏、浙江、福建、山东、广东和海南；中部6省包括山西、安徽、江西、河南、湖北和湖南。
2.货物进出口分地区数据按收发货人所在地分(下相关表同)。

1-10 东部、中部、西部及东北地区主要经济指标(二)

(2021年)

指标	单位	西部地区	占全国比重(%)	东北地区	占全国比重(%)
人口					
年末常住人口	万人	38281.0	27.1	9729.0	6.9
国民经济核算					
国内(地区)生产总值	亿元	239710.1	21.1	55698.8	4.9
第一产业	亿元	27437.1	33.0	7478.6	9.0
第二产业	亿元	92570.4	20.7	19618.8	4.4
第三产业	亿元	119702.6	19.7	28601.4	4.7
对外贸易					
货物进出口总额	亿元	35581.7	9.1	11222.8	2.9
出口总额	亿元	20698.5	9.5	4113.9	1.9
进口总额	亿元	14883.1	8.6	7109.0	4.1
农业					
主要农产品产量					
粮食	万吨	17748.3	26.0	14445.7	21.2
棉花	万吨	516.3	90.1		
油料	万吨	1126.6	31.2	215.5	6.0
工业					
规模以上工业企业利润总额	亿元	19874.1	22.8	3288.5	3.8
建筑业					
建筑业总产值	亿元	63298.8	21.6	7619.7	2.6
消费品零售					
社会消费品零售总额	亿元	92301.3	20.9	19543.5	4.4

注：1.西部12省(区、市)包括内蒙古、广西、重庆、四川、贵州、云南、西藏、陕西、甘肃、青海、宁夏和新疆；东北3省包括辽宁、吉林和黑龙江。

2.本表除人口外，占全国比重以各地区合计数为100计算。因全国人口中还包括现役军人，东部、中部、西部、东北地区人口占比之和不为100。

1-11　京津冀、长江经济带、长江三角洲主要经济指标

(2021年)

指　　标	单位	京津冀	占全国比重(%)	长江经济带	占全国比重(%)	长江三角洲	占全国比重(%)
人口							
年末常住人口	万人	11010.0	7.8	60742.0	43.0	23647.0	16.7
国民经济核算							
国内(地区)生产总值	亿元	96355.9	8.5	530227.7	46.6	276054.0	24.3
第一产业	亿元	4367.1	5.3	35895.9	43.2	10392.1	12.5
第二产业	亿元	29487.1	6.6	209949.1	47.0	112026.5	25.1
第三产业	亿元	62501.7	10.3	284382.7	46.8	153635.4	25.3
对外贸易							
货物进出口总额	亿元	44421.4	11.4	178745.8	45.7	141090.2	36.1
出口总额	亿元	13023.9	6.0	106991.7	49.2	82467.0	37.9
进口总额	亿元	31397.6	18.1	71754.1	41.3	58623.2	33.8
农业							
主要农产品产量							
粮食	万吨	4112.7	6.0	24279.7	35.6	8548.5	12.5
棉花	万吨	16.4	2.9	25.2	4.4	4.3	0.7
油料	万吨	119.2	3.3	1689.0	46.7	297.1	8.2
工业							
规模以上工业企业利润总额	亿元	7416.1	8.5	38731.8	44.5	21848.7	25.1
建筑业							
建筑业总产值	亿元	25125.4	8.6	162359.4	55.4	81075.9	27.7
消费品零售							
社会消费品零售总额	亿元	32147.4	7.3	221565.5	50.3	111463.6	25.3

注：1.长江经济带包括上海、江苏、浙江、安徽、江西、湖北、湖南、重庆、四川、贵州、云南等11省市。
2.长江三角洲包括上海、江苏、浙江和安徽4个省市。

1-12 按单位规模分组的企业主要统计数据

(2021年)

行　　业	法人单位数(个)	营业收入(亿元)	利润总额(亿元)	平均用工人数(万人)	资产总计(亿元)	负债合计(亿元)
规模以上工业企业合计	408732	1279227	87092	7439	1412880	792290
大型企业	7897	524470	40541	2352	640335	350386
中小微型企业	400835	754757	46551	5087	772545	441904
中型企业	39443	295533	22294	2047	328586	181335
小微型企业	361392	459223	24257	3040	443959	260569
限额以上批零住餐业企业合计	317504	919659	17440	1578	461493	334369
大型企业	5641	224795	8969	536	141828	93961
中小微型企业	311863	694864	8470	1042	319665	240408
中型企业	64085	351218	5239	580	174650	126775
小微型企业	247778	343646	3231	462	145015	113633
规模以上服务业企业合计	191029	297463	29150	3762	1250301	675132
大型企业	8334	100559	14202	1216	386547	196476
中小微型企业	164344	172024	14729	2149	679404	384926
中型企业	26544	68783	7694	1017	285952	158808
小微型企业	137800	103240	7035	1132	393452	226118

注：1.本表为快报数据，企业划分依据《统计上大中小微企业划分办法(2017)》标准。
2.规模以上服务业企业分项不等于合计，是因为上述标准未对铁路运输业、自有房地产经营、教育、卫生等行业作出规定，因此无法分大中小微规模。
3.规模以上服务业企业平均用工人数指标为期末用工人数。

2-1 人口数

(年末数) 单位：万人

年　份	总人口	按性别分		按城乡分	
		男	女	城镇人口	乡村人口
1978	96259	49567	46692	17245	79014
1979	97542	50192	47350	18495	79047
1980	98705	50785	47920	19140	79565
1981	100072	51519	48553	20171	79901
1982	101654	52352	49302	21480	80174
1983	103008	53152	49856	22274	80734
1984	104357	53848	50509	24017	80340
1985	105851	54725	51126	25094	80757
1986	107507	55581	51926	26366	81141
1987	109300	56290	53010	27674	81626
1988	111026	57201	53825	28661	82365
1989	112704	58099	54605	29540	83164
1990	114333	58904	55429	30195	84138
1991	115823	59466	56357	31203	84620
1992	117171	59811	57360	32175	84996
1993	118517	60472	58045	33173	85344
1994	119850	61246	58604	34169	85681
1995	121121	61808	59313	35174	85947
1996	122389	62200	60189	37304	85085
1997	123626	63131	60495	39449	84177
1998	124761	63940	60821	41608	83153
1999	125786	64692	61094	43748	82038
2000	126743	65437	61306	45906	80837
2001	127627	65672	61955	48064	79563
2002	128453	66115	62338	50212	78241
2003	129227	66556	62671	52376	76851
2004	129988	66976	63012	54283	75705
2005	130756	67375	63381	56212	74544
2006	131448	67728	63720	58288	73160
2007	132129	68048	64081	60633	71496
2008	132802	68357	64445	62403	70399
2009	133450	68647	64803	64512	68938
2010	134091	68748	65343	66978	67113
2011	134916	69161	65755	69927	64989
2012	135922	69660	66262	72175	63747
2013	136726	70063	66663	74502	62224
2014	137646	70522	67124	76738	60908
2015	138326	70857	67469	79302	59024
2016	139232	71307	67925	81924	57308
2017	140011	71650	68361	84343	55668
2018	140541	71864	68677	86433	54108
2019	141008	72039	68969	88426	52582
2020	141212	72357	68855	90220	50992
2021	141260	72311	68949	91425	49835

注：1.1981年及以前数据为户籍统计数，1982年、1990年、2000年、2010年和2020年数据为当年人口普查数据推算数，其余年份数据根据年度人口抽样调查数据推算，其中，2011-2019年总人口、出生人口、城镇化率数据根据第七次全国人口普查修订。(以下相关表同)

2.1982年以前的城镇人口是指市辖区和建制镇内全部人口；乡村人口是指县人口，但不包括镇人口。1982年及以后的城乡人口是按国家统计局关于统计上划分城乡规定计算的。

2-2 人口出生率、死亡率、自然增长率、人口密度和城镇人口比重

年 份	出生率 (‰)	死亡率 (‰)	自然增长率 (‰)	人口密度 (人/平方公里)	城镇人口占总人口比重 (%)
1978	18.25	6.25	12.00	100	17.92
1979	17.82	6.21	11.61	102	18.96
1980	18.21	6.34	11.87	103	19.39
1981	20.91	6.36	14.55	104	20.16
1982	22.28	6.60	15.68	106	21.13
1983	20.19	6.90	13.29	107	21.62
1984	19.90	6.82	13.08	109	23.01
1985	21.04	6.78	14.26	110	23.71
1986	22.43	6.86	15.57	112	24.52
1987	23.33	6.72	16.61	114	25.32
1988	22.37	6.64	15.73	116	25.81
1989	21.58	6.54	15.04	117	26.21
1990	21.06	6.67	14.39	119	26.41
1991	19.68	6.70	12.98	121	26.94
1992	18.24	6.64	11.60	122	27.46
1993	18.09	6.64	11.45	123	27.99
1994	17.70	6.49	11.21	125	28.51
1995	17.12	6.57	10.55	126	29.04
1996	16.98	6.56	10.42	127	30.48
1997	16.57	6.51	10.06	129	31.91
1998	15.64	6.50	9.14	130	33.35
1999	14.64	6.46	8.18	131	34.78
2000	14.03	6.45	7.58	132	36.22
2001	13.38	6.43	6.95	133	37.66
2002	12.86	6.41	6.45	134	39.09
2003	12.41	6.40	6.01	135	40.53
2004	12.29	6.42	5.87	135	41.76
2005	12.40	6.51	5.89	136	42.99
2006	12.09	6.81	5.28	137	44.34
2007	12.10	6.93	5.17	138	45.89
2008	12.14	7.06	5.08	138	46.99
2009	11.95	7.08	4.87	139	48.34
2010	11.90	7.11	4.79	140	49.95
2011	13.27	7.14	6.13	141	51.83
2012	14.57	7.13	7.43	142	53.10
2013	13.03	7.13	5.90	142	54.49
2014	13.83	7.12	6.71	143	55.75
2015	11.99	7.07	4.93	144	57.33
2016	13.57	7.04	6.53	145	58.84
2017	12.64	7.06	5.58	146	60.24
2018	10.86	7.08	3.78	146	61.50
2019	10.41	7.09	3.32	147	62.71
2020	8.52	7.07	1.45	147	63.89
2021	7.52	7.18	0.34	147	64.72

2-3 人口年龄结构和抚养比

年份	总人口(年末)(万人)	各年龄段人口比重(%)			总抚养比		
		0-14岁	15-64岁	65岁及以上	(%)	少儿抚养比	老年抚养比
1982	101654	33.6	61.5	4.9	62.6	54.6	8.0
1987	109300	28.7	65.9	5.4	51.8	43.5	8.3
1990	114333	27.7	66.7	5.6	49.8	41.5	8.3
1991	115823	27.7	66.3	6.0	50.8	41.8	9.0
1992	117171	27.6	66.2	6.2	51.0	41.7	9.3
1993	118517	27.2	66.7	6.2	49.9	40.7	9.2
1994	119850	27.0	66.6	6.4	50.1	40.5	9.5
1995	121121	26.6	67.2	6.2	48.8	39.6	9.2
1996	122389	26.4	67.2	6.4	48.8	39.3	9.5
1997	123626	26.0	67.5	6.5	48.1	38.5	9.7
1998	124761	25.7	67.6	6.7	47.9	38.0	9.9
1999	125786	25.4	67.7	6.9	47.7	37.5	10.2
2000	126743	22.9	70.1	7.0	42.6	32.6	9.9
2001	127627	22.5	70.4	7.1	42.0	32.0	10.1
2002	128453	22.4	70.3	7.3	42.2	31.9	10.4
2003	129227	22.1	70.4	7.5	42.0	31.4	10.7
2004	129988	21.5	70.9	7.6	41.0	30.3	10.7
2005	130756	20.3	72.0	7.7	38.8	28.1	10.7
2006	131448	19.8	72.3	7.9	38.3	27.3	11.0
2007	132129	19.4	72.5	8.1	37.9	26.8	11.1
2008	132802	19.0	72.7	8.3	37.4	26.0	11.3
2009	133450	18.5	73.0	8.5	36.9	25.3	11.6
2010	134091	16.6	74.5	8.9	34.2	22.3	11.9
2011	134916	16.5	74.4	9.1	34.4	22.1	12.3
2012	135922	16.5	74.1	9.4	34.9	22.2	12.7
2013	136726	16.4	73.9	9.7	35.3	22.2	13.1
2014	137646	16.5	73.4	10.1	36.2	22.5	13.7
2015	138326	16.5	73.0	10.5	37.0	22.6	14.3
2016	139232	16.7	72.5	10.8	37.9	22.9	15.0
2017	140011	16.8	71.8	11.4	39.3	23.4	15.9
2018	140541	16.9	71.2	11.9	40.4	23.7	16.8
2019	141008	16.8	70.6	12.6	41.5	23.8	17.8
2020	141212	17.9	68.6	13.5	45.9	26.2	19.7
2021	141260	17.5	68.3	14.2	46.3	25.6	20.8

2-4 分地区年末常住人口

单位：万人

地 区	2012年	2013年	2014年	2015年	2016年	2017年	2018年	2019年	2020年	2021年
全 国	**135922**	**136726**	**137646**	**138326**	**139232**	**140011**	**140541**	**141008**	**141212**	**141260**
北 京	2078	2125	2171	2188	2195	2194	2192	2190	2189	2189
天 津	1378	1410	1429	1439	1443	1410	1383	1385	1387	1373
河 北	7262	7288	7323	7345	7375	7409	7426	7447	7464	7448
山 西	3548	3535	3528	3519	3514	3510	3502	3497	3490	3480
内蒙古	2464	2455	2449	2440	2436	2433	2422	2415	2403	2400
辽 宁	4375	4365	4358	4338	4327	4312	4291	4277	4255	4229
吉 林	2698	2668	2642	2613	2567	2526	2484	2448	2399	2375
黑龙江	3724	3666	3608	3529	3463	3399	3327	3255	3171	3125
上 海	2399	2448	2467	2458	2467	2466	2475	2481	2488	2489
江 苏	8120	8192	8281	8315	8381	8423	8446	8469	8477	8505
浙 江	5685	5784	5890	5985	6072	6170	6273	6375	6468	6540
安 徽	5978	5988	5997	6011	6033	6057	6076	6092	6105	6113
福 建	3841	3885	3945	3984	4016	4065	4104	4137	4161	4187
江 西	4475	4476	4480	4485	4496	4511	4513	4516	4519	4517
山 东	9708	9746	9808	9866	9973	10033	10077	10106	10165	10170
河 南	9532	9573	9645	9701	9778	9829	9864	9901	9941	9883
湖 北	5781	5798	5816	5850	5885	5904	5917	5927	5745	5830
湖 南	6590	6600	6611	6615	6625	6633	6635	6640	6645	6622
广 东	11041	11270	11489	11678	11908	12141	12348	12489	12624	12684
广 西	4694	4731	4770	4811	4857	4907	4947	4982	5019	5037
海 南	910	920	936	945	957	972	982	995	1012	1020
重 庆	2975	3011	3043	3070	3110	3144	3163	3188	3209	3212
四 川	8085	8109	8139	8196	8251	8289	8321	8351	8371	8372
贵 州	3587	3632	3677	3708	3758	3803	3822	3848	3858	3852
云 南	4631	4641	4653	4663	4677	4693	4703	4714	4722	4690
西 藏	315	317	325	330	340	349	354	361	366	366
陕 西	3787	3804	3827	3846	3874	3904	3931	3944	3955	3954
甘 肃	2550	2537	2531	2523	2520	2522	2515	2509	2501	2490
青 海	571	571	576	577	582	586	587	590	593	594
宁 夏	659	666	678	684	695	705	710	717	721	725
新 疆	2253	2285	2325	2385	2428	2480	2520	2559	2590	2589

注：全国数据包括中国人民解放军现役军人数，但不包括香港、澳门特别行政区和台湾省数据；分省数据中未包括中国人民解放军现役军人数。

2-5 分地区年末城镇人口比重

单位：%

地 区	2012年	2013年	2014年	2015年	2016年	2017年	2018年	2019年	2020年	2021年
全 国	**53.10**	**54.49**	**55.75**	**57.33**	**58.84**	**60.24**	**61.50**	**62.71**	**63.89**	**64.72**
北 京	86.29	86.39	86.50	86.71	86.76	86.93	87.09	87.35	87.55	87.50
天 津	81.55	82.29	82.55	82.88	83.27	83.57	83.95	84.31	84.70	84.88
河 北	46.60	48.02	49.36	51.67	53.87	55.74	57.33	58.77	60.07	61.14
山 西	51.32	52.88	54.30	55.87	57.27	58.59	59.85	61.29	62.53	63.42
内蒙古	58.42	59.82	60.97	62.09	63.40	64.60	65.51	66.46	67.48	68.21
辽 宁	65.65	66.45	67.05	68.05	68.87	69.49	70.26	71.21	72.14	72.81
吉 林	54.54	55.74	56.81	57.64	58.75	59.71	60.85	61.63	62.64	63.36
黑龙江	56.88	58.04	59.22	60.47	61.09	61.90	63.46	64.62	65.61	65.69
上 海	89.30	89.60	89.30	88.53	89.00	89.10	89.13	89.22	89.30	89.30
江 苏	63.01	64.39	65.70	67.49	68.93	70.18	71.19	72.47	73.44	73.94
浙 江	62.91	63.94	64.96	66.32	67.72	68.91	70.02	71.58	72.17	72.66
安 徽	46.30	47.87	49.31	50.97	52.62	54.29	55.65	57.02	58.33	59.39
福 建	59.32	60.80	61.99	63.22	64.39	65.78	66.98	67.87	68.75	69.70
江 西	47.39	49.04	50.55	52.30	53.99	55.70	57.34	59.07	60.44	61.46
山 东	52.03	53.46	54.77	56.97	59.13	60.79	61.46	61.86	63.05	63.94
河 南	41.99	43.60	45.05	47.02	48.78	50.56	52.24	54.01	55.43	56.45
湖 北	53.23	54.51	55.73	57.18	58.57	59.88	61.00	61.83	62.89	64.09
湖 南	46.22	47.63	48.98	50.79	52.70	54.62	56.09	57.45	58.76	59.71
广 东	67.15	68.09	68.62	69.51	70.15	70.74	71.81	72.65	74.15	74.63
广 西	43.48	45.11	46.54	47.99	49.24	50.59	51.82	52.98	54.20	55.08
海 南	51.02	52.28	53.30	54.91	56.70	58.04	59.13	59.37	60.27	60.97
重 庆	56.64	58.29	59.74	61.47	63.33	65.00	66.61	68.24	69.46	70.32
四 川	43.35	44.96	46.51	48.27	50.00	51.78	53.50	55.36	56.73	57.82
贵 州	36.30	37.89	40.24	42.96	45.56	47.76	49.54	51.48	53.15	54.33
云 南	38.47	39.99	41.21	42.93	44.64	46.29	47.44	48.67	50.05	51.05
西 藏	22.87	23.93	26.23	28.87	31.57	33.38	33.80	34.51	35.73	36.61
陕 西	49.71	51.57	53.01	54.74	56.39	58.07	59.65	61.28	62.66	63.63
甘 肃	38.78	40.50	42.28	44.24	46.07	48.12	49.69	50.70	52.23	53.33
青 海	47.85	49.29	50.84	51.67	53.55	55.45	57.27	58.78	60.08	61.02
宁 夏	51.15	52.84	54.82	56.98	58.74	60.95	62.15	63.63	64.96	66.04
新 疆	44.22	44.94	46.79	48.78	50.42	51.90	54.01	55.51	56.53	57.26

3-1 国民总收入和国内生产总值(一)

年份	国民总收入(亿元)	国内生产总值(亿元)	第一产业	第二产业	第三产业
1978	3678.7	3678.7	1018.5	1755.1	905.1
1979	4100.5	4100.5	1259.0	1925.3	916.1
1980	4586.1	4587.6	1359.5	2204.7	1023.4
“六五”时期	**32795.8**	**32707.6**	**10105.6**	**14340.7**	**8261.2**
1981	4933.7	4935.8	1545.7	2269.0	1121.1
1982	5380.5	5373.4	1761.7	2397.6	1214.0
1983	6043.8	6020.9	1960.9	2663.0	1397.1
1984	7314.2	7278.5	2295.6	3124.7	1858.2
1985	9123.6	9098.9	2541.7	3886.4	2670.8
“七五”时期	**73828.0**	**73783.7**	**19045.1**	**31440.9**	**23297.7**
1986	10375.4	10376.2	2764.1	4515.1	3097.0
1987	12166.6	12174.6	3204.5	5273.8	3696.3
1988	15174.4	15180.4	3831.2	6607.2	4742.0
1989	17188.4	17179.7	4228.2	7300.7	5650.8
1990	18923.3	18872.9	5017.2	7744.1	6111.6
“八五”时期	**193762.6**	**194850.7**	**39469.0**	**88456.5**	**66925.2**
1991	22050.3	22005.6	5288.8	9129.6	7587.2
1992	27208.2	27194.5	5800.3	11725.0	9669.2
1993	35599.2	35673.2	6887.6	16472.7	12313.0
1994	48548.2	48637.5	9471.8	22452.5	16713.1
1995	60356.6	61339.9	12020.5	28676.7	20642.7
“九五”时期	**421832.6**	**427568.7**	**72028.6**	**197133.4**	**158406.7**
1996	70779.6	71813.6	13878.3	33827.3	24108.0
1997	78802.9	79715.0	14265.2	37545.0	27904.8
1998	83817.6	85195.5	14618.7	39017.5	31559.3
1999	89366.5	90564.4	14549.0	41079.9	34935.5
2000	99066.1	100280.1	14717.4	45663.7	39899.1
“十五”时期	**713747.2**	**719161.6**	**91374.0**	**328826.4**	**298961.2**
2001	109276.2	110863.1	15502.5	49659.4	45701.2
2002	120480.4	121717.4	16190.2	54104.1	51423.1
2003	136576.3	137422.0	16970.2	62695.8	57756.0
2004	161415.4	161840.2	20904.3	74285.0	66650.9
2005	185998.9	187318.9	21806.7	88082.2	77430.0
“十一五”时期	**1569251.0**	**1569412.4**	**155469.9**	**732738.0**	**681204.5**
2006	219028.5	219438.5	23317.0	104359.2	91762.2
2007	270704.0	270092.3	27674.1	126630.5	115787.7
2008	321229.5	319244.6	32464.1	149952.9	136827.5
2009	347934.9	348517.7	33583.8	160168.8	154765.1
2010	410354.1	412119.3	38430.8	191626.5	182061.9
“十二五”时期	**2938814.4**	**2951904.7**	**260295.1**	**1292247.5**	**1399362.0**
2011	483392.8	487940.2	44781.5	227035.1	216123.6
2012	537329.0	538580.0	49084.6	244639.1	244856.2
2013	588141.2	592963.2	53028.1	261951.6	277983.5
2014	644380.2	643563.1	55626.3	277282.8	310654.0
2015	685571.2	688858.2	57774.6	281338.9	349744.7
“十三五”时期	**4478085.7**	**4497794.3**	**335488.4**	**1756076.4**	**2406229.5**
2016	742694.1	746395.1	60139.2	295427.8	390828.1
2017	830945.7	832035.9	62099.5	331580.5	438355.9
2018	915243.5	919281.1	64745.2	364835.2	489700.8
2019	983751.2	986515.2	70473.6	380670.6	535371.0
2020	1005451.3	1013567.0	78030.9	383562.4	551973.7
“十四五”时期					
2021	1133239.8	1143669.7	83085.5	450904.5	609679.7

注：1.本表按当年价格计算。
2.三次产业分类依据国家统计局2018年修订的《三次产业划分规定》(以下相关表同)。

3-1 国民总收入和国内生产总值(二)

年　　份	#工业	#建筑业	#批发和零售业	#交通运输、仓储和邮政业	人均国内生产总值(元)
1978	1621.4	138.9	242.4	182.0	385
1979	1786.5	144.6	200.9	193.7	423
1980	2014.8	196.3	193.8	213.4	468
"六五"时期	**12943.7**	**1438.5**	**1767.4**	**1503.2**	**637**
1981	2067.7	208.0	231.2	220.8	497
1982	2183.0	221.6	171.5	246.9	533
1983	2399.0	271.7	198.7	275.0	588
1984	2815.8	317.9	363.6	338.6	702
1985	3478.2	419.3	802.5	421.8	866
"七五"时期	**27865.7**	**3664.4**	**6201.5**	**3733.4**	**1334**
1986	4000.7	527.3	852.7	499.0	973
1987	4621.1	667.5	1059.7	568.5	1123
1988	5814.0	811.8	1483.6	685.9	1378
1989	6525.5	796.1	1536.4	812.9	1536
1990	6904.5	861.7	1269.2	1167.2	1663
"八五"时期	**77296.0**	**11408.1**	**15610.5**	**11316.9**	**3289**
1991	8137.9	1017.7	1834.8	1420.5	1912
1992	10340.2	1417.9	2405.4	1689.2	2334
1993	14248.4	2269.9	2817.0	2174.3	3027
1994	19546.3	2968.8	3774.0	2788.2	4081
1995	25023.2	3733.7	4779.4	3244.7	5091
"九五"时期	**172958.2**	**24729.1**	**34495.2**	**23930.9**	**6882**
1996	29528.9	4393.0	5600.5	3782.6	5898
1997	33022.6	4628.3	6328.4	4149.1	6481
1998	34133.9	4993.0	6914.3	4661.5	6860
1999	36014.4	5180.9	7492.2	5175.9	7229
2000	40258.5	5534.0	8159.8	6161.9	7942
"十五"时期	**290724.5**	**39059.3**	**56713.1**	**42255.6**	**11149**
2001	43854.3	5945.5	9120.8	6871.3	8717
2002	47774.9	6482.1	9996.8	7494.3	9506
2003	55362.2	7510.8	11171.2	7914.8	10666
2004	65774.9	8720.5	12455.8	9306.5	12487
2005	77958.3	10400.5	13968.5	10668.8	14368
"十一五"时期	**638866.3**	**96546.4**	**128573.2**	**78464.9**	**23664**
2006	92235.8	12450.1	16533.4	12186.3	16738
2007	111690.8	15348.0	20941.1	14605.1	20494
2008	131724.0	18807.6	26186.2	16367.6	24100
2009	138092.6	22681.5	29004.6	16522.4	26180
2010	165123.1	27259.3	35907.9	18783.6	30808
"十二五"时期	**1094540.0**	**203882.5**	**280748.7**	**130701.8**	**43276**
2011	195139.1	32926.5	43734.5	21842.0	36277
2012	208901.4	36896.1	49835.5	23763.2	39771
2013	222333.2	40896.8	56288.9	26042.7	43497
2014	233197.4	45401.7	63170.4	28534.4	46912
2015	234968.9	47761.3	67719.6	30519.5	49922
"十三五"时期	**1446376.6**	**317990.3**	**435521.8**	**193537.0**	**64163**
2016	245406.4	51498.9	73724.5	33028.7	53783
2017	275119.3	57905.6	81156.6	37121.9	59592
2018	301089.3	65493.0	88903.7	40337.2	65534
2019	311858.7	70648.1	95650.9	42466.3	70078
2020	312902.9	72444.7	96086.1	40582.9	71828
"十四五"时期					
2021	372575.3	80138.5	110492.7	47061.2	80976

注：1.行业分类采用《国民经济行业分类(GB/T 4754－2017)》，其中工业包括采矿业，制造业，电力、热力、燃气及水生产和供应业(以下相关表同)。
2.各时期人均国内生产总值为该时期各年的平均数。

3-2 国内生产总值构成

(国内生产总值=100)

年 份	第一产业	第二产业	第三产业	#工 业	#建筑业	#批发和零售业	#交通运输、仓储和邮政业
1978	27.7	47.7	24.6	44.1	3.8	6.6	4.9
1979	30.7	47.0	22.3	43.6	3.5	4.9	4.7
1980	29.6	48.1	22.3	43.9	4.3	4.2	4.7
1981	31.3	46.0	22.7	41.9	4.2	4.7	4.5
1982	32.8	44.6	22.6	40.6	4.1	3.2	4.6
1983	32.6	44.2	23.2	39.8	4.5	3.3	4.6
1984	31.5	42.9	25.5	38.7	4.4	5.0	4.7
1985	27.9	42.7	29.4	38.2	4.6	8.8	4.6
1986	26.6	43.5	29.8	38.6	5.1	8.2	4.8
1987	26.3	43.3	30.4	38.0	5.5	8.7	4.7
1988	25.2	43.5	31.2	38.3	5.3	9.8	4.5
1989	24.6	42.5	32.9	38.0	4.6	8.9	4.7
1990	26.6	41.0	32.4	36.6	4.6	6.7	6.2
1991	24.0	41.5	34.5	37.0	4.6	8.3	6.5
1992	21.3	43.1	35.6	38.0	5.2	8.8	6.2
1993	19.3	46.2	34.5	39.9	6.4	7.9	6.1
1994	19.5	46.2	34.4	40.2	6.1	7.8	5.7
1995	19.6	46.8	33.7	40.8	6.1	7.8	5.3
1996	19.3	47.1	33.6	41.1	6.1	7.8	5.3
1997	17.9	47.1	35.0	41.4	5.8	7.9	5.2
1998	17.2	45.8	37.0	40.1	5.9	8.1	5.5
1999	16.1	45.4	38.6	39.8	5.7	8.3	5.7
2000	14.7	45.5	39.8	40.1	5.5	8.1	6.1
2001	14.0	44.8	41.2	39.6	5.4	8.2	6.2
2002	13.3	44.5	42.2	39.3	5.3	8.2	6.2
2003	12.3	45.6	42.0	40.3	5.5	8.1	5.8
2004	12.9	45.9	41.2	40.6	5.4	7.7	5.8
2005	11.6	47.0	41.3	41.6	5.6	7.5	5.7
2006	10.6	47.6	41.8	42.0	5.7	7.5	5.6
2007	10.2	46.9	42.9	41.4	5.7	7.8	5.4
2008	10.2	47.0	42.9	41.3	5.9	8.2	5.1
2009	9.6	46.0	44.4	39.6	6.5	8.3	4.7
2010	9.3	46.5	44.2	40.1	6.6	8.7	4.6
2011	9.2	46.5	44.3	40.0	6.7	9.0	4.5
2012	9.1	45.4	45.5	38.8	6.9	9.3	4.4
2013	8.9	44.2	46.9	37.5	6.9	9.5	4.4
2014	8.6	43.1	48.3	36.2	7.1	9.8	4.4
2015	8.4	40.8	50.8	34.1	6.9	9.8	4.4
2016	8.1	39.6	52.4	32.9	6.9	9.9	4.4
2017	7.5	39.9	52.7	33.1	7.0	9.8	4.5
2018	7.0	39.7	53.3	32.8	7.1	9.7	4.4
2019	7.1	38.6	54.3	31.6	7.2	9.7	4.3
2020	7.7	37.8	54.5	30.9	7.1	9.5	4.0
2021	7.3	39.4	53.3	32.6	7.0	9.7	4.1

注：本表按当年价格计算。

3-3 国内生产总值指数(一)

(上年=100)

年 份	国 民 总收入	国 内 生产总值	第一产业	第二产业	第三产业
1978	111.7	111.7	104.1	115.0	113.6
1979	107.6	107.6	106.1	108.2	107.8
1980	107.8	107.8	98.5	113.5	106.1
1981	105.1	105.1	107.0	101.9	109.6
1982	109.2	109.0	111.5	105.6	112.7
1983	111.0	110.8	108.3	110.4	114.6
1984	115.3	115.2	112.9	114.4	119.4
1985	113.2	113.4	101.8	118.4	118.1
1986	108.6	108.9	103.3	110.2	112.3
1987	111.6	111.7	104.7	113.6	114.7
1988	111.3	111.2	102.5	114.3	113.2
1989	104.3	104.2	103.1	103.7	105.8
1990	104.1	103.9	107.3	103.2	102.7
1991	109.2	109.3	102.4	113.8	109.2
1992	114.1	114.2	104.7	121.0	112.6
1993	113.6	113.9	104.6	119.7	112.2
1994	113.1	113.0	103.9	118.1	111.4
1995	109.4	111.0	104.9	113.8	110.1
1996	110.1	109.9	105.0	112.1	109.2
1997	109.6	109.2	103.4	110.5	110.4
1998	107.3	107.8	103.4	108.9	108.4
1999	108.0	107.7	102.7	108.2	109.2
2000	108.6	108.5	102.3	109.5	109.8
2001	108.1	108.3	102.6	108.5	110.3
2002	109.6	109.1	102.7	109.9	110.5
2003	110.5	110.0	102.4	112.7	109.5
2004	110.5	110.1	106.1	111.1	110.1
2005	110.9	111.4	105.1	112.1	112.4
2006	113.3	112.7	104.8	113.5	114.1
2007	114.7	114.2	103.5	115.1	116.1
2008	110.1	109.7	105.2	109.8	110.5
2009	108.5	109.4	104.0	110.3	109.6
2010	110.3	110.6	104.3	112.7	109.7
2011	109.0	109.6	104.2	110.7	109.5
2012	108.6	107.9	104.5	108.4	108.0
2013	107.1	107.8	103.8	108.0	108.3
2014	108.4	107.4	104.1	107.2	108.3
2015	106.4	107.0	103.9	105.9	108.8
2016	106.8	106.8	103.3	106.0	108.1
2017	107.3	106.9	104.0	105.9	108.3
2018	106.4	106.7	103.5	105.8	108.0
2019	106.1	106.0	103.1	104.9	107.2
2020	101.7	102.2	103.1	102.5	101.9
2021	108.0	108.1	107.1	108.2	108.2

注：本表按不变价格计算。

3-3　国内生产总值指数(二)

(上年=100)

年 份	#工业	#建筑业	#批发和零售业	#交通运输、仓储和邮政业	人均国内生产总值
1978	116.4	99.5	123.1	108.9	110.2
1979	108.7	102.0	108.7	108.3	106.2
1980	112.6	126.6	98.1	104.3	106.5
1981	101.7	103.2	129.5	101.9	103.8
1982	105.8	103.4	99.3	111.4	107.4
1983	109.7	117.0	121.2	109.5	109.2
1984	114.8	110.8	124.7	114.9	113.7
1985	118.0	122.1	133.5	113.8	111.9
1986	109.6	115.8	109.4	113.9	107.3
1987	113.1	117.8	114.7	109.6	109.9
1988	115.1	108.0	111.8	112.5	109.4
1989	105.0	91.6	89.3	104.2	102.6
1990	103.4	101.2	94.7	108.3	102.4
1991	114.3	109.6	105.2	110.6	107.8
1992	121.0	121.0	110.5	110.1	112.8
1993	120.0	118.0	108.6	112.5	112.6
1994	118.8	113.6	108.2	108.5	111.8
1995	114.0	112.4	108.2	111.0	109.8
1996	112.5	108.5	107.6	111.0	108.8
1997	111.3	102.6	108.8	109.2	108.1
1998	108.9	109.0	106.5	110.6	106.8
1999	108.6	104.3	108.7	112.2	106.7
2000	109.9	105.7	109.4	108.6	107.6
2001	108.7	106.8	109.1	108.8	107.6
2002	110.0	108.8	108.8	107.1	108.4
2003	112.8	112.1	109.9	106.1	109.4
2004	111.6	108.2	106.6	114.5	109.5
2005	111.6	116.0	113.0	111.2	110.7
2006	112.9	117.2	119.5	110.0	112.1
2007	114.9	116.2	120.2	111.8	113.6
2008	110.0	109.5	115.9	107.3	109.1
2009	109.1	118.9	111.9	103.4	108.9
2010	112.6	113.8	114.6	109.5	110.1
2011	110.9	109.7	112.5	109.7	109.0
2012	108.1	109.8	110.3	106.1	107.1
2013	107.7	109.7	110.5	106.6	107.1
2014	106.7	109.6	110.3	106.9	106.8
2015	105.7	107.3	106.7	104.4	106.4
2016	105.7	107.7	107.7	106.9	106.2
2017	106.2	103.9	107.8	109.6	106.3
2018	106.1	104.8	106.7	108.3	106.3
2019	104.8	105.2	105.6	106.5	105.6
2020	102.4	102.7	99.1	100.8	102.0
2021	109.6	102.1	111.3	112.1	108.0

注：本表按不变价格计算。

3-3 国内生产总值指数(三)

(1978年=100)

年　份	国民总收入	国内生产总值	第一产业	第二产业	第三产业
1978	100.0	100.0	100.0	100.0	100.0
1979	107.6	107.6	106.1	108.2	107.8
1980	116.0	116.0	104.6	122.8	114.4
1981	121.9	122.0	111.9	125.1	125.3
1982	133.1	132.9	124.8	132.1	141.2
1983	147.8	147.3	135.1	145.8	161.9
1984	170.5	169.6	152.6	166.9	193.2
1985	192.9	192.4	155.4	197.6	228.3
1986	209.6	209.6	160.5	217.8	256.4
1987	233.9	234.1	168.1	247.4	294.0
1988	260.3	260.4	172.3	282.8	332.7
1989	271.4	271.3	177.6	293.4	352.2
1990	282.7	281.9	190.7	302.8	361.6
1991	308.7	308.1	195.2	344.5	394.8
1992	352.1	351.9	204.2	416.9	444.6
1993	399.9	400.7	213.7	499.3	498.7
1994	452.1	453.0	222.2	589.8	555.4
1995	494.5	502.6	233.1	671.4	611.4
1996	544.5	552.5	244.9	752.6	667.7
1997	596.6	603.5	253.3	831.4	737.4
1998	640.3	650.8	262.0	905.5	799.3
1999	691.4	700.7	269.2	979.7	873.3
2000	751.0	760.2	275.4	1072.6	958.6
2001	811.8	823.6	282.7	1163.6	1057.0
2002	889.7	898.8	290.3	1278.8	1167.8
2003	982.9	989.0	297.2	1440.8	1279.2
2004	1086.2	1089.0	315.4	1601.3	1408.7
2005	1204.6	1213.1	331.4	1795.6	1582.8
2006	1364.9	1367.4	347.1	2037.1	1806.5
2007	1565.6	1562.0	359.3	2343.7	2096.8
2008	1723.4	1712.8	377.9	2574.3	2316.5
2009	1870.6	1873.8	393.0	2839.2	2538.5
2010	2064.2	2073.1	409.7	3199.3	2784.0
2011	2249.9	2271.1	426.8	3541.3	3048.1
2012	2444.0	2449.6	445.9	3837.5	3292.4
2013	2618.4	2639.9	462.8	4144.0	3565.7
2014	2839.5	2835.9	481.6	4440.5	3863.1
2015	3021.1	3035.6	500.4	4703.7	4202.2
2016	3227.4	3243.5	516.8	4987.4	4542.4
2017	3464.3	3468.8	537.2	5280.1	4918.0
2018	3686.7	3703.0	555.9	5585.9	5310.7
2019	3912.3	3923.3	573.1	5858.2	5692.0
2020	3979.0	4011.2	591.0	6002.6	5802.9
2021	4296.9	4336.5	632.7	6496.3	6277.5
平均每年增长(%)					
1979-2021年	9.1	9.2	4.4	10.2	10.1
1991-2021年	9.2	9.2	3.9	10.4	9.6
2001-2021年	8.7	8.6	4.0	9.0	9.4

注：本表按不变价格计算。

3-3 国内生产总值指数(四)

(1978年=100)

年　份	#工业	#建筑业	#批发和零售业	#交通运输、仓储和邮政业	人均国内生产总　值
1978	100.0	100.0	100.0	100.0	100.0
1979	108.7	102.0	108.7	108.3	106.2
1980	122.4	129.2	106.7	112.9	113.1
1981	124.5	133.3	138.2	115.0	117.3
1982	131.7	137.9	137.2	128.1	126.0
1983	144.5	161.3	166.3	140.2	137.6
1984	165.9	178.8	207.4	161.1	156.4
1985	195.8	218.4	277.0	183.3	175.1
1986	214.7	253.0	303.1	208.8	187.9
1987	242.9	298.1	347.7	228.8	206.5
1988	279.5	321.8	388.7	257.5	226.0
1989	293.6	294.8	347.1	268.3	231.9
1990	303.5	298.3	328.8	290.7	237.5
1991	346.9	326.8	345.8	321.4	256.0
1992	419.9	395.4	382.2	353.7	288.8
1993	503.7	466.4	415.0	398.0	325.1
1994	598.3	530.0	449.0	432.0	363.4
1995	682.0	595.7	485.9	479.4	398.9
1996	767.2	646.4	523.0	532.3	433.9
1997	854.1	663.4	568.9	581.3	469.1
1998	930.0	723.2	605.9	642.8	501.1
1999	1009.7	754.3	658.7	721.1	534.8
2000	1109.2	797.3	720.7	782.9	575.7
2001	1205.9	851.5	786.3	851.9	619.1
2002	1327.0	926.6	855.5	912.6	671.2
2003	1496.2	1038.5	940.6	968.5	734.0
2004	1669.1	1123.2	1002.3	1108.8	803.4
2005	1863.5	1302.9	1132.9	1233.0	889.7
2006	2104.4	1527.4	1353.4	1355.9	997.3
2007	2418.9	1774.7	1627.0	1516.0	1133.3
2008	2660.1	1943.5	1884.9	1627.0	1236.3
2009	2901.9	2311.8	2109.2	1681.9	1345.8
2010	3266.9	2631.4	2417.0	1841.1	1481.8
2011	3624.4	2887.3	2718.3	2019.0	1614.5
2012	3918.9	3168.9	2998.2	2141.9	1729.6
2013	4222.0	3475.6	3313.5	2283.2	1851.6
2014	4506.5	3810.8	3653.4	2441.3	1976.6
2015	4762.9	4090.3	3899.1	2549.8	2103.5
2016	5033.4	4405.6	4198.3	2725.3	2234.7
2017	5346.7	4578.7	4526.5	2985.7	2375.6
2018	5672.6	4799.5	4829.0	3232.6	2524.1
2019	5944.3	5051.1	5099.7	3442.5	2664.8
2020	6085.4	5188.7	5054.4	3471.0	2718.0
2021	6670.6	5300.0	5623.8	3892.1	2935.8
平均每年增长(%)					
1979-2021年	10.3	9.7	9.8	8.9	8.2
1991-2021年	10.5	9.7	9.6	8.7	8.4
2001-2021年	8.9	9.4	10.3	7.9	8.1

注：本表按不变价格计算。

3-4 三次产业对国内生产总值增长的贡献率和拉动

年 份	第一产业		第二产业		第三产业	
	贡献率 (%)	拉动 (百分点)	贡献率 (%)	拉动 (百分点)	贡献率 (%)	拉动 (百分点)
1990	40.2	1.6	39.8	1.6	20.0	0.8
1991	6.8	0.6	61.1	5.7	32.2	3.0
1992	8.1	1.2	63.2	9.0	28.7	4.1
1993	7.6	1.1	64.4	8.9	28.0	3.9
1994	6.3	0.8	66.3	8.6	27.4	3.6
1995	8.7	1.0	62.8	6.9	28.5	3.1
1996	9.3	0.9	62.2	6.2	28.5	2.8
1997	6.5	0.6	59.0	5.5	34.5	3.2
1998	7.2	0.6	59.7	4.7	33.0	2.6
1999	5.6	0.4	56.9	4.4	37.4	2.9
2000	4.1	0.4	59.6	5.1	36.2	3.1
2001	4.6	0.4	46.4	3.9	49.0	4.1
2002	4.1	0.4	49.4	4.5	46.5	4.2
2003	3.1	0.3	57.9	5.8	39.0	3.9
2004	7.3	0.7	51.8	5.2	40.8	4.1
2005	5.2	0.6	50.5	5.8	44.3	5.0
2006	4.4	0.6	49.7	6.3	45.9	5.8
2007	2.7	0.4	50.1	7.1	47.3	6.7
2008	5.2	0.5	48.6	4.7	46.2	4.5
2009	4.0	0.4	52.3	4.9	43.7	4.1
2010	3.6	0.4	57.4	6.1	39.0	4.2
2011	4.1	0.4	52.0	5.0	43.9	4.2
2012	5.0	0.4	50.0	3.9	45.0	3.5
2013	4.2	0.3	48.5	3.8	47.2	3.7
2014	4.5	0.3	45.6	3.4	49.9	3.7
2015	4.4	0.3	39.7	2.8	55.9	3.9
2016	4.0	0.3	36.0	2.5	60.0	4.1
2017	4.6	0.3	34.2	2.4	61.1	4.2
2018	4.1	0.3	34.4	2.3	61.5	4.2
2019	3.9	0.2	32.6	1.9	63.5	3.8
2020	10.4	0.2	43.3	1.0	46.3	1.0
2021	6.7	0.5	38.4	3.1	54.9	4.5

注：本表按不变价格计算。产业贡献率指各产业增加值增量与国内生产总值增量之比，产业拉动指国内生产总值增长速度与各产业贡献率之乘积。

3-5 地区生产总值

(2021年)

地　区	地　区 生产总值 (亿元)	第一产业	第二产业	第三产业	地区生产 总值指数 (上年=100)	人均地区 生产总值 (元)	人均地区生 产总值指数 (上年=100)
北　京	40269.6	111.3	7268.6	32889.6	108.5	183980	108.5
天　津	15695.0	225.4	5854.3	9615.4	106.6	113732	107.0
河　北	40391.3	4030.3	16364.2	19996.7	106.5	54172	106.5
山　西	22590.2	1286.9	11213.1	10090.2	109.1	64821	109.4
内蒙古	20514.2	2225.2	9374.2	8914.8	106.3	85422	106.6
辽　宁	27584.1	2461.8	10875.2	14247.1	105.8	65026	106.4
吉　林	13235.5	1553.8	4768.3	6913.4	106.6	55450	108.3
黑龙江	14879.2	3463.0	3975.3	7440.9	106.1	47266	108.2
上　海	43214.9	100.0	11449.3	31665.6	108.1	173630	107.9
江　苏	116364.2	4722.4	51775.4	59866.4	108.6	137039	108.3
浙　江	73515.8	2209.1	31188.6	40118.1	108.5	113032	107.1
安　徽	42959.2	3360.6	17613.2	21985.4	108.3	70321	108.1
福　建	48810.4	2897.7	22866.3	23046.3	108.0	116939	107.3
江　西	29619.7	2334.3	13183.2	14102.2	108.8	65560	108.8
山　东	83095.9	6029.0	33187.2	43879.7	108.3	81727	107.9
河　南	58887.4	5620.8	24331.6	28934.9	106.3	59410	106.4
湖　北	50012.9	4661.7	18952.9	26398.4	112.9	86416	113.8
湖　南	46063.1	4322.9	18126.1	23614.1	107.7	69440	107.8
广　东	124369.7	5003.7	50219.2	69146.8	108.0	98285	107.1
广　西	24740.9	4015.5	8187.9	12537.5	107.5	49206	106.9
海　南	6475.2	1254.4	1238.8	3982.0	111.2	63707	109.8
重　庆	27894.0	1922.0	11184.9	14787.1	108.3	86879	107.8
四　川	53850.8	5661.9	19901.4	28287.6	108.2	64326	108.0
贵　州	19586.4	2730.9	6984.7	9870.8	108.1	50808	108.0
云　南	27146.8	3870.2	9589.4	13687.2	107.3	57686	107.5
西　藏	2080.2	164.1	757.3	1158.8	106.7	56831	106.1
陕　西	29801.0	2409.4	13802.5	13589.1	106.5	75360	106.3
甘　肃	10243.3	1364.7	3466.6	5412.0	106.9	41046	107.3
青　海	3346.6	352.7	1332.6	1661.4	105.7	56398	105.4
宁　夏	4522.3	364.5	2021.6	2136.3	106.7	62549	106.1
新　疆	15983.6	2356.1	5967.4	7660.2	107.0	61725	106.3

注：本表绝对量按当年价格计算，指数按不变价格计算。

3-6 支出法国内生产总值

单位：亿元

年　份	支出法国内生产总值	最终消费支出	资本形成总额	货物和服务净出口
1978	3605.6	2233.6	1383.3	-11.4
1979	4047.3	2579.0	1488.3	-20.0
1980	4540.5	2967.7	1587.5	-14.7
“六五”时期	**32740.4**	**21623.7**	**11323.6**	**-206.9**
1981	4921.6	3278.2	1626.3	17.1
1982	5386.3	3576.8	1718.4	91.1
1983	6034.2	4061.2	1922.2	50.8
1984	7290.1	4786.6	2502.2	1.3
1985	9108.1	5920.8	3554.4	-367.1
“七五”时期	**74018.5**	**46859.8**	**27229.4**	**-70.8**
1986	10390.3	6730.8	3914.6	-255.2
1987	12198.0	7643.5	4543.7	10.8
1988	15210.5	9429.4	5932.2	-151.2
1989	17250.5	11043.7	6392.4	-185.5
1990	18969.3	12012.4	6446.6	510.3
“八五”时期	**194174.1**	**115205.4**	**77122.3**	**1846.4**
1991	21997.2	13625.6	7754.0	617.6
1992	27140.3	16239.3	10625.4	275.6
1993	35576.0	20814.9	15440.5	-679.5
1994	48410.3	28296.8	19479.4	634.1
1995	61050.4	36228.7	23823.0	998.6
“九五”时期	**425642.2**	**262589.0**	**149495.2**	**13557.9**
1996	71541.5	43122.3	26960.1	1459.1
1997	79415.8	47548.7	28317.1	3550.0
1998	84790.8	51501.8	29659.7	3629.3
1999	90095.1	56667.3	30891.2	2536.6
2000	99799.0	63748.9	33667.1	2383.0
“十五”时期	**717874.9**	**413890.6**	**281155.9**	**22828.4**
2001	110388.4	68661.1	39402.5	2324.7
2002	121326.7	74227.5	44005.0	3094.2
2003	137146.7	79735.0	54446.8	2964.9
2004	161355.6	89394.4	67725.6	4235.6
2005	187657.5	101872.5	75576.0	10209.1
“十一五”时期	**1564320.2**	**788120.6**	**681800.9**	**94398.7**
2006	219597.5	115364.3	87578.6	16654.6
2007	270499.4	137737.1	109339.3	23423.1
2008	318067.6	158899.2	134941.6	24226.8
2009	347650.3	174538.6	158074.5	15037.1
2010	408505.4	201581.4	191866.9	15057.1
“十二五”时期	**2958135.4**	**1536806.7**	**1344494.8**	**76833.9**
2011	484109.3	244747.3	227673.5	11688.5
2012	539039.9	275443.9	248960.0	14636.0
2013	596344.5	306663.7	275128.7	14552.1
2014	646548.0	338031.2	294906.1	13610.8
2015	692093.7	371920.7	297826.5	22346.5
“十三五”时期	**4507074.3**	**2486902.5**	**1944898.8**	**75273.0**
2016	745980.5	410806.4	318198.5	16975.6
2017	828982.8	456518.2	357886.1	14578.4
2018	915774.3	506134.9	402585.2	7054.2
2019	990708.4	552631.7	426678.7	11397.9
2020	1025628.4	560811.1	439550.3	25266.9
“十四五”时期				
2021	1140340.1	620921.0	489897.2	29521.9

注：本表按当年价格计算。

3-7 支出法国内生产总值主要构成项

单位：亿元

年份	最终消费支出		资本形成总额		货物和服务净出口	
	居民消费支出	政府消费支出	固定资本形成总额	存货变动	货物和服务出口	货物和服务进口
1978	1759.1	474.5	1079.3	304.0		
1979	2014.0	565.0	1162.5	325.8		
1980	2336.9	630.8	1310.2	277.3		
“六五”时期	**17032.6**	**4591.1**	**9462.4**	**1861.2**		
1981	2627.5	650.7	1345.4	280.9		
1982	2867.1	709.7	1517.4	201.0		
1983	3220.9	840.3	1696.5	225.7		
1984	3689.5	1097.1	2134.1	368.1		
1985	4627.4	1293.3	2768.9	785.5		
“七五”时期	**37086.3**	**9773.5**	**20573.1**	**6656.3**		
1986	5293.5	1437.3	3212.4	702.2		
1987	6047.6	1595.9	3720.4	823.3		
1988	7532.1	1897.2	4713.9	1218.3		
1989	8778.0	2265.7	4399.1	1993.3		
1990	9435.0	2577.4	4527.4	1919.2		
“八五”时期	**88060.3**	**27145.1**	**63730.0**	**13392.3**		
1991	10544.5	3081.1	5656.3	2097.7		
1992	12312.2	3927.1	8252.8	2372.6		
1993	15694.9	5120.1	13232.0	2208.5		
1994	21443.2	6853.6	16751.0	2728.4		
1995	28065.6	8163.2	19837.9	3985.1		
“九五”时期	**197707.6**	**64881.5**	**137587.6**	**11907.6**		
1996	33644.1	9478.1	22723.3	4236.8		
1997	36585.8	10962.9	24714.1	3603.0		
1998	38768.5	12733.3	28014.5	1645.2		
1999	41845.8	14821.5	29467.0	1424.2		
2000	46863.3	16885.6	32668.7	998.4		
“十五”时期	**303700.0**	**110190.6**	**270161.1**	**10994.8**		
2001	50464.7	18196.5	37087.6	2314.9		
2002	54667.0	19560.5	42672.1	1332.9		
2003	58689.9	21045.1	52574.5	1872.3		
2004	65724.8	23669.7	63974.9	3750.7		
2005	74153.7	27718.8	73852.0	1724.0		
“十一五”时期	**558315.7**	**229804.9**	**645756.2**	**36044.7**		
2006	82842.4	32521.9	84978.6	2600.0		
2007	98231.3	39505.8	102344.6	6994.6		
2008	112654.7	46244.5	124700.7	10240.9		
2009	123121.9	51416.7	152691.1	5383.4		
2010	141465.5	60115.9	181041.1	10825.8		
“十二五”时期	**1069893.8**	**466912.9**	**1288529.7**	**55965.1**		
2011	170390.8	74356.5	214017.2	13656.3		
2012	190584.8	84859.1	238320.7	10639.3		
2013	212477.3	94186.4	263979.9	11148.8		
2014	236238.5	101792.7	282241.6	12664.4		
2015	260202.4	111718.2	289970.2	7856.3		
“十三五”时期	**1737855.9**	**749046.6**	**1905369.0**	**39529.8**	**856113.4**	**780840.4**
2016	288668.2	122138.3	310144.8	8053.7	146176.8	129201.2
2017	320689.5	135828.7	348300.1	9586.0	163846.8	149268.4
2018	354124.4	152010.6	393847.9	8737.3	175694.0	168639.8
2019	387188.1	165443.6	422451.3	4227.4	182469.7	171071.8
2020	387185.8	173625.4	430624.9	8925.4	187926.1	162659.2
“十四五”时期						
2021	438849.4	182071.6	478901.2	10996.0	228244.6	198722.7

注：1.本表按当年价格计算。
　　2.自2016年起，增加货物和服务出口、货物和服务进口两个指标。

3-8 支出法国内生产总值构成

(支出法国内生产总值=100)

年份	最终消费支出	居民消费支出	政府消费支出	资本形成总额	固定资本形成总额	存货变动	货物和服务净出口
1978	61.9	48.8	13.2	38.4	29.9	8.4	-0.3
1979	63.7	49.8	14.0	36.8	28.7	8.0	-0.5
1980	65.4	51.5	13.9	35.0	28.9	6.1	-0.3
1981	66.6	53.4	13.2	33.0	27.3	5.7	0.3
1982	66.4	53.2	13.2	31.9	28.2	3.7	1.7
1983	67.3	53.4	13.9	31.9	28.1	3.7	0.8
1984	65.7	50.6	15.0	34.3	29.3	5.0	0.0
1985	65.0	50.8	14.2	39.0	30.4	8.6	-4.0
1986	64.8	50.9	13.8	37.7	30.9	6.8	-2.5
1987	62.7	49.6	13.1	37.2	30.5	6.7	0.1
1988	62.0	49.5	12.5	39.0	31.0	8.0	-1.0
1989	64.0	50.9	13.1	37.1	25.5	11.6	-1.1
1990	63.3	49.7	13.6	34.0	23.9	10.1	2.7
1991	61.9	47.9	14.0	35.2	25.7	9.5	2.8
1992	59.8	45.4	14.5	39.1	30.4	8.7	1.0
1993	58.5	44.1	14.4	43.4	37.2	6.2	-1.9
1994	58.5	44.3	14.2	40.2	34.6	5.6	1.3
1995	59.3	46.0	13.4	39.0	32.5	6.5	1.6
1996	60.3	47.0	13.2	37.7	31.8	5.9	2.0
1997	59.9	46.1	13.8	35.7	31.1	4.5	4.5
1998	60.7	45.7	15.0	35.0	33.0	1.9	4.3
1999	62.9	46.4	16.5	34.3	32.7	1.6	2.8
2000	63.9	47.0	16.9	33.7	32.7	1.0	2.4
2001	62.2	45.7	16.5	35.7	33.6	2.1	2.1
2002	61.2	45.1	16.1	36.3	35.2	1.1	2.6
2003	58.1	42.8	15.3	39.7	38.3	1.4	2.2
2004	55.4	40.7	14.7	42.0	39.6	2.3	2.6
2005	54.3	39.5	14.8	40.3	39.4	0.9	5.4
2006	52.5	37.7	14.8	39.9	38.7	1.2	7.6
2007	50.9	36.3	14.6	40.4	37.8	2.6	8.7
2008	50.0	35.4	14.5	42.4	39.2	3.2	7.6
2009	50.2	35.4	14.8	45.5	43.9	1.5	4.3
2010	49.3	34.6	14.7	47.0	44.3	2.7	3.7
2011	50.6	35.2	15.4	47.0	44.2	2.8	2.4
2012	51.1	35.4	15.7	46.2	44.2	2.0	2.7
2013	51.4	35.6	15.8	46.1	44.3	1.9	2.4
2014	52.3	36.5	15.7	45.6	43.7	2.0	2.1
2015	53.7	37.6	16.1	43.0	41.9	1.1	3.2
2016	55.1	38.7	16.4	42.7	41.6	1.1	2.3
2017	55.1	38.7	16.4	43.2	42.0	1.2	1.8
2018	55.3	38.7	16.6	44.0	43.0	1.0	0.8
2019	55.8	39.1	16.7	43.1	42.6	0.4	1.2
2020	54.7	37.8	16.9	42.9	42.0	0.9	2.5
2021	54.5	38.5	16.0	43.0	42.0	1.0	2.6

注：本表按当年价格计算。

3-9 三大需求对国内生产总值增长的贡献率和拉动

年　份	最终消费支出		资本形成总额		货物和服务净出口	
	贡献率 (%)	拉　动 (百分点)	贡献率 (%)	拉　动 (百分点)	贡献率 (%)	拉　动 (百分点)
1978	38.7	4.5	66.7	7.8	-5.4	-0.6
1979	84.0	6.4	19.2	1.5	-3.2	-0.2
1980	78.1	6.1	20.1	1.6	1.8	0.1
1981	89.4	4.6	-1.7	-0.1	12.3	0.6
1982	56.7	5.1	22.6	2.0	20.7	1.9
1983	75.0	8.1	33.0	3.6	-8.0	-0.9
1984	69.3	10.5	41.3	6.3	-10.6	-1.6
1985	71.9	9.7	79.6	10.7	-51.5	-6.9
1986	50.6	4.5	15.2	1.4	34.2	3.1
1987	41.5	4.8	25.9	3.0	32.6	3.8
1988	43.8	4.9	55.3	6.2	0.9	0.1
1989	79.4	3.3	0.0	0.0	20.6	0.9
1990	89.0	3.5	-69.4	-2.7	80.5	3.2
1991	61.2	5.7	37.2	3.4	1.6	0.2
1992	56.9	8.1	52.3	7.4	-9.2	-1.3
1993	58.5	8.1	54.8	7.6	-13.3	-1.9
1994	35.1	4.6	33.7	4.4	31.2	4.1
1995	46.7	5.1	46.1	5.0	7.2	0.8
1996	62.3	6.2	33.8	3.4	3.8	0.4
1997	42.6	3.9	14.5	1.3	42.9	4.0
1998	65.6	5.1	27.7	2.2	6.7	0.5
1999	88.7	6.8	21.2	1.6	-9.9	-0.8
2000	78.8	6.7	21.7	1.8	-0.5	0.0
2001	50.0	4.2	63.5	5.3	-13.5	-1.1
2002	58.1	5.3	40.0	3.7	1.9	0.2
2003	36.1	3.6	68.8	6.9	-4.9	-0.5
2004	42.9	4.3	62.0	6.3	-4.9	-0.5
2005	56.8	6.5	33.1	3.8	10.1	1.1
2006	43.2	5.5	42.5	5.4	14.3	1.8
2007	47.9	6.8	44.2	6.3	7.8	1.1
2008	44.0	4.2	53.3	5.1	2.7	0.3
2009	57.6	5.4	85.3	8.0	-42.8	-4.0
2010	47.4	5.0	63.4	6.7	-10.8	-1.1
2011	65.7	6.3	41.1	3.9	-6.8	-0.6
2012	55.4	4.4	42.1	3.3	2.5	0.2
2013	50.2	3.9	53.1	4.1	-3.3	-0.3
2014	56.3	4.2	45.0	3.3	-1.3	-0.1
2015	69.0	4.9	22.6	1.6	8.4	0.6
2016	66.0	4.5	45.7	3.1	-11.7	-0.8
2017	55.9	3.9	39.5	2.7	4.7	0.3
2018	64.0	4.3	43.2	2.9	-7.2	-0.5
2019	58.6	3.5	28.9	1.7	12.6	0.7
2020	-6.8	-0.2	81.5	1.8	25.3	0.6
2021	65.4	5.3	13.7	1.1	20.9	1.7

注：1.本表按不变价格计算。三大需求指支出法国内生产总值的三大构成项目,即最终消费支出、资本形成总额、货物和服务净出口。

2.贡献率指三大需求增量分别与支出法国内生产总值增量之比。

3.拉动指国内生产总值增长速度分别与三大需求贡献率的乘积。

3-10 居民消费水平

年　份	绝对数(元)			指数（1978年=100）		
	全体居民	城镇居民	农村居民	全体居民	城镇居民	农村居民
1978	184	393	139	100.0	100.0	100.0
1979	208	425	159	107.0	106.0	105.9
1980	238	490	178	116.8	113.8	115.0
1981	264	517	202	126.1	117.3	126.5
1982	284	504	227	133.1	111.9	139.8
1983	315	547	252	145.3	119.1	153.1
1984	356	621	280	160.9	131.9	167.2
1985	440	750	346	181.3	141.6	191.3
1986	496	847	385	191.6	150.2	199.6
1987	558	953	427	203.1	156.8	211.3
1988	684	1200	506	212.6	164.7	218.5
1989	785	1345	588	221.3	166.3	231.0
1990	831	1404	627	227.5	168.6	238.8
1991	916	1619	661	242.2	186.7	244.4
1992	1057	2009	701	265.8	218.7	248.9
1993	1332	2661	822	293.8	251.3	260.0
1994	1799	3644	1073	313.7	268.6	273.1
1995	2329	4767	1344	339.7	294.2	286.9
1996	2763	5378	1655	372.3	305.9	326.6
1997	2974	5635	1768	389.2	311.2	339.7
1998	3122	5896	1778	411.0	328.6	344.3
1999	3340	6335	1793	445.2	358.6	352.0
2000	3712	6972	1917	491.9	393.0	375.2
2001	3968	7272	2032	520.7	406.5	392.7
2002	4270	7662	2157	563.1	430.6	418.5
2003	4555	7977	2292	593.4	443.4	437.7
2004	5071	8718	2521	632.7	466.6	454.9
2005	5688	9637	2784	693.0	505.4	485.8
2006	6319	10516	3066	748.3	535.4	521.4
2007	7454	12217	3538	841.4	595.5	566.8
2008	8504	13722	3981	904.2	632.2	593.8
2009	9249	14687	4295	999.4	686.6	654.0
2010	10575	16570	4782	1074.7	726.9	689.2
2011	12668	19218	5880	1179.7	776.3	764.0
2012	14074	20869	6573	1286.9	831.0	826.1
2013	15586	22620	7397	1388.9	878.2	903.9
2014	17220	24430	8365	1505.1	930.3	1002.3
2015	18857	26119	9409	1648.4	994.3	1129.1
2016	20801	28154	10609	1783.2	1050.4	1251.4
2017	22968	30323	12145	1901.7	1092.0	1386.6
2018	25245	32483	13985	2041.9	1143.0	1558.8
2019	27504	34900	15382	2166.0	1195.9	1668.2
2020	27439	34043	16046	2111.9	1140.7	1697.9
2021	31072	37994	18601	2363.5	1258.0	1945.5

注：1.本表绝对数按当年价格计算，指数按不变价格计算。
　　2.居民消费水平指按年中常住人口计算的人均居民消费支出。

3-11 2020年资金流量表(非金融交易)(一)

单位：亿元

机构部门	非金融企业部门		金融机构部门		广义政府部门	
交易项目	运 用	来 源	运 用	来 源	运 用	来 源
一、净出口						
二、增加值		**627480.7**		**83617.7**		**105580.9**
三、劳动者报酬	**277774.8**		**21528.2**		**93502.0**	
四、生产税净额	**79382.3**		**8271.8**		**284.1**	**88546.7**
五、财产收入	**74786.9**	**30266.1**	**86035.3**	**76729.7**	**12887.0**	**23943.8**
(一)利息	35409.4	22643.7	77115.9	74015.1	10663.8	7639.6
(二)红利	29531.0	7447.0	4095.4	2714.6		6246.9
(三)地租	9837.9					9851.8
(四)其他	8.6	175.4	4824.1		2223.3	205.4
六、初次分配总收入		**225802.8**		**44512.1**		**111398.3**
七、经常转移	**33341.3**	**2741.6**	**16028.4**	**6969.5**	**73984.9**	**112154.2**
(一)所得税、财产税等经常税	27352.3		9073.5			48002.1
(二)社会保险缴款						54848.0
(三)社会保险福利					57360.0	
(四)社会补助	585.3				16373.4	
(五)其他	5403.7	2741.6	6954.9	6969.5	251.5	9304.1
八、可支配总收入		**195203.2**		**35453.2**		**149567.5**
九、实物社会转移					**68019.2**	
十、调整后可支配总收入		**195203.2**		**35453.2**		**81548.4**
十一、实际最终消费					**105606.2**	
(一)居民实际最终消费						
(二)政府实际最终消费					105606.2	
十二、总储蓄		**195203.2**		**35453.2**		**-24057.9**
十三、资本转移		**14565.0**			**14581.9**	**11.5**
(一)投资性补助		14565.0			14565.0	
(二)其他					16.9	11.5
十四、资本形成总额	**255348.7**		**2122.8**		**55964.2**	
(一)固定资本形成总额	248323.9		2122.8		55950.4	
(二)存货变动	7024.9				13.7	
十五、其他非金融资产获得减处置	**68875.9**				**-33950.7**	
十六、净金融投资	**-114456.4**		**33330.4**		**-60641.8**	

3-11 2020年资金流量表(非金融交易)(二)

单位：亿元

机构部门	住户部门		国内合计	
交易项目	运　用	来　源	运　用	来　源
一、净出口				
二、增加值		**196887.6**		**1013567.0**
三、劳动者报酬	**136760.5**	**529580.5**	**529565.5**	**529580.5**
四、生产税净额	**608.5**		**88546.7**	**88546.7**
五、财产收入	**14496.8**	**49135.8**	**188206.0**	**180075.3**
(一)利息	14482.9	38432.8	137671.9	142731.2
(二)红利		3887.6	33626.3	20296.1
(三)地租	13.9		9851.8	9851.8
(四)其他		6815.5	7055.9	7196.3
六、初次分配总收入		**623738.1**		**1005451.3**
七、经常转移	**78913.9**	**80974.3**	**202268.5**	**202839.6**
(一)所得税、财产税等经常税	11576.3		48002.1	48002.1
(二)社会保险缴款	54848.0		54848.0	54848.0
(三)社会保险福利		57360.0	57360.0	57360.0
(四)社会补助		16958.7	16958.7	16958.7
(五)其他	12489.6	6655.6	25099.7	25670.8
八、可支配总收入		**625798.5**		**1006022.4**
九、实物社会转移		**68019.2**	**68019.2**	**68019.2**
十、调整后可支配总收入		**693817.6**		**1006022.4**
十一、实际最终消费	**455204.9**		**560811.1**	
(一)居民实际最终消费	455204.9		455204.9	
(二)政府实际最终消费			105606.2	
十二、总储蓄		**238612.7**		**445211.3**
十三、资本转移			**14581.9**	**14576.5**
(一)投资性补助			14565.0	14565.0
(二)其他			16.9	11.5
十四、资本形成总额	**126114.6**		**439550.3**	
(一)固定资本形成总额	124227.8		430624.9	
(二)存货变动	1886.8		8925.4	
十五、其他非金融资产获得减处置	**-34925.2**			
十六、净金融投资	**147423.3**		**5655.5**	

3-11 2020年资金流量表(非金融交易)(三)

单位：亿元

机构部门 交易项目	国外		合计	
	运用	来源	运用	来源
一、净出口		**-24507.9**		**-24507.9**
二、增加值				**1013567.0**
三、劳动者报酬	**1014.1**	**999.1**	**530579.6**	**530579.6**
四、生产税净额			**88546.7**	**88546.7**
五、财产收入	**15917.3**	**24048.0**	**204123.3**	**204123.3**
(一)利息	8273.5	3214.3	145945.4	145945.4
(二)红利	7447.0	20777.2	41073.3	41073.3
(三)地租			9851.8	9851.8
(四)其他	196.8	56.5	7252.7	7252.7
六、初次分配总收入				**1005451.3**
七、经常转移	**2474.5**	**1903.4**	**204742.9**	**204742.9**
(一)所得税、财产税等经常税			48002.1	48002.1
(二)社会保险缴款			54848.0	54848.0
(三)社会保险福利			57360.0	57360.0
(四)社会补助			16958.7	16958.7
(五)其他	2474.5	1903.4	27574.2	27574.2
八、可支配总收入				**1006022.4**
九、实物社会转移			**68019.2**	**68019.2**
十、调整后可支配总收入				**1006022.4**
十一、实际最终消费			**560811.1**	
(一)居民实际最终消费			455204.9	
(二)政府实际最终消费			105606.2	
十二、总储蓄		**-16963.3**		**428248.0**
十三、资本转移	**11.5**	**16.9**	**14593.4**	**14593.4**
(一)投资性补助			14565.0	14565.0
(二)其他	11.5	16.9	28.4	28.4
十四、资本形成总额			**439550.3**	
(一)固定资本形成总额			430624.9	
(二)存货变动			8925.4	
十五、其他非金融资产获得减处置				
十六、净金融投资	**-16957.8**		**-11302.3**	

4-1 分城乡就业人数及构成

年 份	就业人员总 计(万人)	城 镇(万人)	比重(%)	乡 村(万人)	比重(%)
1978	40152	9514	23.7	30638	76.3
1979	41024	9999	24.4	31025	75.6
1980	42361	10525	24.8	31836	75.2
1981	43725	11053	25.3	32672	74.7
1982	45295	11428	25.2	33867	74.8
1983	46436	11746	25.3	34690	74.7
1984	48197	12229	25.4	35968	74.6
1985	49873	12808	25.7	37065	74.3
1986	51282	13292	25.9	37990	74.1
1987	52783	13783	26.1	39000	73.9
1988	54334	14267	26.3	40067	73.7
1989	55329	14390	26.0	40939	74.0
1990	64749	17041	26.3	47708	73.7
1991	65491	17465	26.7	48026	73.3
1992	66152	17861	27.0	48291	73.0
1993	66808	18262	27.3	48546	72.7
1994	67455	18653	27.7	48802	72.3
1995	68065	19040	28.0	49025	72.0
1996	68950	19922	28.9	49028	71.1
1997	69820	20781	29.8	49039	70.2
1998	70637	21616	30.6	49021	69.4
1999	71394	22412	31.4	48982	68.6
2000	72085	23151	32.1	48934	67.9
2001	72797	24123	33.1	48674	66.9
2002	73280	25159	34.3	48121	65.7
2003	73736	26230	35.6	47506	64.4
2004	74264	27293	36.8	46971	63.2
2005	74647	28389	38.0	46258	62.0
2006	74978	29630	39.5	45348	60.5
2007	75321	30953	41.1	44368	58.9
2008	75564	32103	42.5	43461	57.5
2009	75828	33322	43.9	42506	56.1
2010	76105	34687	45.6	41418	54.4
2011	76196	36003	47.3	40193	52.7
2012	76254	37287	48.9	38967	51.1
2013	76301	38527	50.5	37774	49.5
2014	76349	39703	52.0	36646	48.0
2015	76320	40916	53.6	35404	46.4
2016	76245	42051	55.2	34194	44.8
2017	76058	43208	56.8	32850	43.2
2018	75782	44292	58.4	31490	41.6
2019	75447	45249	60.0	30198	40.0
2020	75064	46271	61.6	28793	38.4
2021	74652	46773	62.7	27879	37.3

注：2011-2019年数据是根据第七次全国人口普查修订数(下表同)。

4-2 分三次产业就业人数及构成

年 份	就业人员总计(万人)	第一产业(万人)	比重(%)	第二产业(万人)	比重(%)	第三产业(万人)	比重(%)
1978	40152	28318	70.5	6945	17.3	4890	12.2
1979	41024	28634	69.8	7214	17.6	5177	12.6
1980	42361	29122	68.7	7707	18.2	5532	13.1
1981	43725	29777	68.1	8003	18.3	5945	13.6
1982	45295	30859	68.1	8346	18.4	6090	13.5
1983	46436	31151	67.1	8679	18.7	6606	14.2
1984	48197	30868	64.0	9590	19.9	7739	16.1
1985	49873	31130	62.4	10384	20.8	8359	16.8
1986	51282	31254	60.9	11216	21.9	8811	17.2
1987	52783	31663	60.0	11726	22.2	9395	17.8
1988	54334	32249	59.3	12152	22.4	9933	18.3
1989	55329	33225	60.1	11976	21.6	10129	18.3
1990	64749	38914	60.1	13856	21.4	11979	18.5
1991	65491	39098	59.7	14015	21.4	12378	18.9
1992	66152	38699	58.5	14355	21.7	13098	19.8
1993	66808	37680	56.4	14965	22.4	14163	21.2
1994	67455	36628	54.3	15312	22.7	15515	23.0
1995	68065	35530	52.2	15655	23.0	16880	24.8
1996	68950	34820	50.5	16203	23.5	17927	26.0
1997	69820	34840	49.9	16547	23.7	18432	26.4
1998	70637	35177	49.8	16600	23.5	18860	26.7
1999	71394	35768	50.1	16421	23.0	19205	26.9
2000	72085	36043	50.0	16219	22.5	19823	27.5
2001	72797	36399	50.0	16234	22.3	20165	27.7
2002	73280	36640	50.0	15682	21.4	20958	28.6
2003	73736	36204	49.1	15927	21.6	21605	29.3
2004	74264	34830	46.9	16709	22.5	22725	30.6
2005	74647	33442	44.8	17766	23.8	23439	31.4
2006	74978	31941	42.6	18894	25.2	24143	32.2
2007	75321	30731	40.8	20186	26.8	24404	32.4
2008	75564	29923	39.6	20553	27.2	25087	33.2
2009	75828	28890	38.1	21080	27.8	25857	34.1
2010	76105	27931	36.7	21842	28.7	26332	34.6
2011	76196	26472	34.7	22539	29.6	27185	35.7
2012	76254	25535	33.5	23226	30.4	27493	36.1
2013	76301	23838	31.3	23142	30.3	29321	38.4
2014	76349	22372	29.3	23057	30.2	30920	40.5
2015	76320	21418	28.0	22644	29.7	32258	42.3
2016	76245	20908	27.4	22295	29.3	33042	43.3
2017	76058	20295	26.7	21762	28.6	34001	44.7
2018	75782	19515	25.7	21356	28.2	34911	46.1
2019	75447	18652	24.7	21234	28.2	35561	47.1
2020	75064	17715	23.6	21543	28.7	35806	47.7
2021	74652	17072	22.9	21712	29.1	35868	48.0

4-3 城镇调查失业率和城镇登记失业率

(年底数)

年 份	城镇调查失业率(%)	城镇登记失业率(%)	城镇登记失业人数(万人)
1978		5.3	530
1979		5.4	568
1980		4.9	542
1981		3.8	440
1982		3.2	379
1983		2.3	271
1984		1.9	236
1985		1.8	239
1986		2.0	264
1987		2.0	277
1988		2.0	296
1989		2.6	378
1990		2.5	383
1991		2.3	352
1992		2.3	364
1993		2.6	420
1994		2.8	476
1995		2.9	520
1996		3.0	553
1997		3.1	577
1998		3.1	571
1999		3.1	575
2000		3.1	595
2001		3.6	681
2002		4.0	770
2003		4.3	800
2004		4.2	827
2005		4.2	839
2006		4.1	847
2007		4.0	830
2008		4.2	886
2009		4.3	921
2010		4.1	908
2011		4.1	922
2012		4.1	917
2013		4.05	926
2014		4.09	952
2015		4.05	966
2016		4.02	982
2017		3.90	972
2018	4.9	3.80	974
2019	5.2	3.62	945
2020	5.2	4.24	1160
2021	5.1	3.96	1040

4-4 城镇单位就业人员工资总额和指数

年 份	工资总额(亿元)				指数(上年=100)			
	合 计	国 有 单 位	城镇集体 单 位	其 他 单 位	合 计	国 有 单 位	城镇集体 单 位	其 他 单 位
1978	568.9	468.7	100.2		110.5	110.1	112.5	
1979	646.7	529.5	117.2		113.7	113.0	117.0	
1980	772.4	627.9	144.5		119.4	118.6	123.3	
1981	820.0	660.4	159.6		106.2	105.2	110.4	
1982	882.0	708.9	173.1		107.6	107.3	108.5	
1983	934.6	748.1	186.5		106.0	105.5	107.7	
1984	1133.4	875.8	254.0	3.6	121.3	117.1	136.2	
1985	1383.0	1064.8	312.3	5.9	122.0	121.6	123.0	163.9
1986	1659.7	1288.5	362.8	8.4	120.0	121.0	116.2	142.4
1987	1881.1	1459.3	409.1	12.7	113.3	113.3	112.8	151.2
1988	2316.2	1807.1	487.6	21.5	123.1	123.8	119.2	169.3
1989	2618.5	2050.2	534.4	33.9	113.1	113.5	109.6	157.7
1990	2951.1	2324.1	581.0	46.0	119.0	113.4	108.7	135.7
1991	3323.9	2594.9	658.6	70.4	112.6	111.7	113.4	153.0
1992	3939.2	3090.4	743.2	105.6	118.5	119.1	112.8	150.0
1993	4916.2	3812.7	849.9	253.6	124.8	123.4	114.4	240.2
1994	6656.4	5177.4	1023.3	455.6	135.4	135.8	120.4	179.7
1995	8055.8	6172.6	1210.6	672.6	119.0	117.4	115.6	142.2
1996	8964.4	6893.3	1269.4	801.7	111.3	111.7	104.9	119.2
1997	9602.4	7323.9	1283.9	994.5	107.1	106.2	101.1	124.0
1998	9540.2	6934.6	1054.9	1550.7	99.4	94.7	82.2	155.9
1999	10155.9	7289.9	995.8	1870.1	106.5	105.1	94.4	120.6
2000	10954.7	7744.9	950.7	2259.1	107.9	106.2	95.5	120.8
2001	12205.4	8515.2	898.5	2791.7	111.4	109.9	94.5	123.6
2002	13638.1	9138.0	863.9	3636.2	111.7	107.3	96.1	130.3
2003	15329.6	9911.9	867.1	4550.6	112.4	108.5	100.4	125.1
2004	17615.0	11038.2	876.2	5700.6	114.9	111.4	101.0	125.3
2005	20627.1	12291.7	906.4	7429.0	117.1	111.4	103.4	130.3
2006	24262.3	13920.6	983.8	9357.9	117.6	113.3	108.5	126.0
2007	29471.5	16689.1	1108.1	11674.3	121.5	119.9	112.6	124.8
2008	35289.5	19487.9	1203.2	14598.4	119.7	116.8	108.6	125.0
2009	40288.2	21862.7	1273.3	17152.1	114.2	112.2	105.8	117.5
2010	47269.9	24886.4	1433.7	20949.7	117.3	113.8	112.6	122.1
2011	59954.7	28954.8	1737.4	29262.4	126.8	116.3	121.2	139.7
2012	70914.2	32950.0	1990.4	35973.8	118.3	113.8	114.6	122.9
2013	93064.3	33359.6	2195.8	57508.9	131.2	101.2	110.3	159.9
2014	102817.2	36106.6	2302.7	64408.0	110.5	108.2	104.9	112.0
2015	112007.8	40387.9	2239.4	69380.5	108.9	111.9	97.3	107.7
2016	120074.8	44462.9	2268.6	73343.3	107.2	110.1	101.3	105.7
2017	129889.1	48884.1	2215.6	78789.3	108.2	109.9	97.7	107.4
2018	141480.0	51126.6	2082.3	88271.1	108.9	104.6	94.0	112.0
2019	154296.1	53743.7	1841.5	98710.9	109.1	105.1	88.4	111.8
2020	164126.9	59628.1	1841.8	102657.0	106.4	110.9	100.0	104.0
2021	180817.5	64547.9	1920.0	114349.7	110.2	108.3	104.2	111.4

注：本表数据不包含私营单位(下表同)，2013年工资总额增加较多，系将原属于乡镇企业的规模以上法人单位纳入劳动工资统计范围所致。

4-5 城镇单位就业人员平均货币工资及指数

年份	平均货币工资(元)				平均货币工资指数(上年=100)			
	合计	国有单位	城镇集体单位	其他单位	合计	国有单位	城镇集体单位	其他单位
1978	615	644	506		106.8	107.0	105.9	
1979	668	705	542		108.6	109.5	107.1	
1980	762	803	623		114.1	113.9	114.9	
1981	772	812	642		101.3	101.1	103.0	
1982	798	836	671		103.4	103.0	104.5	
1983	826	865	698		103.5	103.5	104.0	
1984	974	1034	811	1048	117.9	119.5	116.2	
1985	1148	1213	967	1436	117.9	117.3	119.2	137.0
1986	1329	1414	1092	1629	115.8	116.6	112.9	113.4
1987	1459	1546	1207	1879	109.8	109.3	110.5	115.3
1988	1747	1853	1426	2382	119.7	119.9	118.1	126.8
1989	1935	2055	1557	2707	110.8	110.9	109.2	113.6
1990	2140	2284	1681	2987	110.6	111.1	108.0	110.3
1991	2340	2477	1866	3468	109.3	108.5	111.0	116.1
1992	2711	2878	2109	3966	115.9	116.2	113.0	114.4
1993	3371	3532	2592	4966	124.3	122.7	122.9	125.2
1994	4538	4797	3245	6303	134.6	135.8	125.2	126.9
1995	5348	5553	3934	7728	118.9	117.3	121.1	119.9
1996	5980	6207	4312	8521	111.8	111.8	109.6	110.3
1997	6444	6679	4516	9092	107.8	107.6	104.7	106.7
1998	7446	7579	5314	9241	115.5	113.5	117.7	101.6
1999	8319	8443	5758	10142	111.7	111.4	108.4	109.8
2000	9333	9441	6241	11238	112.2	111.8	108.4	110.8
2001	10834	11045	6851	12437	116.1	117.0	109.8	110.7
2002	12373	12701	7636	13486	114.2	115.0	111.5	108.4
2003	13969	14358	8627	14843	112.9	113.0	113.0	110.1
2004	15920	16445	9723	16519	114.0	114.5	112.7	111.3
2005	18200	18978	11176	18362	114.3	115.4	114.9	111.2
2006	20856	21706	12866	21004	114.6	114.4	115.1	114.4
2007	24721	26100	15444	24271	118.5	120.2	120.0	115.6
2008	28898	30287	18103	28552	116.9	116.0	117.2	117.6
2009	32244	34130	20607	31350	111.6	112.7	113.8	109.8
2010	36539	38359	24010	35801	113.3	112.4	116.5	114.2
2011	41799	43483	28791	41323	114.4	113.4	119.9	115.4
2012	46769	48357	33784	46360	111.9	111.2	117.3	112.2
2013	51483	52657	38905	51453	110.1	108.9	115.2	111.0
2014	56360	57296	42742	56485	109.5	108.8	109.9	109.8
2015	62029	65296	46607	60906	110.1	114.0	109.0	107.8
2016	67569	72538	50527	65531	108.9	111.1	108.4	107.6
2017	74318	81114	55243	71304	110.0	111.8	109.3	108.8
2018	82413	89474	60664	79453	110.9	110.3	109.8	111.4
2019	90501	98899	62612	87195	109.8	110.5	103.2	109.7
2020	97379	108132	68590	92721	107.6	109.3	109.5	106.3
2021	106837	115583	74491	103182	109.7	106.9	108.6	111.3

4-6 城镇单位就业人员平均实际工资指数

年份	平均实际工资指数(1978年=100)				平均实际工资指数(上年=100)			
	合计	国有单位	城镇集体单位	其他单位	合计	国有单位	城镇集体单位	其他单位
1978	100.0	100.0	100.0		106.0	106.2	105.1	
1979	106.6	107.5	105.1		106.6	107.4	105.1	
1980	113.2	113.9	112.4		106.1	106.0	106.9	
1981	111.9	112.4	113.1		98.8	98.7	100.5	
1982	113.4	113.5	115.9		101.3	100.9	102.5	
1983	115.1	115.1	118.2		101.5	101.4	102.0	
1984	132.1	133.9	133.7	100.0	114.8	116.4	113.1	
1985	139.0	140.4	142.4	122.5	105.3	104.8	106.6	122.5
1986	150.4	152.9	150.3	129.8	108.2	108.9	105.5	106.0
1987	151.9	153.7	152.7	137.6	100.9	100.5	101.6	106.0
1988	150.7	152.6	149.5	144.6	99.2	99.3	97.9	105.0
1989	143.5	145.6	140.4	141.3	95.2	95.4	93.9	97.7
1990	156.7	159.8	149.6	153.9	109.2	109.7	106.6	108.9
1991	162.9	164.6	157.9	170.0	104.0	103.2	105.6	110.5
1992	173.8	176.2	164.3	179.0	106.7	107.0	104.1	105.3
1993	186.1	186.2	173.9	193.0	107.1	105.7	105.9	107.9
1994	200.4	202.3	174.3	196.0	107.7	108.7	100.2	101.5
1995	204.0	203.2	180.7	201.2	101.8	100.4	103.7	102.6
1996	209.7	208.8	182.0	203.9	102.8	102.7	100.7	101.3
1997	219.1	217.9	184.9	211.0	104.5	104.4	101.6	103.5
1998	254.7	248.7	218.9	215.8	116.2	114.2	118.4	102.3
1999	288.3	280.7	240.3	239.9	113.2	112.9	109.8	111.2
2000	320.9	311.4	258.4	263.8	111.3	110.9	107.5	109.9
2001	370.0	361.8	281.7	289.9	115.3	116.2	109.0	109.9
2002	426.8	420.3	317.2	317.5	115.4	116.2	112.6	109.5
2003	477.5	470.8	355.1	346.3	111.9	112.0	112.0	109.1
2004	526.8	522.1	387.5	373.1	110.3	110.9	109.1	107.7
2005	592.8	593.0	438.3	408.2	112.5	113.6	113.1	109.4
2006	669.3	668.2	497.2	460.0	112.9	112.7	113.4	112.7
2007	758.9	768.6	570.9	508.9	113.4	115.0	114.8	110.6
2008	840.1	844.3	633.6	566.7	110.7	109.8	111.0	111.4
2009	946.1	960.2	727.6	627.9	112.6	113.7	114.8	110.8
2010	1038.7	1045.7	821.4	694.9	109.8	108.9	112.9	110.7
2011	1128.4	1125.8	935.4	761.7	108.6	107.7	113.9	109.6
2012	1230.0	1219.2	1068.2	832.5	109.0	108.3	114.3	109.2
2013	1319.9	1294.1	1198.6	900.7	107.3	106.1	112.2	108.2
2014	1415.2	1379.0	1290.1	968.4	107.2	106.6	107.6	107.5
2015	1535.5	1548.6	1385.6	1028.5	108.5	112.3	107.4	106.2
2016	1637.7	1685.2	1471.1	1083.9	106.7	108.8	106.2	105.4
2017	1771.4	1852.9	1581.5	1159.7	108.2	110.0	107.5	107.0
2018	1923.9	2001.8	1701.0	1265.6	108.6	108.0	107.6	109.1
2019	2055.2	2152.4	1707.8	1351.1	106.8	107.5	100.4	106.8
2020	2161.7	2300.5	1828.8	1404.4	105.2	106.9	107.1	103.9
2021	2348.2	2434.7	1966.5	1547.4	108.6	105.8	107.5	110.2

5-1 价格指数

(上年=100)

年 份	居 民 消 费 价格指数	商品零售 价格指数	农产品 生产者 价格指数	工业生产者 出 厂 价格指数	工业生产者 购 进 价格指数
1978	100.7	100.7	103.9	100.1	
1979	101.9	102.0	122.1	101.5	
1980	107.5	106.0	107.1	100.5	
1981	102.5	102.4	105.9	100.2	
1982	102.0	101.9	102.2	99.8	
1983	102.0	101.5	104.4	99.9	
1984	102.7	102.8	104.0	101.4	
1985	109.3	108.8	108.6	108.7	
1986	106.5	106.0	106.4	103.8	
1987	107.3	107.3	112.0	107.9	
1988	118.8	118.5	123.0	115.0	
1989	118.0	117.8	115.0	118.6	126.4
1990	103.1	102.1	97.4	104.1	105.6
1991	103.4	102.9	98.0	106.2	109.1
1992	106.4	105.4	103.4	106.8	111.0
1993	114.7	113.2	113.4	124.0	135.1
1994	124.1	121.7	139.9	119.5	118.2
1995	117.1	114.8	119.9	114.9	115.3
1996	108.3	106.1	104.2	102.9	103.9
1997	102.8	100.8	95.5	99.7	101.3
1998	99.2	97.4	92.0	95.9	95.8
1999	98.6	97.0	87.8	97.6	96.7
2000	100.4	98.5	96.4	102.8	105.1
2001	100.7	99.2	103.1	98.7	99.8
2002	99.2	98.7	99.7	97.8	97.7
2003	101.2	99.9	104.4	102.3	104.8
2004	103.9	102.8	113.1	106.1	111.4
2005	101.8	100.8	101.4	104.9	108.3
2006	101.5	101.0	101.2	103.0	106.0
2007	104.8	103.8	118.5	103.1	104.4
2008	105.9	105.9	114.1	106.9	110.5
2009	99.3	98.8	97.6	94.6	92.1
2010	103.3	103.1	110.9	105.5	109.6
2011	105.4	104.9	116.5	106.0	109.1
2012	102.6	102.0	102.7	98.3	98.2
2013	102.6	101.4	103.2	98.1	98.0
2014	102.0	101.0	99.8	98.1	97.8
2015	101.4	100.1	101.7	94.8	93.9
2016	102.0	100.7	103.4	98.6	98.0
2017	101.6	101.1	96.5	106.3	108.1
2018	102.1	101.9	99.1	103.5	104.1
2019	102.9	102.0	114.5	99.7	99.3
2020	102.5	101.4	115.0	98.2	97.7
2021	100.9	101.6	97.8	108.1	111.0

注：1.居民消费价格指数1985年及以前为职工生活费用价格指数(下表同)。

2.从2011年起工业品出厂价格指数改为工业生产者出厂价格指数，原材料、燃料、动力购进价格指数改为工业生产者购进价格指数(下表同)。

5-2 价格定基指数

年 份	居 民 消 费 价格指数 (1978年=100)	商 品 零 售 价格指数 (1978年=100)	农产品 生产者 价格指数 (1978年=100)	工业生产者出厂价格指数 (1985年=100)	工业生产者购进价格指数 (1990年=100)
1978	100.0	100.0	100.0		
1979	101.9	102.0	122.1		
1980	109.5	108.1	130.8		
1981	112.2	110.7	138.5		
1982	114.4	112.8	141.5		
1983	116.7	114.5	147.8		
1984	119.9	117.7	153.7		
1985	131.1	128.1	166.9	100.0	
1986	139.6	135.8	177.6	103.8	
1987	149.8	145.7	198.9	112.0	
1988	177.9	172.7	244.6	128.8	
1989	209.9	203.4	281.3	152.8	
1990	216.4	207.7	274.0	159.0	100.0
1991	223.8	213.7	268.5	168.9	109.1
1992	238.1	225.2	277.6	180.4	121.1
1993	273.1	254.9	314.8	223.7	163.6
1994	339.0	310.2	440.5	267.3	193.4
1995	396.9	356.1	528.1	307.1	222.9
1996	429.9	377.8	550.3	316.0	231.6
1997	441.9	380.8	525.5	315.0	234.6
1998	438.4	370.9	483.5	302.1	224.7
1999	432.2	359.8	424.5	294.8	217.3
2000	434.0	354.4	409.2	303.1	228.4
2001	437.0	351.6	421.9	299.2	227.9
2002	433.5	347.0	420.6	292.6	222.7
2003	438.7	346.7	439.0	299.3	233.4
2004	455.8	356.4	496.5	317.6	260.0
2005	464.0	359.3	503.4	333.2	281.6
2006	471.0	362.9	509.4	343.2	298.5
2007	493.6	376.7	603.6	353.8	311.6
2008	522.7	398.9	688.5	378.2	344.3
2009	519.0	394.1	672.0	357.8	317.2
2010	536.1	406.3	745.5	377.5	347.7
2011	565.0	426.2	868.2	400.2	379.3
2012	579.7	434.7	892.0	393.4	372.5
2013	594.8	440.8	920.7	385.9	365.1
2014	606.7	445.2	919.2	378.6	357.1
2015	615.2	445.6	934.5	358.9	335.3
2016	627.5	448.7	966.5	353.9	328.6
2017	637.5	453.6	932.3	376.2	355.2
2018	650.9	462.2	923.6	389.4	369.8
2019	669.8	471.4	1057.6	388.2	367.2
2020	686.5	478.0	1216.4	381.2	358.8
2021	692.7	485.6	1189.6	412.1	398.3

5-3 分地区居民消费价格指数

(上年=100)

地　区	2015年	2016年	2017年	2018年	2019年	2020年	2021年
全　国	**101.4**	**102.0**	**101.6**	**102.1**	**102.9**	**102.5**	**100.9**
北　京	101.8	101.4	101.9	102.5	102.3	101.7	101.1
天　津	101.7	102.1	102.1	102.0	102.7	102.0	101.3
河　北	100.9	101.5	101.7	102.4	103.0	102.1	101.0
山　西	100.6	101.1	101.1	101.8	102.7	102.9	101.0
内蒙古	101.1	101.2	101.7	101.8	102.4	101.9	100.9
辽　宁	101.4	101.6	101.4	102.5	102.4	102.4	101.1
吉　林	101.7	101.6	101.6	102.1	103.0	102.3	100.6
黑龙江	101.1	101.5	101.3	102.0	102.8	102.3	100.6
上　海	102.4	103.2	101.7	101.6	102.5	101.7	101.2
江　苏	101.7	102.3	101.7	102.3	103.1	102.5	101.6
浙　江	101.4	101.9	102.1	102.3	102.9	102.3	101.5
安　徽	101.3	101.8	101.2	102.0	102.7	102.7	100.9
福　建	101.7	101.7	101.2	101.5	102.6	102.2	100.7
江　西	101.5	102.0	102.0	102.1	102.9	102.6	100.9
山　东	101.2	102.1	101.5	102.5	103.2	102.8	101.2
河　南	101.3	101.9	101.4	102.3	103.0	102.8	100.9
湖　北	101.5	102.2	101.5	101.9	103.1	102.7	100.3
湖　南	101.4	101.9	101.4	102.0	102.9	102.3	100.5
广　东	101.5	102.3	101.5	102.2	103.4	102.6	100.8
广　西	101.5	101.6	101.6	102.3	103.7	102.8	100.9
海　南	101.0	102.8	102.8	102.5	103.4	102.3	100.3
重　庆	101.3	101.8	101.0	102.0	102.7	102.3	100.3
四　川	101.5	101.9	101.4	101.7	103.2	103.2	100.3
贵　州	101.8	101.4	100.9	101.8	102.4	102.6	100.1
云　南	101.9	101.5	100.9	101.6	102.5	103.6	100.2
西　藏	102.0	102.5	101.6	101.7	102.3	102.2	100.9
陕　西	101.0	101.3	101.6	102.1	102.9	102.5	101.5
甘　肃	101.6	101.3	101.4	102.0	102.3	102.0	100.9
青　海	102.6	101.8	101.5	102.5	102.5	102.6	101.3
宁　夏	101.1	101.5	101.6	102.3	102.1	101.5	101.4
新　疆	100.6	101.4	102.2	102.0	101.9	101.5	101.2

5-4 分地区居民消费价格分类指数

(2021年) (上年=100)

地区	居民消费价格指数	食品烟酒	衣着	居住	生活用品及服务	交通通信	教育文化娱乐	医疗保健	其他用品及服务
全国	**100.9**	**99.7**	**100.3**	**100.8**	**100.4**	**104.1**	**101.9**	**100.4**	**98.7**
北京	101.1	100.5	99.8	101.1	99.7	105.1	100.9	99.8	99.5
天津	101.3	101.3	97.8	100.7	101.0	104.7	103.4	100.0	97.8
河北	101.0	100.9	99.3	100.2	99.7	104.5	101.2	100.3	99.3
山西	101.0	100.4	100.3	100.4	100.4	104.4	102.6	99.5	98.1
内蒙古	100.9	100.5	99.2	100.5	99.8	104.0	101.0	100.3	99.4
辽宁	101.1	100.3	100.5	100.6	99.9	104.7	102.3	99.8	99.3
吉林	100.6	99.7	99.9	101.3	99.9	103.8	100.4	100.0	98.1
黑龙江	100.6	99.5	100.8	100.3	99.8	104.0	100.5	101.1	99.4
上海	101.2	100.5	99.5	101.1	100.7	104.0	102.7	98.9	100.9
江苏	101.6	100.9	101.5	101.3	101.1	104.3	101.8	101.0	98.9
浙江	101.5	100.7	101.0	100.9	101.6	104.1	103.5	100.8	97.1
安徽	100.9	99.5	101.1	100.7	100.1	104.8	102.8	100.5	96.1
福建	100.7	98.9	101.5	101.3	100.7	103.7	102.0	100.0	96.3
江西	100.9	99.3	99.7	100.9	100.4	104.3	103.0	99.9	98.7
山东	101.2	100.9	100.1	101.1	99.8	104.5	101.3	100.1	98.5
河南	100.9	100.2	99.4	100.7	100.0	102.8	103.5	100.4	98.2
湖北	100.3	98.5	100.0	100.0	100.4	104.0	102.4	100.1	97.7
湖南	100.5	98.0	100.7	101.2	100.3	104.8	101.0	100.7	97.9
广东	100.8	99.4	100.3	101.0	100.6	104.4	101.8	100.2	98.5
广西	100.9	98.8	101.0	100.8	100.4	102.7	103.7	102.4	99.7
海南	100.3	98.9	100.9	101.0	101.2	103.7	99.3	99.4	98.8
重庆	100.3	97.8	101.4	100.4	100.7	104.7	101.7	99.6	97.3
四川	100.3	98.0	99.8	100.3	100.6	104.1	100.9	101.9	100.1
贵州	100.1	97.7	99.3	100.0	99.7	103.9	101.3	100.4	100.2
云南	100.2	98.4	99.7	100.2	99.6	103.6	100.7	100.1	100.0
西藏	100.9	100.5	100.7	100.2	99.8	103.8	100.4	100.8	99.2
陕西	101.5	101.4	100.5	101.9	100.3	102.9	102.9	99.3	101.0
甘肃	100.9	100.3	100.0	101.1	100.3	103.8	100.6	100.2	100.5
青海	101.3	100.1	101.0	101.3	99.9	103.7	102.0	102.2	98.8
宁夏	101.4	101.5	99.0	100.8	100.7	104.1	101.5	101.7	98.5
新疆	101.2	100.7	102.0	101.2	100.4	104.5	99.9	100.2	99.3

5-5 农产品生产者价格指数

(上年＝100)

指标	2015年	2016年	2017年	2018年	2019年	2020年	2021年
农产品生产者价格指数	**101.7**	**103.4**	**96.5**	**99.1**	**114.5**	**115.0**	**97.8**
农业产品	**99.2**	**97.0**	**99.5**	**101.2**	**100.8**	**102.8**	**110.6**
谷物	98.7	92.2	100.5	102.3	100.3	104.1	113.8
#小麦	99.2	94.1	104.4	100.1	100.1	100.5	106.6
稻谷	101.6	98.8	100.7	99.7	96.5	100.8	101.9
玉米	96.5	86.8	97.1	105.1	102.0	107.6	125.5
大豆	99.0	97.6	97.7	97.9	100.1	105.5	112.8
油料	100.8	101.1	100.5	99.1	105.2	107.9	107.2
棉花	87.5	118.4	100.8	97.9	97.8	98.5	117.3
糖料	98.8	106.5	106.3	98.8	97.7	103.1	100.9
蔬菜	104.6	107.0	95.6	103.6	101.2	105.2	105.6
水果	99.7	92.5	104.8	101.1	103.6	95.3	99.7
林业产品	**97.9**	**96.1**	**104.9**	**98.9**	**100.1**	**100.7**	**102.4**
饲养动物及其产品	**104.2**	**110.4**	**90.8**	**95.6**	**133.5**	**132.4**	**82.1**
生猪	108.9	119.4	86.0	85.6	150.5	155.7	64.9
活牛	99.1	98.7	98.8	104.9	112.5	110.5	106.1
活羊	89.4	93.6	107.1	114.7	114.3	110.4	102.3
活家禽	101.3	99.6	96.7	107.7	107.8	92.9	104.7
禽蛋	96.9	94.3	92.8	117.6	102.1	85.9	115.5
生奶	92.2	96.2	100.0	101.3	105.6	101.5	107.8
渔业产品	**102.5**	**103.4**	**104.9**	**102.6**	**99.4**	**100.2**	**108.8**
海水养殖产品	101.0	104.1	107.9	101.4	97.2	96.3	105.6
海水捕捞产品	106.0	106.2	103.1	104.7	100.6	99.6	103.0
淡水养殖产品	102.1	102.0	102.4	102.2	99.8	102.0	112.4

5-6 分地区农产品生产者价格指数

(上年=100)

地 区	2015年	2016年	2017年	2018年	2019年	2020年	2021年
全 国	**101.7**	**103.4**	**96.5**	**99.1**	**114.5**	**115.0**	**97.8**
北 京	99.8	99.7	96.2	103.6	109.9	110.9	98.2
天 津	100.7	103.0	95.5	104.2	108.8	114.9	109.8
河 北	97.5	96.8	96.2	104.7	107.1	111.5	108.1
山 西	95.8	95.2	95.9	104.7	115.2	109.4	104.8
内蒙古	98.0	95.1	95.6	102.0	105.6	111.0	107.6
辽 宁	99.5	100.7	93.6	103.7	107.6	108.1	105.1
吉 林	100.6	93.1	89.5	106.1	108.7	117.1	109.3
黑龙江	98.7	93.6	95.1	100.8	106.2	118.5	111.1
上 海	102.4	106.6	98.4	100.5	105.6	106.7	104.4
江 苏	102.3	104.0	97.9	100.9	109.3	107.5	100.3
浙 江	102.0	104.5	99.1	100.8	109.9	107.3	99.3
安 徽	99.8	101.0	98.4	99.0	109.3	115.6	101.3
福 建	101.2	108.3	98.9	102.6	106.9	102.3	104.5
江 西	103.7	104.1	97.3	97.4	113.2	111.0	96.1
山 东	100.1	102.8	98.6	100.5	112.2	108.7	104.2
河 南	100.7	103.2	94.9	97.9	119.9	116.8	98.0
湖 北	99.5	106.2	99.3	96.6	110.1	118.1	101.0
湖 南	104.1	104.7	98.0	95.4	118.0	123.3	90.1
广 东	102.3	106.5	99.4	101.3	107.3	104.7	98.8
广 西	102.0	106.1	98.2	97.3	115.5	115.5	94.9
海 南	99.1	106.7	101.9	97.3	109.2	112.8	106.3
重 庆	102.4	109.8	96.8	99.7	112.1	113.6	98.4
四 川	103.3	105.6	97.8	100.2	115.6	116.1	94.3
贵 州	104.6	108.7	96.7	92.6	116.2	122.6	86.4
云 南	101.3	103.9	98.7	96.9	109.6	120.2	96.8
西 藏							
陕 西	96.3	98.0	98.4	100.9	107.7	112.3	99.3
甘 肃	99.8	99.2	99.1	101.7	109.9	106.6	101.9
青 海	96.1	104.5	101.0	100.3	109.6	122.6	104.1
宁 夏	98.4	98.7	99.3	105.0	106.4	113.1	106.5
新 疆	90.4	107.6	100.7	106.3	99.6	111.0	114.2

5-7 工业生产者出厂价格指数

(上年=100)

项　　目	2015年	2016年	2017年	2018年	2019年	2020年	2021年
工业生产者出厂价格指数	**94.8**	**98.6**	**106.3**	**103.5**	**99.7**	**98.2**	**108.1**
生产资料	**93.3**	**98.2**	**108.3**	**104.6**	**99.2**	**97.3**	**110.7**
采掘工业	80.3	95.4	120.7	108.8	102.4	94.8	134.4
原材料工业	90.5	96.7	111.5	106.3	97.4	94.4	115.8
加工工业	95.7	99.0	106.1	103.5	99.7	98.7	106.6
生活资料	**99.7**	**100.0**	**100.7**	**100.5**	**100.9**	**100.5**	**100.4**
食品类	100.0	100.6	100.6	100.5	102.7	102.9	101.4
衣着类	100.7	100.9	101.2	100.8	101.1	99.0	99.8
一般日用品类	99.3	100.0	101.3	101.0	100.4	99.7	100.5
耐用消费品类	99.2	98.5	99.9	99.8	98.8	98.2	99.4

5-8 工业生产者购进价格指数

(上年=100)

项　　目	2015年	2016年	2017年	2018年	2019年	2020年	2021年
工业生产者购进价格指数	**93.9**	**98.0**	**108.1**	**104.1**	**99.3**	**97.7**	**111.0**
燃料、动力类	88.7	95.6	113.0	107.1	98.2	91.6	120.5
黑色金属材料类	88.4	97.7	115.9	106.1	102.3	100.5	120.3
有色金属材料类	92.7	97.9	115.3	103.9	97.6	99.8	120.9
化工原料类	93.7	97.6	108.4	104.6	94.8	92.7	115.1
木材及纸浆类	99.3	99.7	106.2	105.4	97.5	98.1	105.6
建筑材料及非金属类	95.9	97.6	108.6	110.5	104.2	100.5	105.5
农副产品类	97.7	100.1	101.5	99.6	102.8	105.4	104.4
纺织原料类	97.8	99.7	104.0	102.2	99.3	96.8	105.0

5-9 按行业分工业生产者出厂价格指数

(上年=100)

行　　　业	2017年	2018年	2019年	2020年	2021年
工业生产者出厂价格指数	**106.3**	**103.5**	**99.7**	**98.2**	**108.1**
煤炭开采和洗选业	128.2	104.6	100.8	94.6	145.1
石油和天然气开采业	129.0	124.3	96.4	72.6	138.7
黑色金属矿采选业	115.6	103.0	112.3	107.0	131.0
有色金属矿采选业	114.0	104.4	101.2	104.8	113.1
非金属矿采选业	105.0	107.1	104.8	101.5	103.1
开采辅助活动	98.2	95.3	101.4	99.1	98.4
农副食品加工业	100.6	100.3	103.0	104.8	103.9
食品制造业	101.2	101.6	101.3	100.6	101.8
酒、饮料和精制茶制造业	100.3	101.6	101.2	100.7	101.6
烟草制品业	100.0	100.4	102.3	101.4	100.6
纺织业	103.1	102.3	99.4	95.3	104.1
纺织服装、服饰业	100.8	101.0	100.6	98.8	99.9
皮革、毛皮、羽毛及其制品和制鞋业	101.0	100.6	101.4	99.3	99.7
木材加工和木、竹、藤、棕、草制品业	100.5	101.7	100.9	99.3	101.4
家具制造业	101.7	101.2	101.3	100.0	100.2
造纸和纸制品业	109.5	106.7	95.0	97.2	104.9
印刷和记录媒介复制业	101.3	101.8	100.2	98.7	100.5
文教、工美、体育和娱乐用品制造业	101.1	99.5	102.7	103.3	101.7
石油、煤炭及其他燃料加工业	119.2	116.3	96.4	85.7	128.2
化学原料和化学制品制造业	109.4	106.2	96.1	94.1	119.1
医药制造业	101.5	103.0	101.7	100.6	99.6
化学纤维制造业	109.7	105.4	93.9	86.5	116.1
橡胶和塑料制品业	102.6	101.6	99.4	98.1	103.2
非金属矿物制品业	108.1	109.7	102.2	98.4	103.7
黑色金属冶炼和压延加工业	127.9	109.0	98.2	97.9	128.5
有色金属冶炼和压延加工业	115.9	103.4	99.3	100.8	122.7
金属制品业	105.6	104.6	100.9	99.9	106.7
通用设备制造业	100.8	101.6	100.8	99.7	101.4
专用设备制造业	100.4	101.1	100.4	100.0	100.4
汽车制造业	99.8	100.1	99.3	99.6	99.6
铁路、船舶、航空航天和其他运输设备制造业	101.2	100.9	100.3	100.4	100.6
电气机械和器材制造业	102.0	100.1	98.0	97.4	104.4
计算机、通信和其他电子设备制造业	99.7	98.5	99.1	98.5	99.9
仪器仪表制造业	99.8	99.5	100.8	100.2	99.7
其他制造业	102.7	101.3	101.2	100.3	100.6
废弃资源综合利用业	115.8	115.0	104.1	100.2	117.5
金属制品、机械和设备修理业	102.6	100.6	102.8	103.6	99.7
电力、热力生产和供应业	99.3	99.0	99.1	98.1	100.2
燃气生产和供应业	102.1	104.0	103.1	95.7	105.1
水的生产和供应业	102.0	101.5	102.1	100.1	101.1

注：本表2017年工业行业划分标准依据《国民经济行业分类》(GB/T4754-2011)，2018年及之后工业行业划分标准依据《国民经济行业分类》(GB/T4754-2017)。

5-10 分行业进出口商品价格指数

(上年=100)

行　业	出口		进口	
	2020年	2021年	2020年	2021年
商品价格指数	**101.6**	**103.8**	**96.2**	**112.8**
农、林、牧、渔业	101.4	96.8	98.8	118.7
农业	100.9	97.4	100.1	119.6
林业	107.7	108.6	95.6	118.2
畜牧业	116.8	85.4	91.7	106.4
渔业	92.6	99.7	93.8	113.0
采矿业	95.6	114.1	83.7	139.5
煤炭开采和洗选业	83.1	127.0	87.1	167.0
石油和天然气开采业	83.0	101.8	69.6	140.4
黑色金属矿采选业	107.1	151.1	108.6	142.3
有色金属矿采选业	78.3	117.0	101.8	129.6
非金属矿采选业	105.9	100.1	92.6	98.8
制造业	101.7	104.4	99.9	106.0
农副食品加工业	99.6	100.3	101.9	106.5
食品制造业	102.0	104.4	104.9	101.2
酒、饮料和精制茶制造业	97.8	100.7	107.8	101.5
烟草制品业	62.9	86.5	79.1	111.7
纺织业	98.1	101.3	98.6	104.4
纺织服装、服饰业	102.6	104.5	116.6	116.3
皮革、毛皮、羽毛及其制品和制鞋业	106.6	101.4	107.3	112.8
木材加工和木、竹、藤、棕、草制品业	100.9	101.8	99.4	102.8
家具制造业	104.7	101.8	109.8	108.6
造纸和纸制品业	103.6	98.8	85.7	120.0
印刷和记录媒介复制业	104.3	100.8	91.8	98.9
文教、工美、体育和娱乐用品制造业	117.1	105.6	115.5	106.6
石油、煤炭及其他燃料加工业	75.5	123.8	79.2	134.3
化学原料和化学制品制造业	94.1	117.3	92.6	120.2
医药制造业	108.8	108.7	96.1	100.1
化学纤维制造业	84.5	115.5	92.1	104.3
橡胶和塑料制品业	107.0	102.0	102.9	102.2
非金属矿物制品业	110.5	101.6	90.5	111.2
黑色金属冶炼和压延加工业	97.1	131.9	90.8	125.4
有色金属冶炼和压延加工业	102.9	119.9	107.9	122.8
金属制品业	106.0	107.1	101.5	104.7
通用设备制造业	97.9	98.9	99.7	97.1
专用设备制造业	99.4	95.9	105.4	96.6
汽车制造业	103.2	103.0	107.2	106.8
铁路、船舶、航空航天和其他运输设备制造业	102.2	102.1	87.0	95.1
电气机械和器材制造业	103.5	103.6	103.6	97.1
计算机、通信和其他电子设备制造业	100.0	103.6	101.3	100.8
仪器仪表制造业	102.6	98.3	102.8	96.1
其他制造业	104.9	97.6	101.0	98.3
废弃资源综合利用业	117.5	120.1	97.4	142.6
电力、热力、燃气及水生产和供应业	94.9	102.1	98.0	104.1
电力、热力生产和供应业	94.9	102.1	98.0	104.1
文化、体育和娱乐业	103.0	103.5	108.6	79.0
新闻和出版业	103.0	103.5	108.6	79.0

6-1 居民人均可支配收入

单位: 元

指　　标	2016年	2017年	2018年	2019年	2020年	2021年
全国居民可支配收入	**23821.0**	**25973.8**	**28228.0**	**30732.8**	**32188.8**	**35128.0**
1.工资性收入	13455.2	14620.3	15829.0	17186.2	17917.4	19629.4
2.经营净收入	4217.7	4501.8	4852.4	5247.3	5306.8	5892.7
3.财产净收入	1889.0	2107.4	2378.5	2619.1	2791.5	3075.5
4.转移净收入	4259.1	4744.3	5168.1	5680.3	6173.2	6530.5
城镇居民可支配收入	**33616.2**	**36396.2**	**39250.8**	**42358.8**	**43833.8**	**47411.9**
1.工资性收入	20665.0	22200.9	23792.2	25564.8	26380.7	28480.8
2.经营净收入	3770.1	4064.7	4442.6	4840.4	4710.8	5381.9
3.财产净收入	3271.3	3606.9	4027.7	4390.6	4626.5	5052.0
4.转移净收入	5909.8	6523.6	6988.3	7563.0	8115.8	8497.3
农村居民可支配收入	**12363.4**	**13432.4**	**14617.0**	**16020.7**	**17131.5**	**18931.0**
1.工资性收入	5021.8	5498.4	5996.1	6583.5	6973.9	7958.1
2.经营净收入	4741.3	5027.8	5358.4	5762.2	6077.4	6566.2
3.财产净收入	272.1	303.0	342.1	377.3	418.8	469.4
4.转移净收入	2328.2	2603.2	2920.5	3297.8	3661.3	3937.2

6-2 居民人均消费支出

单位：元

指　　标	2016年	2017年	2018年	2019年	2020年	2021年
全国居民消费支出	**17110.7**	**18322.1**	**19853.1**	**21558.9**	**21209.9**	**24100.1**
#服务性消费	7156.6	7802.6	8780.8	9886.0	9037.3	10644.5
1.食品烟酒	5151.0	5373.6	5631.1	6084.2	6397.3	7178.1
2.衣着	1202.7	1237.6	1288.9	1338.1	1238.4	1418.7
3.居住	3746.4	4106.9	4646.6	5054.8	5215.3	5641.1
4.生活用品及服务	1043.7	1120.7	1222.7	1280.9	1259.5	1423.2
5.交通通信	2337.8	2498.9	2675.4	2861.6	2761.8	3155.6
6.教育文化娱乐	1915.3	2086.2	2225.7	2513.1	2032.2	2598.9
7.医疗保健	1307.5	1451.2	1685.2	1902.3	1843.1	2115.2
8.其他用品及服务	406.3	447.0	477.5	524.0	462.2	569.4
城镇居民消费支出	**23078.9**	**24445.0**	**26112.3**	**28063.4**	**27007.4**	**30307.2**
#服务性消费	10068.1	10854.5	12130.4	13517.7	12012.8	14058.5
1.食品烟酒	6762.4	7001.0	7239.0	7732.6	7880.5	8678.1
2.衣着	1739.0	1757.9	1808.2	1831.9	1644.8	1842.8
3.居住	5113.7	5564.0	6255.0	6780.2	6957.7	7405.3
4.生活用品及服务	1426.8	1525.0	1629.4	1689.3	1640.0	1819.6
5.交通通信	3173.9	3321.5	3473.5	3671.3	3474.3	3932.0
6.教育文化娱乐	2637.6	2846.6	2974.1	3328.0	2591.7	3322.0
7.医疗保健	1630.8	1777.4	2045.7	2282.7	2172.2	2521.3
8.其他用品及服务	594.7	651.5	687.4	747.2	646.2	786.1
农村居民消费支出	**10129.8**	**10954.5**	**12124.3**	**13327.7**	**13713.4**	**15915.6**
#服务性消费	3750.9	4130.2	4644.7	5290.2	5189.9	6142.9
1.食品烟酒	3266.1	3415.4	3645.6	3998.2	4479.4	5200.2
2.衣着	575.4	611.6	647.7	713.3	712.8	859.5
3.居住	2147.1	2353.5	2660.6	2871.3	2962.4	3314.7
4.生活用品及服务	595.7	634.0	720.5	763.9	767.5	900.5
5.交通通信	1359.9	1509.1	1690.0	1836.8	1840.6	2131.8
6.教育文化娱乐	1070.3	1171.3	1301.6	1481.8	1308.7	1645.5
7.医疗保健	929.2	1058.7	1240.1	1420.8	1417.5	1579.6
8.其他用品及服务	186.0	200.9	218.3	241.5	224.4	283.8

注：服务性消费支出指住户用于各种生活服务的消费支出，包括餐饮服务、衣着鞋类加工服务、居住服务、家庭服务、交通通信服务、教育文化娱乐服务、医疗服务和其他服务等。

6-3　按东部、中部、西部及东北地区分组的人均可支配收入

单位：元

组　别	2016年	2017年	2018年	2019年	2020年	2021年
全国居民						
东部地区	30654.7	33414.0	36298.2	39438.9	41239.7	44980.3
中部地区	20006.2	21833.6	23798.3	26025.3	27152.4	29650.0
西部地区	18406.8	20130.3	21935.8	23986.1	25416.0	27798.4
东北地区	22351.5	23900.5	25543.2	27370.6	28266.2	30517.7
城镇居民						
东部地区	39651.0	42989.8	46432.6	50145.4	52027.1	56378.3
中部地区	28879.3	31293.8	33803.2	36607.5	37658.2	40706.8
西部地区	28609.7	30986.9	33388.6	36040.6	37548.1	40582.6
东北地区	29045.1	30959.5	32993.7	35130.3	35700.1	38224.6
农村居民						
东部地区	15498.3	16822.1	18285.7	19988.6	21286.0	23556.1
中部地区	11794.3	12805.8	13954.1	15290.5	16213.2	17857.5
西部地区	9918.4	10828.6	11831.4	13035.3	14110.8	15608.2
东北地区	12274.6	13115.8	14080.4	15356.7	16581.5	18280.4

6-4 按五等份分组的居民人均可支配收入

单位：元

指　　标	2016年	2017年	2018年	2019年	2020年	2021年
全国居民						
低收入户　（20%）	5528.7	5958.4	6440.5	7380.4	7868.8	8332.8
中间偏下户（20%）	12898.9	13842.8	14360.5	15777.0	16442.7	18445.5
中间收入户（20%）	20924.4	22495.3	23188.9	25034.7	26248.9	29053.3
中间偏上户（20%）	31990.4	34546.8	36471.4	39230.5	41171.7	44948.9
高收入户　（20%）	59259.5	64934.0	70639.5	76400.7	80293.8	85835.8
城镇居民						
低收入户　（20%）	13004.1	13723.1	14386.9	15549.4	15597.7	16745.5
中间偏下户（20%）	23054.9	24550.1	24856.5	26783.7	27501.1	30132.6
中间收入户（20%）	31521.8	33781.3	35196.1	37875.8	39278.2	42498.0
中间偏上户（20%）	41805.6	45163.4	49173.5	52907.3	54910.1	59005.2
高收入户　（20%）	70347.8	77097.2	84907.1	91682.6	96061.6	102595.8
农村居民						
低收入户　（20%）	3006.5	3301.9	3666.2	4262.6	4681.5	4855.9
中间偏下户（20%）	7827.7	8348.6	8508.5	9754.1	10391.6	11585.8
中间收入户（20%）	11159.1	11978.0	12530.2	13984.2	14711.7	16546.4
中间偏上户（20%）	15727.4	16943.6	18051.5	19732.4	20884.5	23167.3
高收入户　（20%）	28448.0	31299.3	34042.6	36049.4	38520.3	43081.5

6-5　居民年末主要耐用消费品拥有量

单位：平均每百户

指　　标		2016年	2017年	2018年	2019年	2020年	2021年
全国居民							
家用汽车	(辆)	27.7	29.7	33.0	35.3	37.1	41.8
摩托车	(辆)	40.0	39.3	35.7	34.2	33.1	31.5
洗衣机	(台)	89.8	91.7	93.8	96.0	96.7	98.7
电冰箱/柜	(台)	93.5	95.3	98.8	100.9	101.8	103.9
彩色电视机	(台)	120.8	122.2	119.3	120.6	120.8	118.7
空调	(台)	90.9	96.1	109.3	115.6	117.7	131.2
移动电话	(部)	235.4	240.0	249.1	253.2	253.8	259.1
计算机	(台)	57.5	58.7	53.4	53.2	54.2	47.0
城镇居民							
家用汽车	(辆)	35.5	37.5	41.0	43.2	44.9	50.1
摩托车	(辆)	20.9	20.8	19.5	18.7	18.2	18.2
洗衣机	(台)	94.2	95.7	97.7	99.2	99.7	100.5
电冰箱/柜	(台)	96.4	98.0	100.9	102.5	103.1	104.2
彩色电视机	(台)	122.3	123.8	121.3	122.8	123.0	120.3
空调	(台)	123.7	128.6	142.2	148.3	149.6	161.7
移动电话	(部)	231.4	235.4	243.1	247.4	248.7	253.6
计算机	(台)	80.0	80.8	73.1	72.2	72.9	63.2
农村居民							
家用汽车	(辆)	17.4	19.3	22.3	24.7	26.4	30.2
摩托车	(辆)	65.1	64.1	57.4	55.1	53.6	49.9
洗衣机	(台)	84.0	86.3	88.5	91.6	92.6	96.1
电冰箱/柜	(台)	89.5	91.7	95.9	98.6	100.1	103.5
彩色电视机	(台)	118.8	120.0	116.6	117.6	117.8	116.3
空调	(台)	47.6	52.6	65.2	71.3	73.8	89.0
移动电话	(部)	240.7	246.1	257.0	261.2	260.9	266.6
计算机	(台)	27.9	29.2	26.9	27.5	28.3	24.6

6-6 居民人均可支配收入和指数

年份	全国居民人均可支配收入		城镇居民人均可支配收入		农村居民人均可支配收入	
	绝对数（元）	指数（1978年=100）	绝对数（元）	指数（1978年=100）	绝对数（元）	指数（1978年=100）
1978	171.2	100.0	343.4	100.0	133.6	100.0
1980	246.8	131.6	477.6	127.0	191.3	139.0
1985	478.6	213.2	739.1	160.4	397.6	268.9
1990	903.9	243.8	1510.2	198.1	686.3	311.2
1995	2363.3	347.6	4283.0	290.3	1577.7	383.6
2000	3721.3	500.7	6255.7	382.3	2282.1	489.6
2001	4070.4	543.8	6824.0	414.1	2406.9	512.3
2002	4531.6	610.4	7652.4	469.1	2528.9	539.2
2003	5006.7	666.3	8405.5	510.6	2690.3	564.9
2004	5660.9	725.1	9334.8	549.0	3026.6	606.1
2005	6384.7	803.4	10382.3	600.9	3370.2	646.6
2006	7228.8	896.2	11619.7	662.5	3731.0	697.6
2007	8583.5	1015.4	13602.5	742.2	4327.0	767.7
2008	9956.5	1112.2	15549.4	803.5	4998.8	833.1
2009	10977.5	1234.8	16900.5	881.0	5435.1	908.3
2010	12519.5	1363.3	18779.1	948.5	6272.4	1012.1
2011	14550.7	1503.3	21426.9	1028.1	7393.9	1127.4
2012	16509.5	1662.5	24126.7	1126.8	8389.3	1248.1
2013	18310.8	1797.1	26467.0	1205.4	9429.6	1364.5
2014	20167.1	1940.5	28843.9	1287.1	10488.9	1490.5
2015	21966.2	2084.4	31194.8	1371.5	11421.7	1602.3
2016	23821.0	2216.1	33616.2	1448.0	12363.4	1702.1
2017	25973.8	2378.4	36396.2	1541.6	13432.4	1825.5
2018	28228.0	2532.1	39250.8	1627.6	14617.0	1945.3
2019	30732.8	2679.7	42358.8	1708.4	16020.7	2066.0
2020	32188.8	2737.3	43833.8	1728.4	17131.5	2144.2
2021	35128.0	2959.7	47411.9	1851.6	18931.0	2352.9

注：1.本表2013-2021年人均可支配收入来源于住户收支与生活状况调查，1978-2012年数据是根据历史数据按住户收支与生活状况调查可比口径推算获得。可支配收入绝对数按当年价计算，指数按可比价计算。

2.全国居民人均收入是根据全国十几万户抽样调查基础数据，依据每个样本户所代表的户数加权汇总而成。由于受城镇化和人口迁移等因素影响，各时期的分城乡、分地区人口构成发生变化，有时会导致全国居民收入增速超出分城乡居民收入增速区间的现象发生。主要是在城镇化过程中，一部分在农村收入较高的人口进入城镇地区，但在城镇属于较低收入人群，他们的迁移对城乡居民收入均有拉低作用；但无论在城镇还是农村，其收入增长效应都会体现在全体居民收入增长中。

6-7 居民人均消费支出和指数

年份	全国居民人均消费支出		城镇居民人均消费支出		农村居民人均消费支出	
	绝对数（元）	指数（1978年=100）	绝对数（元）	指数（1978年=100）	绝对数（元）	指数（1978年=100）
1978	151.0	100.0	311.2	100.0	116.1	100.0
1980	210.7	127.4	412.4	121.0	162.2	131.2
1985	401.8	203.0	673.2	161.2	317.4	220.6
1990	768.0	234.9	1278.9	185.1	584.6	246.3
1995	1957.1	326.4	3537.6	264.6	1310.4	312.8
2000	2914.0	444.6	5026.7	338.9	1714.3	380.0
2001	3138.8	475.5	5349.7	358.3	1803.2	396.4
2002	3547.7	541.8	6088.5	411.8	1917.1	423.2
2003	3888.6	586.8	6587.1	441.5	2049.6	445.5
2004	4395.3	638.4	7280.5	472.4	2326.5	482.6
2005	5035.4	718.4	8067.7	515.5	2748.8	543.6
2006	5634.4	792.0	8850.7	557.3	3072.3	598.7
2007	6591.9	884.1	10195.7	614.3	3535.5	653.6
2008	7547.7	955.9	11489.0	655.6	4054.0	703.6
2009	8376.6	1068.4	12557.7	723.2	4464.2	777.1
2010	9378.3	1158.0	13820.7	771.0	4944.8	830.7
2011	10819.6	1267.5	15554.0	823.4	5892.0	935.4
2012	12053.7	1376.3	17106.6	881.9	6667.1	1032.7
2013	13220.4	1471.2	18487.5	928.9	7485.1	1127.8
2014	14491.4	1581.0	19968.1	982.7	8382.6	1240.7
2015	15712.4	1690.6	21392.4	1037.2	9222.6	1347.5
2016	17110.7	1804.9	23078.9	1096.0	10129.8	1452.5
2017	18322.1	1902.3	24445.0	1141.4	10954.5	1550.6
2018	19853.1	2019.7	26112.3	1194.0	12124.3	1681.2
2019	21558.9	2131.6	28063.4	1248.6	13327.7	1790.4
2020	21209.9	2046.3	27007.4	1174.1	13713.4	1788.6
2021	24100.1	2303.8	30307.2	1304.3	15915.6	2062.1

注：本表2013-2021年人均消费支出来源于住户收支与生活状况调查，1978-2012年数据是根据历史数据按住户收支与生活状况调查可比口径推算获得。消费支出绝对数按当年价计算，指数按可比价计算。

6-8 分地区全体居民人均可支配收入

单位：元

地 区	2016年	2017年	2018年	2019年	2020年	2021年
全国总计	**23821.0**	**25973.8**	**28228.0**	**30732.8**	**32188.8**	**35128.0**
北 京	52530.4	57229.8	62361.2	67755.9	69433.5	75002.2
天 津	34074.5	37022.3	39506.1	42404.1	43854.1	47449.4
河 北	19725.4	21484.1	23445.7	25664.7	27135.9	29383.0
山 西	19048.9	20420.0	21990.1	23828.5	25213.7	27425.9
内蒙古	24126.6	26212.2	28375.7	30555.0	31497.3	34108.4
辽 宁	26039.7	27835.4	29701.4	31819.7	32738.3	35111.7
吉 林	19967.0	21368.3	22798.4	24562.9	25751.0	27769.8
黑龙江	19838.5	21205.8	22725.8	24253.6	24902.0	27159.0
上 海	54305.3	58988.0	64182.6	69441.6	72232.4	78026.6
江 苏	32070.1	35024.1	38095.8	41399.7	43390.4	47498.3
浙 江	38529.0	42045.7	45839.8	49898.8	52397.4	57540.5
安 徽	19998.1	21863.3	23983.6	26415.1	28103.2	30904.3
福 建	27607.9	30047.7	32643.9	35616.1	37202.4	40659.3
江 西	20109.6	22031.4	24079.7	26262.4	28016.5	30609.9
山 东	24685.3	26929.9	29204.6	31597.0	32885.7	35705.1
河 南	18443.1	20170.0	21963.5	23902.7	24810.1	26811.2
湖 北	21786.6	23757.2	25814.5	28319.5	27880.6	30829.3
湖 南	21114.8	23102.7	25240.7	27679.7	29379.9	31992.7
广 东	30295.8	33003.3	35809.9	39014.3	41028.6	44993.3
广 西	18305.1	19904.8	21485.0	23328.2	24562.3	26726.7
海 南	20653.4	22553.2	24579.0	26679.5	27904.1	30456.8
重 庆	22034.1	24153.0	26385.8	28920.4	30823.9	33802.6
四 川	18808.3	20579.8	22460.6	24703.1	26522.1	29080.1
贵 州	15121.1	16703.6	18430.2	20397.4	21795.4	23996.2
云 南	16719.9	18348.3	20084.2	22082.4	23294.9	25666.2
西 藏	13639.2	15457.3	17286.1	19501.3	21744.1	24949.9
陕 西	18873.7	20635.2	22528.3	24666.3	26226.0	28568.0
甘 肃	14670.3	16011.0	17488.4	19139.0	20335.1	22066.0
青 海	17301.8	19001.0	20757.3	22617.7	24037.4	25919.5
宁 夏	18832.3	20561.7	22400.4	24411.9	25734.9	27904.5
新 疆	18354.7	19975.1	21500.2	23103.4	23844.7	26075.0

6-9 分地区全体居民人均消费支出

单位：元

地 区	2016年	2017年	2018年	2019年	2020年	2021年
全国总计	**17110.7**	**18322.1**	**19853.1**	**21558.9**	**21209.9**	**24100.1**
北 京	35415.7	37425.3	39842.7	43038.3	38903.3	43640.4
天 津	26129.3	27841.4	29902.9	31853.6	28461.4	33188.4
河 北	14247.5	15437.0	16722.0	17987.2	18037.0	19953.7
山 西	12682.9	13664.4	14810.1	15862.6	15732.7	17191.2
内蒙古	18072.3	18945.5	19665.2	20743.4	19794.5	22658.3
辽 宁	19852.7	20463.4	21398.3	22202.8	20672.1	23830.8
吉 林	14772.6	15631.9	17200.4	18075.4	17317.7	19604.6
黑龙江	14445.8	15577.5	16994.0	18111.5	17056.4	20635.9
上 海	37458.3	39791.9	43351.3	45605.1	42536.3	48879.3
江 苏	22129.9	23468.6	25007.4	26697.3	26225.1	31451.4
浙 江	25526.6	27079.1	29470.7	32025.8	31294.7	36668.1
安 徽	14711.5	15751.7	17044.6	19137.4	18877.3	21910.9
福 建	20167.5	21249.3	22996.0	25314.3	25125.8	28440.1
江 西	13258.6	14459.0	15792.0	17650.5	17955.3	20289.9
山 东	15926.4	17280.7	18779.8	20427.5	20940.1	22820.9
河 南	12712.3	13729.6	15168.5	16331.8	16142.6	18391.3
湖 北	15888.7	16937.6	19537.8	21567.0	19245.9	23846.1
湖 南	15750.5	17160.4	18807.9	20478.9	20997.6	22798.2
广 东	23448.4	24819.6	26054.0	28994.7	28491.9	31589.3
广 西	12295.2	13423.7	14934.8	16418.3	16356.8	18087.9
海 南	14275.4	15402.7	17528.4	19554.9	18971.6	22241.9
重 庆	16384.8	17898.1	19248.5	20773.9	21678.1	24597.8
四 川	14838.5	16179.9	17663.6	19338.3	19783.4	21518.0
贵 州	11931.6	12969.6	13798.1	14780.0	14873.8	17957.3
云 南	11768.8	12658.1	14249.9	15779.8	16792.4	18851.0
西 藏	9318.7	10320.1	11520.2	13029.2	13224.8	15342.5
陕 西	13943.0	14899.7	16159.7	17464.9	17417.6	19346.5
甘 肃	12254.2	13120.1	14624.0	15879.1	16174.9	17456.2
青 海	14774.7	15503.1	16557.2	17544.8	18284.2	19020.1
宁 夏	14965.4	15350.3	16715.1	18296.8	17505.8	20023.8
新 疆	14066.5	15087.3	16189.1	17396.6	16512.1	18960.6

6-10 分地区城镇居民人均可支配收入

单位：元

地区	2016年	2017年	2018年	2019年	2020年	2021年
全国总计	**33616.2**	**36396.2**	**39250.8**	**42358.8**	**43833.8**	**47411.9**
北京	57275.3	62406.3	67989.9	73848.5	75601.5	81517.5
天津	37109.6	40277.5	42976.3	46118.9	47658.5	51485.7
河北	28249.4	30547.8	32977.2	35737.7	37285.7	39791.0
山西	27352.3	29131.8	31034.8	33262.4	34792.7	37433.1
内蒙古	32974.9	35670.0	38304.7	40782.5	41353.1	44376.9
辽宁	32876.1	34993.4	37341.9	39777.2	40375.9	43050.8
吉林	26530.4	28318.7	30171.9	32299.2	33395.7	35645.8
黑龙江	25736.4	27446.0	29191.3	30944.6	31114.7	33646.1
上海	57691.7	62595.7	68033.6	73615.3	76437.3	82428.9
江苏	40151.6	43621.8	47200.0	51056.1	53101.7	57743.5
浙江	47237.2	51260.7	55574.3	60182.3	62699.3	68486.8
安徽	29156.0	31640.3	34393.1	37540.0	39442.1	43008.7
福建	36014.3	39001.4	42121.3	45620.5	47160.3	51140.5
江西	28673.3	31198.1	33819.4	36545.9	38555.8	41684.4
山东	34012.1	36789.4	39549.4	42329.2	43726.3	47066.4
河南	27232.9	29557.9	31874.2	34201.0	34750.3	37094.8
湖北	29385.8	31889.4	34454.6	37601.4	36705.7	40277.8
湖南	31283.9	33947.9	36698.3	39841.9	41697.5	44866.1
广东	37684.3	40975.1	44341.0	48117.6	50257.0	54853.6
广西	28324.4	30502.1	32436.1	34744.9	35859.3	38529.9
海南	28453.5	30817.4	33348.7	36016.7	37097.0	40213.2
重庆	29610.0	32193.2	34889.3	37938.6	40006.2	43502.5
四川	28335.3	30726.9	33215.9	36153.7	38253.1	41443.8
贵州	26742.6	29079.8	31591.9	34404.2	36096.2	39211.2
云南	28610.6	30995.9	33487.9	36237.7	37499.5	40904.9
西藏	27802.4	30671.1	33797.4	37410.0	41156.4	46503.3
陕西	28440.1	30810.3	33319.3	36098.2	37868.2	40713.1
甘肃	25693.5	27763.4	29957.0	32323.4	33821.8	36187.3
青海	26757.4	29168.9	31514.5	33830.3	35505.8	37745.3
宁夏	27153.0	29472.3	31895.2	34328.5	35719.6	38290.7
新疆	28463.4	30774.8	32763.5	34663.7	34838.4	37642.4

6-11 分地区城镇居民人均消费支出

单位：元

地 区	2016年	2017年	2018年	2019年	2020年	2021年
全国总计	**23078.9**	**24445.0**	**26112.3**	**28063.4**	**27007.4**	**30307.2**
北 京	38255.5	40346.3	42925.6	46358.2	41726.3	46775.7
天 津	28344.6	30283.6	32655.1	34810.7	30894.7	36066.9
河 北	19105.9	20600.3	22127.4	23483.1	23167.4	24192.5
山 西	16992.8	18404.0	19789.8	21159.0	20331.9	21965.5
内蒙古	22744.5	23637.8	24437.1	25382.5	23887.7	27194.2
辽 宁	24995.9	25379.4	26447.9	27355.0	24849.1	28438.4
吉 林	19166.4	20051.2	22393.7	23394.3	21623.2	24420.9
黑龙江	18145.2	19269.8	21035.5	22164.9	20397.3	24422.1
上 海	39856.8	42304.3	46015.2	48271.6	44839.3	51294.6
江 苏	26432.9	27726.3	29461.9	31329.1	30882.2	36558.0
浙 江	30067.7	31924.2	34597.9	37507.9	36196.9	42193.5
安 徽	19606.2	20740.2	21522.7	23781.5	22682.7	26495.1
福 建	25005.5	25980.5	28145.1	30945.5	30486.5	33942.0
江 西	17695.6	19244.5	20760.0	22714.3	22134.3	24586.5
山 东	21495.3	23072.1	24798.4	26731.5	27291.1	29314.3
河 南	18087.8	19422.3	20989.2	21971.6	20644.9	23177.5
湖 北	20040.0	21275.6	23995.9	26421.8	22885.5	28505.6
湖 南	21420.0	23162.6	25064.2	26924.0	26796.4	28293.8
广 东	28613.3	30197.9	30924.3	34424.1	33511.3	36621.1
广 西	17268.5	18348.6	20159.4	21590.9	20906.5	22555.3
海 南	19015.5	20371.9	22971.2	25316.7	23559.9	27564.8
重 庆	21030.9	22759.2	24154.2	25785.5	26464.4	29849.6
四 川	20659.8	21990.6	23483.9	25367.4	25133.2	26970.8
贵 州	19201.7	20347.8	20787.9	21402.4	20587.0	25333.0
云 南	18622.4	19559.7	21626.4	23454.9	24569.4	27440.7
西 藏	19440.5	21087.5	23029.4	25636.7	24927.4	28159.2
陕 西	19368.9	20388.2	21966.4	23514.3	22866.4	24783.7
甘 肃	19539.2	20659.4	22606.0	24453.9	24614.6	25756.6
青 海	20853.2	21473.0	22997.5	23799.2	24315.2	24512.5
宁 夏	20364.2	20219.5	21976.7	24161.0	22379.1	25385.6
新 疆	21228.5	22796.9	24191.4	25594.2	22951.8	25724.0

6-12 分地区农村居民人均可支配收入

单位：元

地 区	2016年	2017年	2018年	2019年	2020年	2021年
全国总计	**12363.4**	**13432.4**	**14617.0**	**16020.7**	**17131.5**	**18931.0**
北 京	22309.5	24240.5	26490.3	28928.4	30125.7	33302.7
天 津	20075.6	21753.7	23065.2	24804.1	25690.6	27954.5
河 北	11919.4	12880.9	14030.9	15373.1	16467.0	18178.9
山 西	10082.5	10787.5	11750.0	12902.4	13878.0	15308.3
内蒙古	11609.0	12584.3	13802.6	15282.8	16566.9	18336.8
辽 宁	12880.7	13746.8	14656.3	16108.3	17450.3	19216.6
吉 林	12122.9	12950.4	13748.2	14936.0	16067.0	17641.7
黑龙江	11831.9	12664.8	13803.7	14982.1	16168.4	17889.3
上 海	25520.4	27825.0	30374.7	33195.2	34911.3	38520.7
江 苏	17605.6	19158.0	20845.1	22675.4	24198.5	26790.8
浙 江	22866.1	24955.8	27302.4	29875.8	31930.5	35247.4
安 徽	11720.5	12758.2	13996.0	15416.0	16620.2	18371.7
福 建	14999.2	16334.8	17821.2	19568.4	20880.3	23228.9
江 西	12137.7	13241.8	14459.9	15796.3	16980.8	18684.2
山 东	13954.1	15117.5	16297.0	17775.5	18753.2	20793.9
河 南	11696.7	12719.2	13830.7	15163.7	16107.9	17533.3
湖 北	12725.0	13812.1	14977.8	16390.9	16305.9	18259.0
湖 南	11930.4	12935.8	14092.5	15394.8	16584.6	18295.2
广 东	14512.2	15779.7	17167.7	18818.4	20143.4	22306.0
广 西	10359.5	11325.5	12434.8	13675.7	14814.9	16362.9
海 南	11842.9	12901.8	13988.9	15113.1	16278.8	18076.3
重 庆	11548.8	12637.9	13781.2	15133.3	16361.4	18099.6
四 川	11203.1	12226.9	13331.4	14670.1	15929.1	17575.3
贵 州	8090.3	8869.1	9716.1	10756.3	11642.3	12856.1
云 南	9019.8	9862.2	10767.9	11902.4	12841.9	14197.3
西 藏	9093.8	10330.2	11449.8	12951.0	14598.4	16932.3
陕 西	9396.4	10264.5	11212.8	12325.7	13316.5	14744.8
甘 肃	7456.9	8076.1	8804.1	9628.9	10344.3	11432.8
青 海	8664.4	9462.3	10393.3	11499.4	12342.5	13604.2
宁 夏	9851.6	10737.9	11707.6	12858.4	13889.4	15336.6
新 疆	10183.2	11045.3	11974.5	13121.7	14056.1	15575.3

6-13 分地区农村居民人均消费支出

单位：元

地 区	2016年	2017年	2018年	2019年	2020年	2021年
全国总计	**10129.8**	**10954.5**	**12124.3**	**13327.7**	**13713.4**	**15915.6**
北 京	17329.0	18810.5	20195.3	21881.0	20912.7	23574.0
天 津	15912.1	16385.9	16863.3	17843.3	16844.1	19285.5
河 北	9798.3	10535.9	11382.8	12372.0	12644.2	15390.7
山 西	8028.8	8424.0	9172.2	9728.4	10290.1	11410.1
内蒙古	11462.6	12184.4	12661.5	13816.0	13593.7	15691.4
辽 宁	9953.1	10787.3	11455.0	12030.2	12311.2	14605.9
吉 林	9521.4	10279.4	10826.2	11456.6	11863.6	13411.0
黑龙江	9423.8	10523.9	11416.8	12494.9	12360.0	15225.0
上 海	17070.8	18089.8	19964.7	22448.9	22095.5	27204.8
江 苏	14428.2	15611.5	16567.0	17715.9	17021.7	21130.1
浙 江	17358.9	18093.4	19706.8	21351.7	21555.4	25415.2
安 徽	10287.3	11106.1	12748.1	14545.8	15023.5	17163.3
福 建	12910.8	14003.4	14942.8	16281.4	16338.9	19290.4
江 西	9128.3	9870.4	10885.2	12496.7	13579.4	15663.1
山 东	9518.9	10342.1	11270.1	12308.9	12660.4	14298.7
河 南	8586.6	9211.5	10392.0	11546.0	12201.1	14073.2
湖 北	10938.3	11632.5	13946.3	15328.0	14472.5	17646.9
湖 南	10629.9	11533.6	12720.5	13968.8	14974.0	16950.7
广 东	12414.8	13199.6	15411.3	16949.4	17132.3	20011.8
广 西	8351.2	9436.6	10617.0	12045.0	12431.1	14165.3
海 南	8921.2	9599.4	10955.8	12417.5	13169.3	15487.3
重 庆	9954.4	10936.1	11976.8	13112.1	14139.5	16095.7
四 川	10191.6	11396.7	12723.2	14055.6	14952.6	16444.0
贵 州	7533.3	8299.0	9170.2	10221.7	10817.6	12557.0
云 南	7330.5	8027.3	9122.9	10260.2	11069.5	12386.3
西 藏	6070.3	6691.5	7452.1	8417.9	8917.1	10576.6
陕 西	8567.7	9305.6	10070.8	10934.7	11375.7	13158.0
甘 肃	7487.0	8029.7	9064.6	9694.0	9922.9	11206.1
青 海	9222.2	9902.7	10352.4	11343.1	12134.2	13300.2
宁 夏	9138.4	9982.1	10789.6	11464.6	11724.3	13535.7
新 疆	8277.0	8712.6	9421.3	10318.4	10778.2	12821.4

6-14 中西部22省(区、市)脱贫县农村居民人均可支配收入

地 区	2020年(元)	2021年(元)	比上年增长(%)
全 国	12587.6	14050.9	11.6
河 北	12712.2	14271.9	12.3
山 西	10352.2	11665.7	12.7
内蒙古	13457.5	15034.4	11.7
吉 林	11489.8	12905.9	12.3
黑龙江	11933.0	13474.1	12.9
安 徽	14763.4	16589.0	12.4
江 西	12877.2	14452.1	12.2
河 南	14366.0	15752.5	9.7
湖 北	13075.4	14822.4	13.4
湖 南	12022.8	13536.7	12.6
广 西	13140.8	14663.5	11.6
海 南	13917.4	15683.5	12.7
重 庆	15018.8	16667.9	11.0
四 川	13239.6	14908.8	12.6
贵 州	11478.5	12702.8	10.7
云 南	11739.9	13027.1	11.0
西 藏	14598.0	16932.0	16.0
陕 西	12490.7	13908.9	11.4
甘 肃	9385.3	10458.4	11.4
青 海	12342.0	13604.2	10.2
宁 夏	11858.5	13045.3	10.0
新 疆	13051.5	14476.9	10.9

注：脱贫县包括原832个国家扶贫开发工作重点县和集中连片特困地区县，以及新疆阿克苏地区7个市县。

7-1 一般公共预算收支总额和指数

年 份	一般公共预算收入(亿元)	一般公共预算支出(亿元)	指数（上年=100）		一般公共预算收入相当于国内生产总值的比重(%)	一般公共预算支出相当于国内生产总值的比重(%)
			一般公共预算收入	一般公共预算支出		
1978	1132.26	1122.09	129.5	133.0	30.8	30.5
1979	1146.38	1281.79	101.2	114.2	28.0	31.3
1980	1159.93	1228.83	101.2	95.9	25.3	26.8
“六五”时期	**7402.75**	**7483.18**	**111.6**	**110.3**		
1981	1175.79	1138.41	101.4	92.6	23.8	23.1
1982	1212.33	1229.98	103.1	108.0	22.6	22.9
1983	1366.95	1409.52	112.8	114.6	22.7	23.4
1984	1642.86	1701.02	120.2	120.7	22.6	23.4
1985	2004.82	2004.25	122.0	117.8	22.0	22.0
“七五”时期	**12280.60**	**12865.67**	**107.9**	**109.0**		
1986	2122.01	2204.91	105.8	110.0	20.5	21.2
1987	2199.35	2262.18	103.6	102.6	18.1	18.6
1988	2357.24	2491.21	107.2	110.1	15.5	16.4
1989	2664.90	2823.78	113.1	113.3	15.5	16.4
1990	2937.10	3083.59	110.2	109.2	15.6	16.3
“八五”时期	**22442.10**	**24387.46**	**116.3**	**117.2**		
1991	3149.48	3386.62	107.2	109.8	14.3	15.4
1992	3483.37	3742.20	110.6	110.5	12.8	13.8
1993	4348.95	4642.30	124.8	124.1	12.2	13.0
1994	5218.10	5792.62	120.0	124.8	10.7	11.9
1995	6242.20	6823.72	119.6	117.8	10.2	11.1
“九五”时期	**50774.39**	**57043.46**	**116.5**	**118.4**		
1996	7407.99	7937.55	118.7	116.3	10.3	11.1
1997	8651.14	9233.56	116.8	116.3	10.9	11.6
1998	9875.95	10798.18	114.2	116.9	11.6	12.7
1999	11444.08	13187.67	115.9	122.1	12.6	14.6
2000	13395.23	15886.50	117.0	120.5	13.4	15.8
“十五”时期	**115050.69**	**128022.85**	**118.8**	**116.4**		
2001	16386.04	18902.58	122.3	119.0	14.8	17.1
2002	18903.64	22053.15	115.4	116.7	15.5	18.1
2003	21715.25	24649.95	114.9	111.8	15.8	17.9
2004	26396.47	28486.89	121.6	115.6	16.3	17.6
2005	31649.29	33930.28	119.9	119.1	16.9	18.1
“十一五”时期	**303032.14**	**318970.83**	**121.3**	**121.5**		
2006	38760.20	40422.73	122.5	119.1	17.7	18.4
2007	51321.78	49781.35	132.4	123.2	19.0	18.4
2008	61330.35	62592.66	119.5	125.7	19.2	19.6
2009	68518.30	76299.93	111.7	121.9	19.7	21.9
2010	83101.51	89874.16	121.3	117.8	20.2	21.8
“十二五”时期	**642976.85**	**703076.19**	**112.9**	**114.4**		
2011	103874.43	109247.79	125.0	121.6	21.3	22.4
2012	117253.52	125952.97	112.9	115.3	21.8	23.4
2013	129209.64	140212.10	110.2	111.3	21.8	23.6
2014	140370.03	151785.56	108.6	108.3	21.8	23.6
2015	152269.23	175877.77	105.8	113.2	22.1	25.5
“十三五”时期	**888861.54**	**1096282.23**	**103.7**	**106.9**		
2016	159604.97	187755.21	104.5	106.3	21.4	25.2
2017	172592.77	203085.49	107.4	107.6	20.7	24.4
2018	183359.84	220904.13	106.2	108.7	19.9	24.0
2019	190390.08	238858.37	103.8	108.1	19.3	24.2
2020	182913.88	245679.03	96.1	102.9	18.0	24.2
“十四五”时期						
2021	202538.88	246321.50	110.7	100.3	17.7	21.5

注：1.本表及其他各表有关财政数据由财政部提供。2021年全国数据为预算执行数，以前各年数据为财政决算数(以下相关表同)。

2.各时期指数为该时期年平均发展速度。2016-2021年一般公共预算收入、支出指数均为按同口径计算(以下相关表同)。

7-2 中央和地方一般公共预算收支

单位：亿元

年份	一般公共预算收入	中央	地方	一般公共预算支出	中央	地方
1978	1132.26	175.77	956.49	1122.09	532.12	589.97
1979	1146.38	231.34	915.04	1281.79	655.08	626.71
1980	1159.93	284.45	875.48	1228.83	666.81	562.02
“六五”时期	**7402.75**	**2583.02**	**4819.73**	**7483.18**	**3725.64**	**3757.54**
1981	1175.79	311.07	864.72	1138.41	625.65	512.76
1982	1212.33	346.84	865.49	1229.98	651.81	578.17
1983	1366.95	490.01	876.94	1409.52	759.60	649.92
1984	1642.86	665.47	977.39	1701.02	893.33	807.69
1985	2004.82	769.63	1235.19	2004.25	795.25	1209.00
“七五”时期	**12280.60**	**4104.41**	**8176.19**	**12865.67**	**4420.27**	**8445.40**
1986	2122.01	778.42	1343.59	2204.91	836.36	1368.55
1987	2199.35	736.29	1463.06	2262.18	845.63	1416.55
1988	2357.24	774.76	1582.48	2491.21	845.04	1646.17
1989	2664.90	822.52	1842.38	2823.78	888.77	1935.01
1990	2937.10	992.42	1944.68	3083.59	1004.47	2079.12
“八五”时期	**22442.10**	**9038.39**	**13403.71**	**24387.46**	**7323.13**	**17064.33**
1991	3149.48	938.25	2211.23	3386.62	1090.81	2295.81
1992	3483.37	979.51	2503.86	3742.20	1170.44	2571.76
1993	4348.95	957.51	3391.44	4642.30	1312.06	3330.24
1994	5218.10	2906.50	2311.60	5792.62	1754.43	4038.19
1995	6242.20	3256.62	2985.58	6823.72	1995.39	4828.33
“九五”时期	**50774.39**	**25618.37**	**25156.02**	**57043.46**	**17481.55**	**39561.91**
1996	7407.99	3661.07	3746.92	7937.55	2151.27	5786.28
1997	8651.14	4226.92	4424.22	9233.56	2532.50	6701.06
1998	9875.95	4892.00	4983.95	10798.18	3125.60	7672.58
1999	11444.08	5849.21	5594.87	13187.67	4152.33	9035.34
2000	13395.23	6989.17	6406.06	15886.50	5519.85	10366.65
“十五”时期	**115050.69**	**61888.28**	**53162.41**	**128022.85**	**36629.87**	**91392.98**
2001	16386.04	8582.74	7803.30	18902.58	5768.02	13134.56
2002	18903.64	10388.64	8515.00	22053.15	6771.70	15281.45
2003	21715.25	11865.27	9849.98	24649.95	7420.10	17229.85
2004	26396.47	14503.10	11893.37	28486.89	7894.08	20592.81
2005	31649.29	16548.53	15100.76	33930.28	8775.97	25154.31
“十一五”时期	**303032.14**	**159290.52**	**143741.62**	**318970.83**	**66023.15**	**252947.68**
2006	38760.20	20456.62	18303.58	40422.73	9991.40	30431.33
2007	51321.78	27749.16	23572.62	49781.35	11442.06	38339.29
2008	61330.35	32680.56	28649.79	62592.66	13344.17	49248.49
2009	68518.30	35915.71	32602.59	76299.93	15255.79	61044.14
2010	83101.51	42488.47	40613.04	89874.16	15989.73	73884.43
“十二五”时期	**642976.85**	**301461.67**	**341515.18**	**703076.19**	**103862.72**	**599213.47**
2011	103874.43	51327.32	52547.11	109247.79	16514.11	92733.68
2012	117253.52	56175.23	61078.29	125952.97	18764.63	107188.34
2013	129209.64	60198.48	69011.16	140212.10	20471.76	119740.34
2014	140370.03	64493.45	75876.58	151785.56	22570.07	129215.49
2015	152269.23	69267.19	83002.04	175877.77	25542.15	150335.62
“十三五”时期	**888861.54**	**411025.63**	**477835.91**	**1096282.23**	**160179.53**	**936102.70**
2016	159604.97	72365.62	87239.35	187755.21	27403.85	160351.36
2017	172592.77	81123.36	91469.41	203085.49	29857.15	173228.34
2018	183359.84	85456.46	97903.38	220904.13	32707.81	188196.32
2019	190390.08	89309.47	101080.61	238858.37	35115.15	203743.22
2020	182913.88	82770.72	100143.16	245679.03	35095.57	210583.46
“十四五”时期						
2021	202538.88	91461.80	111077.08	246321.50	35049.96	211271.54

注：中央、地方一般公共预算收支均为本级收支(以下相关表同)。

7-3 一般公共预算收支和国债余额

单位：亿元

指　　标	2016年	2017年	2018年	2019年	2020年	2021年
一般公共预算收入	**159605.0**	**172592.8**	**183359.8**	**190390.1**	**182913.9**	**202538.9**
中央	72365.6	81123.4	85456.5	89309.5	82770.7	91461.8
地方	87239.4	91469.4	97903.4	101080.6	100143.2	111077.1
一般公共预算收入按项目分						
#各项税收	130360.7	144369.9	156402.9	158000.5	154312.3	172730.5
#国内增值税	40712.1	56378.2	61530.8	62347.4	56791.2	63519.1
国内消费税	10217.2	10225.1	10631.7	12564.4	12028.1	13880.7
营业税	11501.9					
企业所得税	28851.4	32117.3	35323.7	37303.8	36425.8	42041.2
个人所得税	10089.0	11966.4	13872.0	10388.5	11568.3	13992.6
关税	2603.8	2997.9	2847.8	2889.1	2564.3	2805.9
一般公共预算支出	**187755.2**	**203085.5**	**220904.1**	**238858.4**	**245679.0**	**246321.5**
中央	27403.9	29857.2	32707.8	35115.2	35095.6	35050.0
地方	160351.4	173228.3	188196.3	203743.2	210583.5	211271.5
一般公共预算支出按项目分						
#一般公共服务	14790.5	16510.4	18374.7	20344.7	20061.1	19925.8
国防	9765.8	10432.4	11280.5	12122.1	12918.8	13787.4
教育	28072.8	30153.2	32169.5	34796.9	36359.9	37621.3
科学技术	6564.0	7267.0	8326.7	9470.8	9018.3	9676.7
社会保障和就业	21591.5	24611.7	27012.1	29379.1	32568.5	33866.5
卫生健康	13158.8	14450.6	15623.6	16665.3	19216.2	19204.8
节能环保	4734.8	5617.3	6297.6	7390.2	6333.4	5536.4
城乡社区	18394.6	20585.0	22124.1	24895.2	19945.9	19449.6
农林水	18587.4	19089.0	21085.6	22862.8	23948.5	22146.2
交通运输	10498.7	10674.0	11282.8	11817.6	12197.9	11444.8
年末国债余额	**120066.8**	**134770.2**	**149607.4**	**168038.0**	**208905.9**	**232697.3**
内债余额	118811.2	133447.4	148208.6	166032.1	206290.3	229643.7
外债余额	1255.5	1322.7	1398.8	2005.9	2615.6	3053.6

注：本表一般公共预算支出项目按当年《政府收支分类科目》设置。

7-4 分地区一般公共预算收入

单位：亿元

地 区	2016年	2017年	2018年	2019年	2020年	2021年
地方总计	**87239.4**	**91469.4**	**97903.4**	**101080.6**	**100143.2**	**111077.1**
北 京	5081.3	5430.8	5785.9	5817.1	5483.9	5932.3
天 津	2723.5	2310.4	2106.2	2410.4	1923.1	2141.0
河 北	2849.9	3233.8	3513.9	3739.0	3826.5	4167.6
山 西	1557.0	1867.0	2292.7	2347.7	2296.6	2834.6
内蒙古	2016.4	1703.2	1857.6	2059.7	2051.2	2349.9
辽 宁	2200.5	2392.8	2616.1	2652.4	2655.8	2764.7
吉 林	1263.8	1210.9	1240.9	1116.9	1085.0	1144.0
黑龙江	1148.4	1243.3	1282.6	1262.8	1152.5	1300.5
上 海	6406.1	6642.3	7108.1	7165.1	7046.3	7771.8
江 苏	8121.2	8171.5	8630.2	8802.4	9059.0	10015.2
浙 江	5302.0	5804.4	6598.2	7048.6	7248.2	8262.6
安 徽	2672.8	2812.4	3048.7	3182.7	3216.0	3498.2
福 建	2654.8	2809.0	3007.4	3052.9	3079.0	3383.4
江 西	2151.5	2247.1	2373.0	2487.4	2507.5	2812.3
山 东	5860.2	6098.6	6485.4	6526.7	6559.9	7284.5
河 南	3153.5	3407.2	3766.0	4041.9	4168.8	4347.4
湖 北	3102.1	3248.3	3307.1	3388.6	2511.5	3283.3
湖 南	2697.9	2757.8	2860.8	3007.1	3008.7	3250.7
广 东	10390.4	11320.3	12105.3	12654.5	12923.8	14103.4
广 西	1556.3	1615.1	1681.4	1811.9	1716.9	1800.1
海 南	637.5	674.1	752.7	814.1	816.1	921.2
重 庆	2227.9	2252.4	2265.5	2134.9	2094.9	2285.5
四 川	3388.9	3578.0	3911.0	4070.8	4260.9	4773.3
贵 州	1561.3	1613.8	1726.9	1767.5	1786.8	1969.5
云 南	1812.3	1886.2	1994.3	2073.6	2116.7	2278.2
西 藏	156.0	185.8	230.4	222.0	221.0	215.6
陕 西	1834.0	2006.7	2243.1	2287.9	2257.3	2775.3
甘 肃	787.0	815.7	871.1	850.5	874.6	1001.8
青 海	238.5	246.2	272.9	282.2	298.0	330.8
宁 夏	387.7	417.6	436.5	423.6	419.4	460.0
新 疆	1299.0	1466.5	1531.4	1577.6	1477.2	1618.6

7-5 分地区一般公共预算支出

单位：亿元

地 区	2016年	2017年	2018年	2019年	2020年	2021年
地方总计	**160351.4**	**173228.3**	**188196.3**	**203743.2**	**210583.5**	**211271.5**
北 京	6406.8	6824.5	7471.4	7408.2	7116.2	7205.1
天 津	3699.4	3282.5	3103.2	3555.7	3151.4	3150.4
河 北	6049.5	6639.2	7726.2	8309.0	9022.8	8854.5
山 西	3428.9	3756.4	4283.9	4710.8	5110.9	5048.1
内蒙古	4512.7	4529.9	4831.5	5100.9	5270.2	5240.1
辽 宁	4577.5	4879.4	5337.7	5745.1	6014.2	5901.3
吉 林	3586.1	3725.7	3789.6	3933.4	4127.2	3696.7
黑龙江	4227.3	4641.1	4676.8	5011.6	5449.4	5104.5
上 海	6918.9	7547.6	8351.5	8179.3	8102.1	8430.9
江 苏	9982.0	10621.0	11657.4	12573.6	13681.6	14586.0
浙 江	6974.3	7530.3	8629.5	10053.0	10082.0	11016.9
安 徽	5523.0	6203.8	6572.1	7392.2	7473.6	7592.1
福 建	4275.4	4684.2	4832.7	5077.9	5216.1	5210.9
江 西	4617.4	5111.5	5667.5	6386.8	6674.1	6778.5
山 东	8755.2	9258.4	10101.0	10739.8	11233.5	11709.1
河 南	7453.7	8215.5	9217.7	10163.9	10372.7	10419.9
湖 北	6423.0	6801.3	7258.3	7970.2	8442.9	7937.3
湖 南	6339.2	6869.4	7479.6	8034.4	8403.1	8364.8
广 东	13446.1	15037.5	15729.3	17297.9	17430.8	18222.7
广 西	4441.7	4908.6	5310.7	5851.0	6179.5	5810.2
海 南	1376.5	1444.0	1691.3	1858.6	1972.5	1982.8
重 庆	4001.8	4336.3	4540.9	4847.7	4893.9	4835.1
四 川	8008.9	8694.8	9707.5	10348.2	11198.5	11215.6
贵 州	4262.4	4612.5	5029.7	5948.7	5739.5	5590.2
云 南	5018.9	5713.0	6075.0	6770.1	6974.0	6634.4
西 藏	1588.0	1681.9	1970.7	2187.7	2210.9	2028.7
陕 西	4389.4	4833.2	5302.4	5718.5	5930.3	6069.4
甘 肃	3150.0	3304.4	3772.2	3951.6	4163.4	4025.9
青 海	1524.8	1530.4	1647.4	1863.7	1932.8	1872.0
宁 夏	1254.5	1372.8	1419.1	1438.3	1480.4	1428.3
新 疆	4138.3	4637.2	5012.5	5315.5	5533.2	5309.2

8-1 生态环境主要指标

项目	单位	2016年	2017年	2018年	2019年	2020年	2021年
水环境							
水资源总量	亿立方米	32466	28761	27463	29041	31605	29520
人均水资源量	立方米/人	2339	2060	1958	2063	2240	2090
用水总量	亿立方米	6040	6043	6016	6021	5813	5921
#农业	亿立方米	3768	3766	3693	3682	3612	
工业	亿立方米	1308	1277	1262	1218	1030	
生活	亿立方米	822	838	860	872	863	
生态	亿立方米	143	162	201	250	307	
化学需氧量排放量	万吨	658	609	584	567	2565	
大气环境							
二氧化硫排放量	万吨	855	611	516	457	318	
氮氧化物排放量	万吨	1503	1348	1288	1234	1020	
颗粒物排放量	万吨	1608	1285	1132	1089	611	
固体废物							
一般工业固体废物综合利用量	万吨	210995	206117	216860	232079	203798	
城市生活垃圾清运量	万吨	20362	21521	22802	24206	23512	
生态环境							
森林面积	万公顷	22045	22045	22045	22045	22045	
森林覆盖率	%	22.96	22.96	22.96	22.96	22.96	
造林面积	万公顷	720	768	730	739	693	360
国家级自然保护区数	个	446	463	474	474	474	474
国家级自然保护区面积	万公顷	9695	9745	9861	9811	9821	
自然灾害							
发生地质灾害次数	次	10997	7521	2966	6181	7840	
发生地震灾害次数	次	16	12	11	16	5	

注：1.2020年生态环境部对排放源统计调查的部分调查范围、指标及方式方法进行了修订，化学需氧量排放量与以前年份不可比。
2.森林面积和森林覆盖率为第九次全国森林资源清查资料。

8-2　一次能源生产总量和构成

年　份	一次能源生产总　量(万吨标准煤)	构成(一次能源生产总量=100)			
		原　煤	原　油	天然气	一次电力及其他能源
1978	62770	70.3	23.7	2.9	3.1
1979	64562	70.2	23.5	3.0	3.3
1980	63735	69.4	23.8	3.0	3.8
1981	63227	70.2	22.9	2.7	4.2
1982	66778	71.3	21.8	2.4	4.5
1983	71270	71.6	21.3	2.3	4.8
1984	77855	72.4	21.0	2.1	4.5
1985	85546	72.8	20.9	2.0	4.3
1986	88124	72.4	21.2	2.1	4.3
1987	91266	72.6	21.0	2.0	4.4
1988	95801	73.1	20.4	2.0	4.5
1989	101639	74.1	19.3	2.0	4.6
1990	103922	74.2	19.0	2.0	4.8
1991	104844	74.1	19.2	2.0	4.7
1992	107256	74.3	18.9	2.0	4.8
1993	111059	74.0	18.7	2.0	5.3
1994	118729	74.6	17.6	1.9	5.9
1995	129034	75.3	16.6	1.9	6.2
1996	133032	75.0	16.9	2.0	6.1
1997	133460	74.2	17.2	2.1	6.5
1998	129834	73.3	17.7	2.2	6.8
1999	131935	73.9	17.3	2.5	6.3
2000	138570	72.9	16.8	2.6	7.7
2001	147425	72.6	15.9	2.7	8.8
2002	156277	73.1	15.3	2.8	8.8
2003	178299	75.7	13.6	2.6	8.1
2004	206108	76.7	12.2	2.7	8.4
2005	229037	77.4	11.3	2.9	8.4
2006	244763	77.5	10.8	3.2	8.5
2007	264173	77.8	10.1	3.5	8.6
2008	277419	76.8	9.8	3.9	9.5
2009	286092	76.8	9.4	4.0	9.8
2010	312125	76.2	9.3	4.1	10.4
2011	340178	77.8	8.5	4.1	9.6
2012	351041	76.2	8.5	4.1	11.2
2013	358784	75.4	8.4	4.4	11.8
2014	362212	73.5	8.3	4.7	13.5
2015	362193	72.2	8.5	4.8	14.5
2016	345954	69.8	8.3	5.2	16.7
2017	358867	69.6	7.6	5.4	17.4
2018	378859	69.2	7.2	5.4	18.2
2019	397317	68.5	6.9	5.6	19.0
2020	407295	67.5	6.8	6.0	19.7
2021	433000	67.0	6.6	6.1	20.3

注：电力折算标准煤的系数采用当年平均发电煤耗计算(以下相关表同)。

8-3 能源消费总量和构成

年 份	能源消费总 量(万吨标准煤)	构成(能源消费总量=100)			
		煤 炭	石 油	天然气	一次电力及其他能源
1978	57144	70.7	22.7	3.2	3.4
1979	58588	71.3	21.8	3.3	3.6
1980	60275	72.2	20.7	3.1	4.0
1981	59447	72.7	20.0	2.8	4.5
1982	62067	73.7	18.9	2.5	4.9
1983	66040	74.2	18.1	2.4	5.3
1984	70904	75.3	17.4	2.4	4.9
1985	76682	75.8	17.1	2.2	4.9
1986	80850	75.8	17.2	2.3	4.7
1987	86632	76.2	17.0	2.1	4.7
1988	92997	76.1	17.1	2.1	4.7
1989	96934	76.1	17.1	2.1	4.7
1990	98703	76.2	16.6	2.1	5.1
1991	103783	76.1	17.1	2.0	4.8
1992	109170	75.7	17.5	1.9	4.9
1993	115993	74.7	18.2	1.9	5.2
1994	122737	75.0	17.4	1.9	5.7
1995	131176	74.6	17.5	1.8	6.1
1996	135192	73.5	18.7	1.8	6.0
1997	135909	71.4	20.4	1.8	6.4
1998	136184	70.9	20.8	1.8	6.5
1999	140569	70.6	21.5	2.0	5.9
2000	146964	68.5	22.0	2.2	7.3
2001	155547	68.0	21.2	2.4	8.4
2002	169577	68.5	21.0	2.3	8.2
2003	197083	70.2	20.1	2.3	7.4
2004	230281	70.2	19.9	2.3	7.6
2005	261369	72.4	17.8	2.4	7.4
2006	286467	72.4	17.5	2.7	7.4
2007	311442	72.5	17.0	3.0	7.5
2008	320611	71.5	16.7	3.4	8.4
2009	336126	71.6	16.4	3.5	8.5
2010	360648	69.2	17.4	4.0	9.4
2011	387043	70.2	16.8	4.6	8.4
2012	402138	68.5	17.0	4.8	9.7
2013	416913	67.4	17.1	5.3	10.2
2014	428334	65.8	17.3	5.6	11.3
2015	434113	63.8	18.4	5.8	12.0
2016	441492	62.2	18.7	6.1	13.0
2017	455827	60.6	18.9	6.9	13.6
2018	471925	59.0	18.9	7.6	14.5
2019	487488	57.7	19.0	8.0	15.3
2020	498314	56.9	18.8	8.4	15.9
2021	524000	56.0	18.5	8.9	16.6

8-4 综合能源平衡表

单位：万吨标准煤

项 目	2000年	2010年	2019年	2020年
可供消费的能源总量	**144234**	**365588**	**493178**	**507479**
一次能源生产总量	138570	312125	397317	407295
回收能	3087	8958		
进口量	14327	57671	119064	124805
出口量(-)	9327	8803	14151	12838
年初年末库存差额	-2424	-4363	-9052	-11784
能源消费总量	**146964**	**360648**	**487488**	**498314**
在总量中:				
1.农、林、牧、渔业	4233	7266	9018	9263
2.工　业	103014	261377	322503	332625
3.建筑业	2207	5533	9142	9320
4.交通运输、仓储和邮政业	11447	27102	43909	41309
5.批发和零售业、住宿和餐饮业	3251	7847	13624	13171
6.其　他	6118	15052	27582	28245
7.居民生活	16695	36470	61709	64380
在总量中:				
(一) 终端消费	140476	337469	476219	488156
#工　业	96871	238652	311542	322677
(二) 加工转换损失量	2472	14294	22156	23020
#炼　焦	526	1595	4209	3938
炼油及煤制油	781	1960	5895	6132
(三) 回收能(-)			21350	23037
(四) 损失量	4016	8885	10462	10175
平衡差额	**-2730**	**4940**	**5690**	**9165**

注：1.电力按等价热值折算，因此加工转换损失量中不包括发电损失量。
　　2.进口量包括境内飞机和轮船在境外的加油量；出口量包括境外飞机和轮船在境内的加油量。

8-5 电力平衡表

单位：亿千瓦时

项 目	1990年	2000年	2010年	2019年	2020年
可供量	**6230**	**13473**	**41936**	**74866**	**77620**
生产量	6212	13556	42072	75034	77791
水 电	1267	2224	7222	13044	13552
火 电	4945	11142	33319	52202	53303
核 电		167	739	3484	3663
风 电			446	4060	4665
进口量	19	15	55	49	48
出口量(−)	1	99	191	217	218
消费量	**6230**	**13472**	**41934**	**74866**	**77620**
在消费量中:					
1.农、林、牧、渔业	427	533	976	1336	1422
2.工业	4873	10005	30872	50698	52353
3.建筑业	65	160	483	991	1011
4.交通运输、仓储和邮政业	106	281	735	1752	1751
5.批发和零售业、住宿和餐饮业	76	419	1292	3187	3169
6.其他	202	623	2452	6264	6517
7.居民生活	481	1452	5125	10637	11397
在消费量中:					
(一) 终端消费	5796	12536	39366	71536	74387
#工 业	4439	9068	28304	47368	49120
(二) 输配电损失量	435	937	2568	3330	3234

8-6 发电装机容量

单位：万千瓦

年 份	发电装机容 量	火电	水电	核电	风电	太阳能发电	其他
2000	31932	23754	7935	210	34		
2001	33849	25301	8301	210	38		
2002	35657	26555	8607	447	47		
2003	39141	28977	9490	619	55		
2004	44239	32948	10524	696	82		
2005	51718	39138	11739	696	106		
2006	62370	48382	13029	696	207		
2007	71822	55607	14823	908	420		
2008	79273	60286	17260	908	839		
2009	87410	65108	19629	908	1760	3	3
2010	96641	70967	21606	1082	2958	26	3
2011	106253	76834	23298	1257	4623	212	19
2012	114676	81968	24947	1257	6142	341	20
2013	125768	87009	28044	1466	7652	1589	8
2014	137887	93232	30486	2008	9657	2486	19
2015	152527	100554	31954	2717	13075	4218	9
2016	165051	106094	33207	3364	14747	7631	7
2017	177708	110495	34359	3582	16325	12942	7
2018	190012	114408	35259	4466	18427	17433	19
2019	201006	118957	35804	4874	20915	20418	37
2020	220204	124624	37028	4989	28165	25356	41
2021	237692	129678	39092	5326	32848	30656	94

注：本表数据来源于中国电力企业联合会，2021年数据为快报数。

8-7 分地区用电量

单位：亿千瓦时

地 区	2015年	2016年	2017年	2018年	2019年	2020年	2021年
北 京	953	1020	1067	1142	1166	1140	1233
天 津	801	808	806	855	878	875	982
河 北	3176	3265	3442	3666	3856	3934	4294
山 西	1737	1797	1991	2161	2262	2342	2608
内蒙古	2543	2605	2892	3353	3653	3900	3957
辽 宁	1985	2037	2135	2302	2401	2423	2576
吉 林	652	668	703	751	780	805	843
黑龙江	869	897	929	974	996	1014	1089
上 海	1406	1486	1527	1567	1569	1576	1750
江 苏	5115	5459	5808	6128	6264	6374	7101
浙 江	3554	3873	4193	4533	4706	4830	5514
安 徽	1640	1795	1921	2135	2301	2428	2715
福 建	1852	1969	2113	2314	2402	2483	2837
江 西	1087	1183	1294	1429	1536	1627	1863
山 东	5117	5391	5430	6084	6219	6940	7383
河 南	2880	2989	3166	3418	3364	3392	3647
湖 北	1665	1763	1869	2071	2214	2144	2472
湖 南	1448	1496	1582	1745	1864	1929	2155
广 东	5311	5610	5959	6323	6696	6926	7867
广 西	1334	1360	1445	1703	1907	2029	2236
海 南	272	287	305	327	355	363	405
重 庆	875	925	997	1119	1160	1186	1341
四 川	1992	2101	2205	2459	2636	2865	3275
贵 州	1174	1242	1385	1482	1541	1586	1743
云 南	1439	1411	1538	1679	1812	2025	2138
西 藏	41	49	58	69	78	82	101
陕 西	1222	1357	1495	1594	1912	1741	1966
甘 肃	1099	1065	1164	1290	1288	1376	1495
青 海	658	638	687	738	716	742	858
宁 夏	878	887	978	1065	1084	1038	1158
新 疆	2160	2316	2543	2686	2868	3099	3527

注：本表数据来源于中国电力企业联合会，2021年数据为快报数。

8-8 平均每万元国内生产总值能源消费量

年份	万元国内生产总值能源消费量(吨标准煤/万元)	万元国内生产总值煤炭消费量(吨/万元)	万元国内生产总值焦炭消费量(吨/万元)	万元国内生产总值石油消费量(吨/万元)	万元国内生产总值原油消费量(吨/万元)	万元国内生产总值燃料油消费量(吨/万元)	万元国内生产总值电力消费量(万千瓦时/万元)
	国内生产总值按1980年可比价格计算						
1980	13.14	13.30	0.94	1.91	2.01	0.67	0.66
1981	12.33	12.56	0.81	1.93	1.81	0.59	0.64
1982	11.81	12.20	0.76	1.56	1.65	0.53	0.62
1983	11.34	11.80	0.71	1.44	1.56	0.49	0.60
1984	10.57	11.18	0.66	1.29	1.37	0.43	0.56
1985	10.08	10.72	0.62	1.21	1.25	0.37	0.54
1986	9.75	10.38	0.63	1.17	1.23	0.36	0.54
1987	9.36	10.03	0.62	1.11	1.15	0.34	0.54
1988	9.03	9.65	0.59	1.08	1.09	0.31	0.53
1989	9.04	9.64	0.59	1.08	1.08	0.32	0.55
1990	8.85	9.47	0.62	1.03	1.06	0.30	0.56
	国内生产总值按1990年可比价格计算						
1990	5.23	5.59	0.37	0.61	0.62	0.18	0.33
1991	5.03	5.36	0.35	0.60	0.60	0.17	0.33
1992	4.63	4.84	0.33	0.57	0.56	0.15	0.32
1993	4.32	4.51	0.33	0.55	0.52	0.14	0.31
1994	4.05	4.24	0.30	0.49	0.46	0.12	0.31
1995	3.90	4.09	0.32	0.48	0.44	0.11	0.30
1996	3.66	3.79	0.32	0.48	0.43	0.10	0.29
1997	3.36	3.41	0.27	0.48	0.43	0.09	0.28
1998	3.13	3.10	0.26	0.45	0.40	0.09	0.27
1999	3.00	2.97	0.23	0.45	0.40	0.08	0.26
2000	2.89	2.67	0.21	0.44	0.42	0.08	0.26
	国内生产总值按2000年可比价格计算						
2000	1.47	1.35	0.11	0.22	0.21	0.04	0.13
2001	1.43	1.32	0.11	0.21	0.20	0.04	0.14
2002	1.43	1.30	0.11	0.21	0.19	0.03	0.14
2003	1.51	1.41	0.12	0.21	0.19	0.03	0.15
2004	1.60	1.48	0.13	0.22	0.20	0.03	0.15
2005	1.63	1.52	0.16	0.20	0.19	0.03	0.16
	国内生产总值按2005年可比价格计算						
2005	1.40	1.30	0.13	0.17	0.16	0.02	0.13
2006	1.36	1.28	0.13	0.17	0.15	0.02	0.14
2007	1.29	1.20	0.13	0.15	0.14	0.02	0.14
2008	1.21	1.14	0.12	0.14	0.13	0.01	0.13
2009	1.16	1.12	0.13	0.13	0.13	0.01	0.13
2010	1.13	1.09	0.12	0.14	0.13	0.01	0.13
	国内生产总值按2010年可比价格计算						
2010	0.88	0.85	0.09	0.11	0.10	0.01	0.10
2011	0.86	0.86	0.09	0.10	0.10	0.01	0.10
2012	0.83	0.85	0.09	0.10	0.10	0.01	0.10
2013	0.79	0.81	0.09	0.10	0.09	0.01	0.10
2014	0.76	0.73	0.08	0.09	0.09	0.01	0.10
2015	0.72	0.66	0.07	0.09	0.09	0.01	0.10
	国内生产总值按2015年可比价格计算						
2015	0.63	0.58	0.06	0.08	0.08	0.01	0.08
2016	0.60	0.53	0.06	0.08	0.08	0.01	0.08
2017	0.58	0.50	0.06	0.08	0.08	0.01	0.08
2018	0.56	0.47	0.05	0.07	0.07	0.01	0.09
2019	0.55	0.45	0.05	0.07	0.08	0.01	0.08
2020	0.55	0.44	0.05	0.07	0.08	0.01	0.09

9-1 全社会固定资产投资

年　份	全社会固定资产投资(亿元)	#房地产	比上年增长(%)
“六五”时期	**7997.6**		**19.4**
1981	961.0		5.5
1982	1230.4		28.0
1983	1430.1		16.2
1984	1832.9		28.2
1985	2543.2		38.8
“七五”时期	**20593.5**	**1034.1**	**16.5**
1986	3120.6	101.0	22.7
1987	3791.7	149.9	21.5
1988	4753.8	257.2	25.4
1989	4410.4	272.7	-7.2
1990	4517.0	253.3	2.4
“八五”时期	**63808.3**	**8708.0**	**36.9**
1991	5594.5	336.2	23.9
1992	8080.1	731.2	44.4
1993	13072.3	1937.5	61.8
1994	17042.1	2554.1	30.4
1995	20019.3	3149.0	17.5
“九五”时期	**139033.2**	**19096.3**	**11.2**
1996	(22974.0)	(3216.4)	14.8
	22913.5	3216.4	
1997	24941.1	3178.4	8.8
1998	28406.2	3614.2	13.9
1999	29854.7	4103.2	5.1
2000	32917.7	4984.1	10.3
“十五”时期	**281783.1**	**53356.4**	**18.5**
2001	37213.5	6344.1	13.0
2002	43499.9	7790.9	16.9
2003	53841.2	10153.8	23.8
2004	66235.0	13158.3	23.0
2005	80993.6	15909.2	22.3
“十一五”时期	**741072.7**	**160416.1**	**20.9**
2006	97583.1	19422.9	20.5
2007	118323.2	25288.8	21.3
2008	144586.8	31203.2	22.2
2009	181760.4	36241.8	25.7
2010	(218833.6)	(48259.4)	20.4
	198819.4	48259.4	
“十二五”时期	**1629348.8**	**410628.5**	**16.9**
2011	238782.1	61796.9	20.1
2012	281683.8	71803.8	18.0
2013	329318.3	86013.4	16.9
2014	373636.9	95035.6	13.5
2015	405927.7	95978.8	8.6
“十三五”时期	**2425025.3**	**606181.0**	**6.0**
2016	434363.5	102580.6	7.0
2017	461283.7	109798.5	6.2
2018	488499.4	120164.7	5.9
2019	513608.3	132194.3	5.1
2020	527270.3	141442.9	2.7
“十四五”时期			
2021	552884.2	147602.1	4.9
平均每年增长(%)			
1982-2021年	18.7		
1991-2021年	18.7	25.4	
2001-2021年	16.7	20.2	

注：1.根据经济普查、投资统计制度方法改革以及统计执法检查、统计督察等因素，对2003年以来的全社会固定资产投资总量及增速、固定资产投资(不含农户)总量及增速、民间投资总量及增速、第一、二、三产投资总量及增速进行了修订。

2.1997年起，除房地产投资、农村集体投资、农村个人投资外，其他固定资产投资的统计起点由5万元提高到50万元。2011年，除房地产投资、农村个人投资外，固定资产投资统计起点由50万元提高到500万元。为便于比较，1996、2010年括号内为原口径数。

3.本表增长速度均未扣除价格因素，平均每年增长速度按累计法计算(以下相关表同)。

9-2 全社会固定资产投资实际到位资金增速

单位：%

年　份	本年实际到位资金小计	国家预算资　　金	国内贷款	利用外资	自筹资金	其他资金
1996	14.1	1.4	9.0	19.7	5.2	58.9
1997	8.1	11.3	4.6	-2.3	12.6	6.5
1998	13.7	71.9	15.9	-2.5	11.6	17.7
1999	3.6	54.7	3.3	-23.3	4.4	3.5
2000	11.3	13.9	17.5	-15.5	11.5	13.2
2001	14.7	20.7	7.6	2.0	15.9	20.7
2002	18.6	24.1	22.4	20.5	20.6	7.5
2003	30.1	-15.0	36.0	24.7	37.8	21.0
2004	27.2	21.1	14.5	26.4	31.2	31.8
2005	26.9	27.6	18.4	21.1	33.5	16.0
2006	25.8	12.5	20.0	8.9	29.0	28.3
2007	26.8	25.4	17.6	18.4	28.6	31.7
2008	21.3	35.8	14.8	3.5	29.7	-2.8
2009	36.8	59.5	48.6	-13.0	29.5	62.4
2010	24.3	15.7	20.2	7.9	28.4	17.1
2011	21.1	14.1	5.3	7.6	28.3	11.2
2012	18.4	27.7	11.3	-11.7	21.1	12.9
2013	20.0	17.7	15.2	-3.3	20.3	25.3
2014	10.6	19.9	9.7	-6.2	13.6	-5.0
2015	7.5	15.6	-6.4	-29.6	9.2	10.1
2016	5.6	17.1	10.1	-20.5	-0.2	30.7
2017	4.7	7.8	8.7	-3.1	2.2	11.5
2018	3.4	0.1	-5.4	-2.3	3.7	8.7
2019	4.1	-0.9	2.0	33.3	1.4	11.4
2020	7.3	32.8	0.0	-4.4	6.7	7.5
2021	4.3	-3.8	-3.1	-10.9	5.7	7.2

9-3 三次产业固定资产投资(不含农户)

单位：亿元

年 份	投资额	第一产业	第二产业	第三产业
2003	44389	518	16112	27759
2004	55475	595	21017	33862
2005	68514	727	27588	40199
2006	82830	898	33263	48670
2007	101212	1096	41001	59114
2008	124434	1588	50365	72481
2009	156933	2220	61177	93536
2010	189964	2493	72647	114825
2011	229693	3712	87371	138609
2012	271843	4442	99620	167781
2013	318772	5399	111876	201496
2014	362881	6613	122410	233858
2015	395518	8095	129557	257865
2016	424399	9146	132867	282386
2017	451729	9810	135970	305949
2018	478460	11075	144455	322931
2019	504212	11136	149005	344071
2020	518907	13302	149154	356451
2021	544547	14275	167395	362877

注：2003-2010年为城镇固定资产投资口径；2011-2021年为固定资产投资(不含农户)口径。

9-4 民间固定资产投资

年 份	完成投资额(亿元)	增长速度(%)
2012	153698	
2013	184662	20.1
2014	213811	15.8
2015	232644	8.8
2016	239137	2.8
2017	251650	5.2
2018	273543	8.7
2019	286400	4.7
2020	289264	1.0
2021	307659	7.0

注：国家统计局于2012年初印发了《关于民间固定资产投资定义和统计范围的规定》(国统投资字〔2012〕2号)。民间固定资产投资是指具有集体、私营、个人性质的内资企事业单位以及由其控股(包括绝对控股和相对控股)的企业单位建造或购置固定资产的投资。

9-5 按行业分固定资产投资(不含农户)增长速度(一)

单位：%

行　　业	2019年	2020年	2021年
全 国 总 计	**5.4**	**2.9**	**4.9**
农、林、牧、渔业	**0.7**	**19.1**	**9.3**
农业	1.6	-4.7	3.4
林业	-1.7	-3.3	-4.0
畜牧业	-3.6	92.1	20.3
渔业	15.7	-17.9	4.9
农、林、牧、渔专业及辅助性活动	1.4	16.3	10.5
采矿业	**24.1**	**-14.1**	**10.9**
#煤炭开采和洗选业	29.6	-0.7	11.1
石油和天然气开采业	25.7	-29.6	4.2
黑色金属矿采选业	2.5	-10.3	26.9
有色金属矿采选业	6.8	-4.0	1.9
非金属矿采选业	30.9	6.2	26.9
制造业	**3.1**	**-2.2**	**13.5**
农副食品加工业	-8.7	-0.4	18.8
食品制造业	-3.7	-1.8	10.4
酒、饮料和精制茶制造业	6.3	-7.8	16.8
烟草制品业	-0.2	-18.8	34.5
纺织业	-8.9	-6.9	11.9
纺织服装、服饰业	1.8	-31.9	4.1
皮革、毛皮、羽毛及其制品和制鞋业	-2.6	-15.8	2.0
木材加工及木、竹、藤、棕、草制品业	-6.0	-18.0	13.7
家具制造业	-0.7	-15.8	1.7
造纸及纸制品业	-11.4	-5.1	13.3
印刷和记录媒介复制业	4.6	-20.5	6.7
文教、工美、体育和娱乐用品制造业	-2.4	-26.5	11.2
石油、煤炭及其他燃料加工业	12.4	9.4	8.0
化学原料和化学制品制造业	4.2	-1.2	15.7
医药制造业	8.4	28.4	10.6
化学纤维制造业	-14.1	-19.4	31.8
橡胶和塑料制品业	1.0	-1.2	13.2
非金属矿物制品业	6.8	-3.0	14.1
黑色金属冶炼和压延加工业	26.0	26.5	14.6
有色金属冶炼和压延加工业	1.2	-0.4	4.6
金属制品业	-3.9	-8.2	11.4
通用设备制造业	2.2	-6.6	9.8
专用设备制造业	9.7	-2.3	24.3
汽车制造业	-1.5	-12.4	-3.7
铁路、船舶、航空航天和其他运输设备制造业	-2.5	2.5	20.5

9-5 按行业分固定资产投资(不含农户)增长速度(二)

单位：%

行　　业	2019年	2020年	2021年
电气机械和器材制造业	-7.5	-7.6	23.3
计算机、通信和其他电子设备制造业	16.8	12.5	22.3
仪器仪表制造业	50.5	-7.1	12.0
其他制造业	2.9	-6.7	8.7
废弃资源综合利用业	21.9	4.1	6.7
金属制品、机械和设备修理业	38.1	-31.3	43.6
电力、热力、燃气及水生产和供应业	**4.5**	**17.6**	**1.1**
电力、热力生产和供应业	-0.2	17.0	3.2
燃气生产和供应业	18.1	8.6	-2.2
水的生产和供应业	16.9	22.4	-4.2
建筑业	**-19.8**	**9.2**	**1.6**
批发和零售业	**-15.9**	**-21.5**	**-5.9**
交通运输、仓储和邮政业	**3.4**	**1.4**	**1.6**
#铁路运输业	-0.1	-2.2	-1.8
道路运输业	9.0	1.8	-1.2
水上运输业	-22.5	9.5	17.9
航空运输业	-17.8	-15.1	18.8
管道运输业	-3.4	8.8	-1.4
住宿和餐饮业	**-1.2**	**-5.5**	**6.6**
信息传输、软件和信息技术服务业	**8.6**	**18.7**	**-12.1**
#电信、广播电视和卫星传输服务	17.8	23.3	-7.0
金融业	**10.4**	**-13.3**	**1.9**
房地产业	**9.2**	**5.0**	**5.0**
租赁和商务服务业	**15.8**	**5.0**	**13.6**
科学研究和技术服务业	**17.9**	**3.4**	**14.5**
水利、环境和公共设施管理业	**2.9**	**0.2**	**-1.2**
水利管理业	1.4	4.5	1.3
生态保护和环境治理业	37.2	8.6	-2.6
公共设施管理业	0.3	-1.4	-1.3
居民服务、修理和其他服务业	**-9.1**	**-2.9**	**-10.3**
教育	**17.7**	**12.3**	**11.7**
卫生和社会工作	**5.3**	**26.8**	**19.5**
#卫生	6.8	29.9	24.5
文化、体育和娱乐业	**13.9**	**1.0**	**1.6**
#文化艺术业	-1.4	-0.3	6.4
公共管理、社会保障和社会组织	**-15.6**	**-6.4**	**-38.2**
国际组织			

9-6 分地区固定资产投资(不含农户)增长速度

单位：%

地 区	2019年	2020年	2021年
全国总计	**5.4**	**2.9**	**4.9**
北 京	-2.5	2.2	4.9
天 津	13.1	3.0	4.8
河 北	6.5	3.2	3.0
山 西	9.3	10.6	8.7
内蒙古	6.7	-1.5	9.8
辽 宁	0.3	2.6	2.6
吉 林	-16.2	8.3	11.0
黑龙江	6.3	3.6	6.4
上 海	5.1	10.3	8.0
江 苏	5.1	0.3	5.8
浙 江	10.0	5.4	10.8
安 徽	9.2	5.1	9.4
福 建	5.9	-0.4	6.0
江 西	9.2	8.2	10.8
山 东	-8.2	3.6	6.0
河 南	8.0	4.3	4.5
湖 北	10.7	-18.8	20.4
湖 南	10.1	7.6	8.0
广 东	11.1	7.2	6.3
广 西	9.6	4.2	7.6
海 南	-9.2	8.0	10.2
重 庆	5.6	3.9	6.1
四 川	8.6	2.8	5.9
贵 州	0.9	3.2	-3.1
云 南	8.5	7.7	4.0
西 藏	-2.2	5.4	-14.2
陕 西	2.5	4.1	-3.0
甘 肃	6.6	7.8	11.1
青 海	5.0	-12.2	-2.9
宁 夏	-10.3	4.0	2.2
新 疆	2.5	16.2	15.0

9-7 房地产开发企业主要指标(一)

指标	单位	2017年	2018年	2019年	2020年	2021年
房地产开发投资	**亿元**	**109798.5**	**120164.7**	**132194.3**	**141442.9**	**147602.1**
按工程用途分						
住宅	亿元	75147.9	85124.0	97070.7	104445.7	111173.0
办公楼	亿元	6761.4	5997.3	6162.6	6494.1	5973.9
商业营业用房	亿元	15639.9	14167.3	13225.9	13076.1	12444.8
其它	亿元	12249.4	14876.2	15735.1	17427.0	18010.4
按构成分						
建筑安装工程	亿元	78577.7	75871.7	81962.5	87754.7	94246.4
设备工器具购置	亿元	1550.7	1523.4	1713.5	1442.9	1331.1
其他费用	亿元	29670.1	42769.7	48518.3	52245.3	52024.6
本年实际到位资金	**亿元**	**156052.6**	**166407.1**	**178608.6**	**193114.9**	**201132.2**
国内贷款	亿元	25241.8	24132.1	25228.8	26675.9	23295.8
利用外资	亿元	168.2	114.0	175.7	192.0	107.4
自筹资金	亿元	50872.2	55754.8	58157.8	63376.6	65427.7
定金及预收款	亿元	48693.6	55748.2	61358.9	66546.8	73945.7
个人按揭贷款	亿元	23906.3	23643.1	27281.0	29975.8	32388.2
其他到位资金	亿元	7170.6	7014.9	6406.3	6347.6	5967.5
各项应付款	**亿元**	**33654.9**	**37468.8**	**41884.3**	**47793.8**	**51695.0**
#工程款	亿元	17966.8	19435.2	22964.8	26837.6	28926.7
房屋建筑面积						
施工面积	万平方米	781484	822300	893821	926759	975387
住宅	万平方米	536444	569879	627673	655558	690319
办公楼	万平方米	36015	35839	37252	37084	37730
商业营业用房	万平方米	105232	102539	100389	93198	90677
其它	万平方米	103793	114042	128506	140920	156661

9-7 房地产开发企业主要指标(二)

指　　标	单位	2017年	2018年	2019年	2020年	2021年
新开工面积	万平方米	178654	209537	227154	224433	198895
住宅	万平方米	128098	153485	167463	164329	146379
办公楼	万平方米	6140	6102	7084	6604	5224
商业营业用房	万平方米	20484	19995	18936	18012	14106
其它	万平方米	23932	29955	33670	35489	33187
竣工面积	万平方米	101486	94421	95942	91218	101412
住宅	万平方米	71815	66557	68011	65910	73016
办公楼	万平方米	4007	3928	3923	3042	3376
商业营业用房	万平方米	12670	11335	10814	8621	8718
其它	万平方米	12994	12601	13193	13646	16302
商品房销售和待售						
商品房销售面积	万平方米	169408	171465	171558	176086	179433
住宅	万平方米	144789	147760	150144	154878	156532
办公楼	万平方米	4756	4366	3723	3334	3375
商业营业用房	万平方米	12838	11933	10173	9288	9046
其它	万平方米	7025	7406	7518	8585	10481
商品房销售额	亿元	133701.3	149614.4	159725.1	173612.7	181929.9
住宅	亿元	110239.5	126374.1	139440.0	154567.0	162729.9
办公楼	亿元	6441.4	6278.0	5329.0	5047.5	4701.5
商业营业用房	亿元	13252.7	13010.5	11141.4	9888.9	9692.4
其它	亿元	3767.7	3951.9	3814.8	4109.3	4806.2
商品房待售面积	万平方米	58923	52909	49821	49850	51023
住宅	万平方米	30163	25328	22473	22379	22761
办公楼	万平方米	3664	3703	3800	3796	3795
商业营业用房	万平方米	15204	13906	13282	12934	12767
其它	万平方米	9892	9973	10266	10741	11700

9-8 分地区房地产开发企业投资、土地购置面积和成交价款

(2021年)

地　区	房地产开发投资(亿元)	住宅	办公楼	商业营业用　房	其它	土地购置面　积(万平方米)	土地成交价　款(亿元)
全国总计	**147602.1**	**111173.0**	**5973.9**	**12444.8**	**18010.4**	**21590**	**17756.3**
北　京	4139.0	2522.2	289.6	205.1	1122.2	231	1257.8
天　津	2770.0	2168.3	54.7	190.2	356.7	389	587.1
河　北	5023.9	4092.7	107.4	349.7	474.1	505	208.9
山　西	1945.2	1556.1	30.6	147.8	210.8	316	94.8
内蒙古	1234.1	971.4	7.9	108.3	146.7	268	67.9
辽　宁	2900.7	2321.0	61.9	279.4	238.4	699	332.5
吉　林	1540.9	1094.8	60.1	173.9	212.1	850	270.6
黑龙江	936.0	724.0	12.9	112.6	86.4	202	89.9
上　海	5035.2	2673.9	767.6	511.5	1082.1	377	614.9
江　苏	13477.4	10786.2	410.8	975.6	1304.8	1984	2831.2
浙　江	12389.1	8801.5	457.4	890.4	2239.8	1913	2927.5
安　徽	7263.2	5976.8	158.1	623.7	504.7	2402	1249.1
福　建	6195.6	4560.7	189.8	449.0	996.1	347	625.9
江　西	2528.8	1994.9	87.1	283.4	163.4	392	181.5
山　东	9819.7	7694.5	410.1	716.1	999.0	1906	1030.6
河　南	7874.3	6696.1	183.8	553.7	440.7	631	417.4
湖　北	6121.9	4859.3	278.1	490.7	493.8	819	493.2
湖　南	5427.8	4164.6	143.6	639.8	479.9	817	335.3
广　东	17465.8	12438.3	1268.3	1354.9	2404.3	1638	2201.2
广　西	3733.9	2902.9	75.4	256.2	499.5	811	323.4
海　南	1379.6	897.1	89.1	166.3	227.1	101	48.3
重　庆	4355.0	3288.1	80.9	413.1	572.9	695	454.8
四　川	7831.9	5767.3	281.0	824.3	959.3	544	322.5
贵　州	3383.1	2624.9	36.6	369.8	351.7	363	219.7
云　南	4309.9	3175.1	175.0	427.7	532.1	526	167.3
西　藏	142.0	87.5	6.7	28.0	19.8	81	5.9
陕　西	4441.0	3411.0	186.2	370.1	473.7	260	91.3
甘　肃	1525.9	1159.1	27.5	151.2	188.1	145	66.0
青　海	442.5	350.6	9.4	50.1	32.4	140	67.5
宁　夏	466.9	344.2	2.0	55.1	65.6	276	63.1
新　疆	1501.4	1067.7	24.4	277.1	132.3	962	109.2

9-9 分地区房地产开发企业房屋施工、竣工面积

(2021年)　　单位：万平方米

地 区	房屋施工面 积	#住宅	#新开工面 积	#住宅	房屋竣工面 积	#住宅
全国总计	**975387**	**690319**	**198895**	**146379**	**101412**	**73016**
北 京	14055	6896	1896	1026	1984	981
天 津	12628	8782	1885	1324	1893	1446
河 北	35681	27646	9069	7146	2523	1950
山 西	24930	18600	4348	3392	2639	2021
内蒙古	16395	11694	2912	2262	1052	790
辽 宁	25424	18823	4598	3458	2339	1909
吉 林	13062	9158	3121	2409	845	635
黑龙江	10741	7831	1738	1360	968	732
上 海	16628	7603	3846	1682	2740	1421
江 苏	68480	51069	16873	12794	9141	6694
浙 江	58819	36912	12305	7664	6387	4015
安 徽	46813	35151	10435	8140	7013	5350
福 建	34667	23458	6439	4587	4042	2699
江 西	25220	19284	5282	4197	2517	1926
山 东	82772	60713	16572	12501	11374	8597
河 南	62688	48580	13653	11298	6842	5375
湖 北	37741	28451	7844	6115	3398	2712
湖 南	42661	31803	10168	7992	4604	3537
广 东	94248	63829	16097	11393	8043	5588
广 西	34176	25219	5329	4017	2433	1888
海 南	8939	5904	1341	812	475	309
重 庆	26893	17710	4873	3231	4196	2724
四 川	54249	36154	11494	7960	4379	2965
贵 州	28750	20033	4528	3312	916	626
云 南	29148	19721	6462	4578	2541	1681
西 藏	945	658	222	147	88	45
陕 西	29978	21923	5970	4485	1770	1344
甘 肃	13198	9337	3370	2553	1463	1075
青 海	3399	2419	791	631	160	119
宁 夏	5607	3760	1397	1015	1144	763
新 疆	16454	11197	4035	2897	1502	1099

9-10 分地区房地产开发企业商品房销售面积、销售额和待售面积

(2021年)

地 区	商品房销售面积(万平方米)	#住宅	商品房销售额(亿元)	#住宅	商品房待售面积(万平方米)	#住宅
全国总计	**179433**	**156532**	**181929.9**	**162729.9**	**51023**	**22761**
北 京	1107	877	4486.5	4117.2	2396	831
天 津	1435	1334	2322.8	2183.7	922	517
河 北	6133	5780	5052.9	4814.3	769	499
山 西	3204	3035	2170.9	2030.1	862	517
内蒙古	1859	1713	1214.8	1116.4	944	587
辽 宁	3434	3149	3066.4	2849.3	2764	1719
吉 林	1836	1673	1291.0	1179.3	1037	624
黑龙江	1348	1205	858.1	751.9	1596	926
上 海	1880	1490	6788.7	6104.9	2684	720
江 苏	16552	14362	21361.3	19626.1	3894	1723
浙 江	9991	8424	19052.2	17172.8	1900	541
安 徽	10461	9508	8143.2	7514.6	1713	705
福 建	6976	5598	8217.3	7082.6	1958	569
江 西	7676	6681	5894.1	5110.0	737	325
山 东	14273	12632	12155.6	11044.1	2765	1631
河 南	13277	12259	8657.7	7892.0	2767	1837
湖 北	7941	7332	7250.3	6671.9	1258	677
湖 南	9189	8317	6040.5	5390.4	1146	578
广 东	14011	11826	22320.3	19457.6	6697	2894
广 西	6178	5282	3672.5	3164.4	1461	730
海 南	889	672	1559.2	1179.6	527	396
重 庆	6198	4945	5391.3	4786.1	2343	434
四 川	13693	10912	10796.7	9061.3	2038	504
贵 州	5586	4826	3243.9	2713.4	565	175
云 南	3881	3209	2962.5	2524.7	1393	530
西 藏	141	115	121.7	97.5	70	32
陕 西	4260	3887	4146.3	3762.1	580	264
甘 肃	2224	2118	1344.9	1267.8	620	328
青 海	386	329	294.4	258.3	141	62
宁 夏	1014	846	675.1	584.9	1027	310
新 疆	2399	2199	1376.9	1220.3	1447	575

10-1 货物进出口总额

年 份	进出口总额（亿元人民币）	出口额	进出口额	进出口总额（亿美元）	出口额	进口额
1978	355.0	167.7	187.4	206.4	97.5	108.9
1979	454.6	211.7	242.9	293.3	136.6	156.7
1980	570.0	271.2	298.8	381.4	181.2	200.2
“六五”时期	**5634.6**	**2609.2**	**3025.4**	**2524.0**	**1200.4**	**1323.5**
1981	735.3	367.6	367.7	440.2	220.1	220.2
1982	771.4	413.8	357.5	416.1	223.2	192.9
1983	860.2	438.3	421.8	436.2	222.3	213.9
1984	1201.0	580.6	620.5	535.5	261.4	274.1
1985	2066.7	808.9	1257.9	696.0	273.5	422.5
“七五”时期	**19202.4**	**9260.7**	**9941.7**	**4864.0**	**2325.2**	**2538.7**
1986	2580.4	1082.1	1498.3	738.5	309.4	429.0
1987	3084.2	1470.0	1614.2	826.5	394.4	432.2
1988	3821.8	1766.7	2055.1	1027.8	475.2	552.7
1989	4155.9	1956.1	2199.9	1116.8	525.4	591.4
1990	5560.1	2985.8	2574.3	1154.4	620.9	533.5
“八五”时期	**71498.2**	**36661.9**	**34836.4**	**10143.5**	**5183.1**	**4960.3**
1991	7225.8	3827.1	3398.7	1356.3	718.4	637.9
1992	9119.6	4676.3	4443.3	1655.3	849.4	805.9
1993	11271.0	5284.8	5986.2	1957.0	917.4	1039.6
1994	20381.9	10421.8	9960.1	2366.2	1210.1	1156.2
1995	23499.9	12451.8	11048.1	2808.6	1487.8	1320.8
“九五”时期	**147120.3**	**79754.9**	**67365.4**	**17739.2**	**9616.9**	**8122.3**
1996	24133.9	12576.4	11557.4	2898.8	1510.5	1388.3
1997	26967.2	15160.7	11806.6	3251.6	1827.9	1423.7
1998	26849.7	15223.5	11626.1	3239.5	1837.1	1402.4
1999	29896.2	16159.8	13736.5	3606.3	1949.3	1657.0
2000	39273.3	20634.4	18638.8	4743.0	2492.0	2250.9
“十五”时期	**376506.1**	**197011.6**	**179494.5**	**45578.7**	**23852.0**	**21726.7**
2001	42183.6	22024.4	20159.2	5096.5	2661.0	2435.5
2002	51378.2	26947.9	24430.3	6207.7	3256.0	2951.7
2003	70483.5	36287.9	34195.6	8509.9	4382.3	4127.6
2004	95539.1	49103.3	46435.8	11545.5	5933.3	5612.3
2005	116921.8	62648.1	54273.7	14219.1	7619.5	6599.5
“十一五”时期	**840190.7**	**460672.5**	**379518.2**	**116814.0**	**63991.0**	**52823.1**
2006	140974.7	77597.9	63376.9	17604.4	9689.8	7914.6
2007	166924.1	93627.1	73296.9	21761.8	12200.6	9561.2
2008	179921.5	100394.9	79526.5	25632.6	14306.9	11325.6
2009	150648.1	82029.7	68618.4	22075.4	12016.1	10059.2
2010	201722.3	107022.8	94699.5	29740.0	15777.5	13962.5
“十二五”时期	**1248475.8**	**674781.8**	**573693.9**	**199225.4**	**107718.6**	**91506.8**
2011	236402.0	123240.6	113161.4	36418.6	18983.8	17434.8
2012	244160.2	129359.3	114801.0	38671.2	20487.1	18184.1
2013	258168.9	137131.4	121037.5	41589.9	22090.0	19499.9
2014	264241.8	143883.8	120358.0	43015.3	23422.9	19592.4
2015	245502.9	141166.8	104336.1	39530.3	22734.7	16795.6
“十三五”时期	**1464338.4**	**807510.0**	**656828.4**	**216489.4**	**119371.1**	**97118.4**
2016	243386.5	138419.3	104967.2	36855.6	20976.3	15879.3
2017	278099.2	153309.4	124789.8	41071.4	22633.4	18437.9
2018	305010.1	164128.8	140881.3	46224.4	24867.0	21357.5
2019	315627.3	172373.6	143253.7	45778.9	24994.8	20784.1
2020	322215.2	179278.8	142936.4	46559.1	25899.5	20659.6
“十四五”时期						
2021	391008.5	217347.6	173660.9	60514.9	33639.6	26875.3

注：本表1979年前为外贸部门数据，1980年起为海关数据。2021年数据为2021年12月海关月报数据，下同。

10-2 货物出口分类金额

商品分类	2020年		2021年	
	亿元人民币	亿美元	亿元人民币	亿美元
总额	**179278.8**	**25899.5**	**217347.6**	**33639.6**
初级产品	**8014.8**	**1156.3**	**9054.9**	**1400.3**
食品及活动物	4399.4	635.3	4512.8	698.4
饮料及烟酒	175.3	25.3	177.6	27.5
非食用原料(燃料除外)	1101.5	159.2	1442.2	223.1
矿物燃料、润滑油及有关原料	2240.7	322.5	2771.6	427.9
动、植物油脂及蜡	97.8	14.0	150.7	23.3
工业制品	**171264.1**	**24743.2**	**208292.7**	**32239.3**
化学成品及有关产品	11717.9	1691.3	17072.7	2642.8
按原料分类的制成品	30094.2	4340.7	34953.2	5409.5
机械及运输设备	87009.7	12578.9	104546.2	16183.3
杂项制品	40471.5	5846.8	49102.7	7599.3
未分类的其他商品	1970.7	285.5	2617.8	404.3

10-3 货物进口分类金额

商品分类	2020年		2021年	
	亿元人民币	亿美元	亿元人民币	亿美元
总额	**142936.4**	**20659.6**	**173660.9**	**26875.3**
初级产品	**47560.6**	**6869.1**	**63134.5**	**9770.6**
食品及活动物	6804.6	982.5	7939.7	1228.0
饮料及烟酒	428.7	62.0	492.5	76.3
非食用原料(燃料除外)	20878.4	3017.3	27681.5	4282.5
矿物燃料、润滑油及有关原料	18711.8	2700.7	26077.9	4038.1
动、植物油脂及蜡	737.0	106.5	942.8	145.8
工业制品	**95375.8**	**13790.5**	**110526.5**	**17104.7**
化学成品及有关产品	14779.7	2134.6	17063.6	2640.5
按原料分类的制成品	11669.0	1687.6	13567.6	2100.2
机械及运输设备	57288.1	8285.4	64995.6	10058.9
杂项制品	10092.3	1459.7	10994.2	1700.9
未分类的其他商品	1546.7	223.2	3905.5	604.1

10-4 分地区货物进出口总额

(按收发货人所在地分)

地 区	进出口总额(亿元人民币)			进出口总额(亿美元)		
	2019年	2020年	2021年	2019年	2020年	2021年
全国总计	**315627.3**	**322215.2**	**391008.5**	**45778.9**	**46559.1**	**60514.9**
北 京	28689.7	23313.0	30438.4	4164.6	3364.8	4710.2
天 津	7346.1	7367.9	8567.4	1066.5	1063.2	1325.7
河 北	4002.1	4456.8	5415.6	580.4	644.7	838.1
山 西	1447.9	1504.3	2230.3	209.8	218.4	345.1
内蒙古	1097.5	1054.2	1235.6	159.4	152.2	191.2
辽 宁	7259.2	6569.2	7724.0	1053.2	948.3	1194.8
吉 林	1302.8	1282.3	1503.8	189.0	185.3	232.4
黑龙江	1866.9	1539.2	1995.0	271.1	222.3	308.8
上 海	34054.0	34872.7	40610.4	4939.1	5038.3	6286.0
江 苏	43383.1	44503.6	52130.6	6295.2	6428.3	8068.7
浙 江	30838.2	33848.5	41429.1	4472.2	4885.4	6410.9
安 徽	4737.2	5451.5	6920.2	687.3	787.0	1071.0
福 建	13309.3	14098.1	18449.6	1931.1	2035.8	2855.0
江 西	3510.0	4024.6	4980.4	508.9	580.3	770.8
山 东	20471.0	22130.3	29304.1	2970.0	3202.1	4536.3
河 南	5715.5	6678.8	8208.1	825.0	972.7	1271.0
湖 北	3945.9	4305.2	5374.4	571.6	622.5	831.4
湖 南	4340.0	4884.9	5988.6	628.5	706.8	927.1
广 东	71487.7	70871.1	82680.3	10366.3	10240.2	12795.5
广 西	4696.0	4869.8	5930.6	682.2	704.1	917.0
海 南	905.8	936.3	1476.8	131.5	135.9	228.7
重 庆	5791.8	6513.6	8000.6	839.5	941.8	1238.3
四 川	6789.8	8088.6	9513.6	984.0	1169.0	1473.2
贵 州	453.2	546.7	654.2	65.7	79.1	101.3
云 南	2323.7	2692.8	3143.8	336.9	391.3	486.6
西 藏	48.8	21.3	40.2	7.0	3.1	6.2
陕 西	3514.9	3777.6	4757.8	510.3	546.0	736.4
甘 肃	380.4	382.4	490.9	55.2	55.3	75.9
青 海	37.6	23.0	31.3	5.4	3.3	4.8
宁 夏	240.7	123.4	214.0	34.9	17.8	33.2
新 疆	1640.8	1483.4	1569.1	237.1	213.7	243.0

10-5 分地区货物出口额

(按收发货人所在地分)

地 区	出口额(亿元人民币)			出口额(亿美元)		
	2019年	2020年	2021年	2019年	2020年	2021年
全国总计	**172373.6**	**179278.8**	**217347.6**	**24994.8**	**25899.5**	**33639.6**
北 京	5172.5	4664.1	6118.5	750.5	671.5	946.4
天 津	3017.7	3074.3	3875.6	437.9	443.5	599.7
河 北	2370.5	2520.8	3029.8	343.8	364.5	469.0
山 西	806.8	873.9	1365.9	116.9	126.8	211.4
内蒙古	376.8	349.0	478.4	54.7	50.4	74.1
辽 宁	3129.7	2651.9	3312.6	454.4	383.3	512.5
吉 林	324.2	290.9	353.5	47.0	42.1	54.7
黑龙江	349.6	359.9	447.7	50.7	51.9	69.3
上 海	13724.9	13720.9	15718.7	1989.9	1980.4	2433.1
江 苏	27211.8	27433.3	32532.3	3948.3	3961.3	5035.4
浙 江	23076.3	25169.3	30121.3	3346.0	3631.1	4661.2
安 徽	2785.4	3160.9	4094.8	404.1	455.8	633.8
福 建	8282.9	8472.9	10816.5	1202.0	1223.8	1674.1
江 西	2496.1	2918.2	3671.8	361.9	420.6	568.2
山 东	11130.4	13047.1	17582.7	1614.4	1889.2	2722.3
河 南	3756.1	4074.7	5024.1	542.1	593.0	778.1
湖 北	2486.0	2702.1	3509.3	360.0	390.6	543.1
湖 南	3076.6	3304.0	4212.7	445.4	478.2	652.4
广 东	43415.4	43490.2	50528.7	6294.5	6282.6	7819.1
广 西	2597.6	2707.4	2939.1	377.5	391.8	454.5
海 南	343.7	277.0	332.6	49.9	40.2	51.5
重 庆	3713.2	4187.3	5168.3	538.0	605.3	800.1
四 川	3903.6	4653.6	5708.7	565.5	672.4	884.1
贵 州	327.1	431.2	487.1	47.4	62.3	75.4
云 南	1037.3	1518.6	1766.7	150.2	221.4	273.5
西 藏	37.5	12.9	22.5	5.4	1.9	3.5
陕 西	1873.3	1929.6	2566.1	272.2	278.9	397.3
甘 肃	131.4	85.6	96.9	19.1	12.4	15.0
青 海	20.2	12.3	17.1	2.9	1.8	2.6
宁 夏	148.9	86.7	174.8	21.6	12.5	27.1
新 疆	1250.3	1098.1	1272.8	180.4	158.3	197.1

10-6 分地区货物进口额

(按收发货人所在地分)

地 区	进口额(亿元人民币)			进口额(亿美元)		
	2019年	2020年	2021年	2019年	2020年	2021年
全国总计	**143253.7**	**142936.4**	**173660.9**	**20784.1**	**20659.6**	**26875.3**
北 京	23517.2	18648.9	24319.9	3414.1	2693.3	3763.8
天 津	4328.4	4293.6	4691.8	628.5	619.7	726.0
河 北	1631.5	1936.0	2385.9	236.6	280.2	369.2
山 西	641.1	630.4	864.3	92.9	91.6	133.7
内蒙古	720.7	705.1	757.2	104.7	101.8	117.2
辽 宁	4129.5	3917.2	4411.4	598.8	565.0	682.3
吉 林	978.5	991.4	1150.2	142.0	143.2	177.7
黑龙江	1517.3	1179.3	1547.3	220.4	170.4	239.5
上 海	20329.2	21151.8	24891.7	2949.1	3057.9	3852.9
江 苏	16171.3	17070.3	19598.3	2346.9	2467.1	3033.3
浙 江	7761.9	8679.1	11307.8	1126.2	1254.3	1749.7
安 徽	1951.8	2290.6	2825.4	283.2	331.3	437.1
福 建	5026.4	5625.2	7633.1	729.1	812.0	1180.9
江 西	1013.9	1106.4	1308.6	147.0	159.7	202.5
山 东	9340.7	9083.3	11721.4	1355.6	1312.9	1813.9
河 南	1959.4	2604.1	3184.0	282.9	379.7	492.9
湖 北	1459.9	1603.2	1865.1	211.7	231.8	288.3
湖 南	1263.4	1580.9	1775.8	183.1	228.6	274.8
广 东	28072.3	27380.9	32151.6	4071.7	3957.7	4976.4
广 西	2098.4	2162.4	2991.5	304.8	312.4	462.5
海 南	562.1	659.2	1144.2	81.7	95.6	177.2
重 庆	2078.5	2326.3	2832.3	301.5	336.6	438.3
四 川	2886.2	3435.0	3804.9	418.6	496.6	589.1
贵 州	126.1	115.5	167.1	18.3	16.8	25.9
云 南	1286.4	1174.2	1377.1	186.7	169.9	213.1
西 藏	11.3	8.4	17.6	1.6	1.2	2.7
陕 西	1641.6	1848.0	2191.7	238.1	267.1	339.2
甘 肃	249.1	296.8	394.0	36.1	42.9	60.9
青 海	17.3	10.7	14.3	2.5	1.5	2.2
宁 夏	91.9	36.7	39.2	13.3	5.3	6.1
新 疆	390.5	385.3	296.3	56.6	55.4	45.9

10-7 分地区货物进出口总额

(按境内目的地、货源地分)

地 区	进出口总额(亿元人民币)			进出口总额(亿美元)		
	2019年	2020年	2021年	2019年	2020年	2021年
全国总计	**315627.3**	**322215.2**	**391008.5**	**45778.9**	**46559.1**	**60514.9**
北 京	7740.0	7972.4	10189.8	1122.8	1150.1	1576.0
天 津	9394.9	8712.0	10323.5	1363.7	1257.7	1597.6
河 北	6529.1	6921.0	8820.3	947.3	1000.8	1364.8
山 西	1576.5	1517.9	2365.1	228.6	219.9	366.0
内蒙古	1385.7	1423.4	1857.6	201.2	205.8	287.5
辽 宁	9220.8	8194.1	9826.5	1338.4	1182.6	1519.9
吉 林	1326.2	1355.7	1577.2	192.4	195.9	243.8
黑龙江	1713.6	1422.1	1860.6	248.8	205.3	288.1
上 海	32663.2	33132.1	39055.5	4737.0	4787.8	6045.6
江 苏	46753.0	47397.3	55976.9	6785.3	6843.7	8663.8
浙 江	31141.9	32213.9	39979.9	4517.1	4650.4	6186.7
安 徽	4395.3	5210.0	6653.6	637.8	752.2	1029.7
福 建	12047.1	11914.4	15990.5	1747.7	1721.0	2474.8
江 西	3058.2	3531.1	4383.9	443.5	509.3	678.7
山 东	24724.2	24461.2	34379.4	3587.6	3534.7	5322.0
河 南	6093.9	7178.5	8814.2	880.0	1044.6	1364.8
湖 北	3708.9	4266.4	5139.3	537.7	616.5	795.1
湖 南	2906.6	3311.9	3691.5	421.0	478.6	571.4
广 东	81674.2	83436.9	95289.9	11842.7	12062.1	14746.9
广 西	4500.9	4614.8	6471.1	653.3	667.0	1000.9
海 南	1180.1	1147.1	1305.0	171.7	165.8	202.1
重 庆	5214.1	5809.6	7047.2	755.6	839.8	1090.9
四 川	7201.3	8114.5	9184.0	1044.0	1173.1	1422.0
贵 州	477.1	516.7	659.1	69.3	74.8	102.1
云 南	2309.0	2374.8	2662.5	334.4	343.6	412.1
西 藏	42.7	19.4	40.7	6.2	2.8	6.3
陕 西	3380.7	3550.7	4403.5	490.7	513.0	681.7
甘 肃	371.0	394.5	495.7	53.8	57.0	76.7
青 海	33.7	21.5	25.9	4.9	3.1	4.0
宁 夏	289.3	202.7	301.5	41.9	29.3	46.7
新 疆	2573.7	1876.7	2237.1	372.8	270.7	346.4

10-8 分地区货物出口额

(按境内目的地、货源地分)

地区	出口额(亿元人民币)			出口额(亿美元)		
	2019年	2020年	2021年	2019年	2020年	2021年
全国总计	**172373.6**	**179278.8**	**217347.6**	**24994.8**	**25899.5**	**33639.6**
北京	1828.8	2047.8	3317.5	265.1	295.0	513.7
天津	2841.0	2811.6	3705.9	412.5	405.7	573.5
河北	3312.0	3459.7	4328.9	480.6	500.3	669.9
山西	1016.2	981.8	1589.9	147.3	142.2	246.0
内蒙古	508.1	451.6	627.3	73.8	65.2	97.1
辽宁	3844.0	3186.4	3863.2	558.0	459.9	597.4
吉林	364.0	322.6	377.9	52.8	46.6	58.5
黑龙江	388.2	375.7	496.9	56.3	54.1	76.9
上海	11733.8	11585.1	13078.8	1701.0	1672.6	2024.5
江苏	27767.4	27534.2	32649.3	4029.8	3973.9	5053.6
浙江	23413.3	24378.7	29640.0	3395.8	3517.8	4586.6
安徽	2746.0	3312.4	4295.6	398.5	477.8	664.9
福建	7502.0	7676.4	10172.9	1088.2	1109.1	1574.6
江西	2012.1	2429.3	3086.4	291.8	350.2	477.9
山东	11788.5	12417.3	18424.9	1710.4	1794.7	2852.7
河南	4106.1	4538.0	5567.3	592.9	659.5	862.1
湖北	2198.6	2640.5	3285.5	318.7	381.3	508.5
湖南	1818.8	2123.8	2451.2	263.3	306.7	379.6
广东	49666.7	52296.8	58313.1	7199.1	7561.0	9023.2
广西	1332.3	1467.4	1954.4	193.2	212.3	302.4
海南	333.7	278.1	295.0	48.5	40.1	45.6
重庆	3431.8	3808.9	4666.8	497.2	550.3	722.4
四川	3641.8	4553.5	5356.4	527.8	658.2	829.6
贵州	358.9	408.5	471.2	52.1	59.0	72.9
云南	1001.7	1177.1	1254.5	144.8	170.4	194.2
西藏	38.5	17.3	26.1	5.6	2.5	4.0
陕西	1829.5	1850.2	2485.0	265.8	267.4	384.8
甘肃	152.7	124.9	139.7	22.1	18.1	21.6
青海	15.9	12.6	20.2	2.3	1.8	3.1
宁夏	191.9	155.0	248.3	27.8	22.4	38.5
新疆	1189.2	855.5	1157.6	171.7	123.4	179.3

10-9 分地区货物进口额

(按境内目的地、货源地分)

地 区	进口额(亿元人民币)			进口额(亿美元)		
	2019年	2020年	2021年	2019年	2020年	2021年
全国总计	**143253.7**	**142936.4**	**173660.9**	**20784.1**	**20659.6**	**26875.3**
北 京	5911.1	5924.6	6872.3	857.7	855.0	1062.3
天 津	6553.9	5900.4	6617.6	951.2	851.9	1024.1
河 北	3217.2	3461.3	4491.4	466.7	500.5	694.9
山 西	560.3	536.1	775.3	81.3	77.7	120.0
内蒙古	877.6	971.9	1230.3	127.4	140.6	190.4
辽 宁	5376.8	5007.7	5963.3	780.3	722.7	922.5
吉 林	962.2	1033.1	1199.3	139.7	149.3	185.3
黑龙江	1325.4	1046.3	1363.8	192.5	151.2	211.2
上 海	20929.3	21547.0	25976.7	3036.0	3115.1	4021.0
江 苏	18985.6	19863.1	23327.6	2755.5	2869.8	3610.3
浙 江	7728.6	7835.3	10339.9	1121.3	1132.7	1600.1
安 徽	1649.3	1897.5	2358.0	239.2	274.4	364.9
福 建	4545.1	4238.0	5817.6	659.5	611.9	900.2
江 西	1046.1	1101.8	1297.4	151.8	159.1	200.8
山 东	12935.7	12043.9	15954.5	1877.1	1740.1	2469.3
河 南	1987.8	2640.5	3246.8	287.0	385.1	502.6
湖 北	1510.3	1625.8	1853.8	218.9	235.2	286.6
湖 南	1087.8	1188.1	1240.3	157.7	171.9	191.8
广 东	32007.6	31140.1	36976.8	4643.5	4501.1	5723.6
广 西	3168.7	3147.4	4516.7	460.1	454.8	698.5
海 南	846.4	869.0	1010.0	123.3	125.7	156.4
重 庆	1782.3	2000.7	2380.5	258.4	289.6	368.5
四 川	3559.5	3561.0	3827.6	516.2	514.9	592.5
贵 州	118.3	108.2	187.9	17.2	15.8	29.1
云 南	1307.3	1197.7	1408.1	189.6	173.1	217.9
西 藏	4.3	2.1	14.6	0.6	0.3	2.3
陕 西	1551.2	1700.5	1918.5	225.0	245.6	296.9
甘 肃	218.3	269.6	356.0	31.7	39.0	55.0
青 海	17.8	8.9	5.7	2.6	1.3	0.9
宁 夏	97.4	47.6	53.2	14.1	6.9	8.2
新 疆	1384.5	1021.2	1079.5	201.1	147.3	167.2

10-10　分地区外商投资企业货物进出口总额

(2021年)

地　区	进出口总额(万元人民币)			进出口总额(万美元)		
	进出口总　额	出口额	进口额	进出口总　额	出口额	进口额
全国总计	**1403195236**	**744886326**	**658308910**	**217165345**	**115297908**	**101867437**
北　京	67462545	22370601	45091943	10429183	3463653	6965530
天　津	43130445	17599764	25530682	6669858	2722053	3947805
河　北	8281584	4798180	3483404	1281131	742419	538711
山　西	10624942	8355884	2269058	1643489	1292816	350673
内蒙古	828653	409065	419588	128286	63322	64963
辽　宁	29269808	13227294	16042514	4525494	2045778	2479716
吉　林	7060965	889499	6171466	1090879	137583	953296
黑龙江	1132453	456775	675678	175244	70761	104483
上　海	250337510	91112954	159224557	38752139	14105413	24646726
江　苏	273935579	156023326	117912253	42395220	24149017	18246203
浙　江	66231771	40768837	25462934	10247404	6308205	3939199
安　徽	17604037	10122093	7481944	2724049	1566514	1157535
福　建	45182219	27181732	18000488	6991097	4206724	2784373
江　西	11396812	6422826	4973986	1764230	994251	769979
山　东	58750606	37662037	21088569	9092029	5828263	3263766
河　南	37953226	29058617	8894609	5877999	4500740	1377259
湖　北	9993721	5201370	4792351	1546194	804725	741469
湖　南	5325301	2967208	2358093	823912	459211	364701
广　东	315836602	188562374	127274228	48890765	29187473	19703292
广　西	10300989	4878384	5422605	1594842	755354	839488
海　南	3258971	1709653	1549318	504628	264645	239983
重　庆	60921017	33274308	27646709	9431771	5152021	4279750
四　川	38250594	26501257	11749337	5921455	4102573	1818882
贵　州	338348	203206	135142	52482	31508	20974
云　南	402936	236297	166639	62449	36603	25846
西　藏	4348	266	4082	670	42	628
陕　西	28901973	14653490	14248483	4474591	2269207	2205384
甘　肃	58913	12749	46164	9109	1973	7136
青　海	3393	3393	-	525	525	-
宁　夏	342396	194037	148359	52994	30073	22921
新　疆	72579	28853	43726	11229	4461	6768

10-11　货物进出口总额(按主要国家和地区分)

国家和地区	进出口总额(亿元人民币)			进出口总额(亿美元)		
	2019年	2020年	2021年	2019年	2020年	2021年
总　　额	**315627**	**322215**	**391009**	**45779**	**46559**	**60515**
#印度	6395	6066	8121	928	877	1257
日本	21711	21956	24020	3150	3173	3714
韩国	19605	19766	23407	2845	2856	3624
南非	2926	2492	3513	425	361	543
俄罗斯联邦	7652	7495	9487	1109	1082	1469
巴西	7965	8347	10602	1155	1205	1641
加拿大	4483	4447	5292	651	642	819
美国	37330	40615	48827	5416	5870	7556
澳大利亚	11681	11861	14947	1695	1712	2312
东盟	44268	47406	56743	6417	6659	8782
欧盟	48637	44948	53512	7054	6675	8281
#中国香港	19881	19306	23268	2882	2796	3603
中国台湾	15735	18023	21208	2281	2606	3283

注：2021年数据为2021年12月海关月报数据。

10-12　外商直接投资实际使用金额(按主要国家和地区分)

单位：亿美元

国家和地区	2015年	2016年	2017年	2018年	2019年	2020年	2021年
总　　额	**1263**	**1260**	**1310**	**1350**	**1381**	**1444**	**1735**
#日本	32	31	33	38	37	34	39
新加坡	69	60	48	52	76	77	103
韩国	40	48	37	47	55	36	40
英国	5	14	10	25	9	10	12
德国	16	27	15	37	17	14	17
法国	12	9	8	10	8	5	7
开曼群岛	14	52	22	41	26	28	25
英属维尔京群岛	74	67	40	47	50	52	53
加拿大	2	3	3	3	2	2	2
美国	21	24	26	27	27	23	25
澳大利亚	3	3	3	3	4	3	3
#中国香港	864	815	945	899	963	1058	1318
中国台湾	15	20	18	14	16	10	9

10-13 实际使用外资额

年 份	总 计 (亿美元)	外 商 直接投资
1979-1982	130.6	17.7
1983	22.6	9.2
1984	28.7	14.2
1985	47.6	19.6
“七五”时期	**466.6**	**146.3**
1986	76.3	22.4
1987	84.5	23.1
1988	102.3	31.9
1989	100.6	33.9
1990	102.9	34.9
“八五”时期	**1610.6**	**1141.8**
1991	115.5	43.7
1992	192.0	110.1
1993	389.6	275.2
1994	432.1	337.7
1995	481.3	375.2
“九五”时期	**2897.9**	**2134.8**
1996	548.1	417.3
1997	644.1	452.6
1998	585.6	454.6
1999	526.6	403.2
2000	593.6	407.2
“十五”时期	**2887.0**	**2740.8**
2001	496.7	468.8
2002	550.1	527.4
2003	561.4	535.1
2004	640.7	606.3
2005	638.1	603.3
“十一五”时期	**4440.9**	**4287.5**
2006	698.8	658.2
2007	783.4	747.7
2008	952.5	924.0
2009	918.0	900.3
2010	1088.2	1057.4
“十二五”时期	**5956.9**	**5911.4**
2011	1177.0	1160.1
2012	1132.9	1117.2
2013	1187.2	1175.9
2014	1197.1	1195.6
2015	1262.7	1262.7
“十三五”时期	**6745.1**	**6745.1**
2016	1260.0	1260.0
2017	1310.4	1310.4
2018	1349.7	1349.7
2019	1381.3	1381.3
2020	1443.7	1443.7
“十四五”时期		
2021	1734.8	1734.8

10-14 对外经济合作

年　　份	对外承包工程			对外劳务合作	
	合同数（份）	合同金额（亿美元）	完成营业额（亿美元）	派出劳务人数（万人）	年末在外人数（万人）
1979	27	0.3			
1980	138	1.4	1.2		
1981	250	2.8			
1982	195	3.5	1.0		
1983	280	8.0	1.9		
1984	344	15.4	4.9		2.8
1985	465	11.2	6.6		2.5
“七五”时期	**3440**	**85.6**	**63.1**		**17.0**
1986	486	11.9	8.2		1.9
1987	616	16.5	11.1		3.2
1988	642	18.1	12.5		4.0
1989	776	17.8	14.8		4.3
1990	920	21.3	16.4		3.6
“八五”时期	**6988**	**264.8**	**180.3**		**71.5**
1991	1171	25.2	19.7		6.8
1992	1164	52.5	24.0		10.6
1993	1393	51.9	36.7		13.1
1994	1702	60.3	48.8		18.4
1995	1558	74.8	51.1		22.6
“九五”时期	**11165**	**474.1**	**365.3**		**151.9**
1996	1634	77.3	58.2		24.7
1997	2085	85.2	60.4		28.6
1998	2322	92.4	77.7		29.1
1999	2527	102.0	85.2		32.7
2000	2597	117.2	83.8		36.9
“十五”时期	**29776**	**992.2**	**731.6**		**209.3**
2001	5836	130.4	89.0		41.5
2002	4036	150.6	111.9		41.0
2003	3708	176.7	138.4		43.0
2004	6694	238.4	174.7	17.3	41.9
2005	9502	296.1	217.6	18.3	41.9
“十一五”时期	**41513**	**5087.6**	**2971.2**	**102.2**	**236.8**
2006	12996	660.0	299.9	21.5	47.5
2007	6282	776.2	406.4	21.5	50.5
2008	5411	1045.6	566.1	22.5	46.7
2009	7280	1262.1	777.1	18.0	45.0
2010	9544	1343.7	921.7	18.7	47.0
“十二五”时期	**41071**	**8723.2**	**6536.4**	**131.3**	**269.2**
2011	6381	1423.3	1034.2	20.9	48.8
2012	6710	1565.3	1166.0	27.8	50.6
2013	11578	1716.3	1371.4	25.6	48.3
2014	7740	1917.6	1424.1	29.3	59.7
2015	8662	2100.7	1540.7	27.7	61.8
“十三五”时期	**74781**	**12668.8**	**8258.9**	**126.7**	**277.8**
2016	19157	2440.1	1594.2	26.4	59.6
2017	22774	2652.8	1685.9	30.0	60.2
2018	10985	2418.0	1690.4	26.5	60.6
2019	11932	2602.5	1729.0	27.6	62.4
2020	9933	2555.4	1559.4	16.2	35.0
“十四五”时期					
2021	10786	2584.9	1549.4	19.0	33.4

注：2009年起，“对外承包工程”数据包含了“对外设计咨询”。

11-1 农林牧渔业总产值

单位：亿元

年份	农林牧渔业总产值	#农业	#林业	#牧业	#渔业
1978	1397.0	1117.5	48.1	209.3	22.1
1980	1922.6	1454.1	81.4	354.2	32.9
1985	3619.5	2506.4	188.7	798.3	126.1
1990	7662.1	4954.3	330.3	1967.0	410.6
1991	8157.0	5146.4	367.9	2159.2	483.5
1992	9084.7	5588.0	422.6	2460.5	613.5
1993	10995.5	6605.1	494.0	3014.4	882.0
1994	15750.5	9169.2	611.1	4672.0	1298.2
1995	20340.9	11884.6	709.9	6045.0	1701.3
1996	22353.7	13539.8	778.0	6015.5	2020.4
1997	23788.4	13852.5	817.8	6835.4	2282.7
1998	24541.9	14241.9	851.3	7025.8	2422.9
1999	24519.1	14106.2	886.3	6997.6	2529.0
2000	24915.8	13873.6	936.5	7393.1	2712.6
2001	26179.6	14462.8	938.8	7963.1	2815.0
2002	27390.8	14931.5	1033.5	8454.6	2971.1
2003	29691.8	14870.1	1239.9	9538.8	3137.6
2004	36239.0	18138.4	1327.1	12173.8	3605.6
2005	39450.9	19613.4	1425.5	13310.8	4016.1
2006	40810.8	21522.3	1610.8	12083.9	3970.5
2007	48651.8	24444.7	1889.9	16068.6	4427.9
2008	57420.8	27679.9	2180.3	20354.2	5137.5
2009	59311.3	29983.8	2324.4	19184.6	5514.7
2010	67763.1	35909.1	2575.0	20461.1	6263.4
2011	78837.0	40339.6	3092.4	25194.2	7337.4
2012	86342.2	44845.7	3407.0	26491.2	8403.9
2013	93173.7	48943.9	3847.4	27572.4	9254.5
2014	97822.5	51851.1	4190.0	27963.4	9877.5
2015	101893.5	54205.3	4358.4	28649.3	10339.1
2016	106478.7	55659.9	4635.9	30461.2	10892.9
2017	109331.7	58059.8	4980.6	29361.2	11577.1
2018	113579.5	61452.6	5432.6	28697.4	12131.5
2019	123967.9	66066.5	5775.7	33064.3	12572.4
2020	137782.2	71748.2	5961.6	40266.7	12775.9
2021	147013.4	78339.5	6507.7	39910.8	14507.3

注：本表按当年价格计算，2003年起农林牧渔业总产值包括农林牧渔专业及辅助性活动产值(以下相关表同)。

11-2 农林牧渔业总产值指数

(1978年=100)

年 份	农林牧渔业总产值	#农 业	#林 业	#牧 业	#渔 业
1978	100.0	100.0	100.0	100.0	100.0
1979	107.6	106.7	101.3	114.6	96.6
1980	109.1	106.4	113.7	122.6	103.9
1981	116.1	113.6	118.4	129.9	108.5
1982	129.2	126.1	128.5	147.3	121.9
1983	139.3	136.8	141.7	153.1	132.3
1984	156.4	152.5	168.6	173.6	155.6
1985	161.6	152.2	176.2	203.4	185.1
1986	167.2	156.4	169.9	214.8	223.2
1987	176.9	166.4	169.5	221.7	263.5
1988	183.8	168.5	173.4	249.7	294.1
1989	189.5	172.7	174.1	263.5	315.1
1990	203.9	186.5	179.5	282.0	346.7
1991	211.4	188.2	193.7	306.9	373.2
1992	224.9	196.2	208.6	333.9	430.3
1993	242.5	206.5	225.4	369.8	509.5
1994	263.3	213.2	245.3	431.4	611.4
1995	291.9	230.1	257.7	495.4	730.3
1996	319.3	248.0	272.2	551.6	832.4
1997	340.8	259.1	281.2	607.3	928.2
1998	361.1	271.9	289.4	651.9	1009.9
1999	377.9	283.6	298.6	681.6	1082.5
2000	391.5	287.6	314.7	724.5	1152.9
2001	408.1	297.7	315.2	770.1	1197.8
2002	428.1	309.3	337.6	816.3	1270.9
2003	444.8	310.8	360.9	875.9	1338.3
2004	478.2	337.2	368.2	939.0	1418.6
2005	505.5	351.0	380.0	1012.2	1510.8
2006	532.8	370.0	401.3	1062.8	1601.4
2007	553.3	383.7	440.5	1096.5	1664.8
2008	584.5	401.3	475.7	1169.7	1760.7
2009	611.2	415.0	507.3	1234.5	1858.8
2010	638.0	432.7	525.3	1285.8	1960.0
2011	666.1	456.7	565.0	1308.1	2041.0
2012	698.7	476.5	603.0	1376.6	2144.0
2013	726.4	497.3	647.4	1404.8	2252.9
2014	757.8	521.6	688.8	1440.7	2342.5
2015	788.5	549.8	730.8	1447.4	2443.8
2016	816.5	573.0	790.6	1463.1	2514.5
2017	848.9	599.7	845.1	1494.2	2584.8
2018	878.5	623.0	900.2	1519.3	2654.6
2019	903.4	651.4	947.4	1487.4	2721.3
2020	934.4	678.1	987.8	1517.2	2780.5
2021	1008.2	708.9	1031.3	1754.2	2895.5
平均每年增长(%)					
1979-2021年	5.5	4.7	5.6	6.9	8.1
1991-2021年	5.3	4.4	5.8	6.1	7.1
2001-2021年	4.6	4.4	5.8	4.3	4.5

注：本表按可比价格计算。

11-3 分地区农林牧渔业总产值及增长速度

(2021年)

地区	农林牧渔业总产值(亿元)	#农业	#林业	#牧业	#渔业	农林牧渔业总产值比上年增长(%)
全国总计	**147013.4**	**78339.5**	**6507.7**	**39910.8**	**14507.3**	**7.9**
北京	269.5	123.0	88.8	46.3	4.4	2.8
天津	509.3	258.4	9.5	142.5	80.9	2.1
河北	7018.7	3645.0	263.7	2239.5	298.0	7.1
山西	2134.0	1223.1	159.8	624.4	9.1	9.9
内蒙古	3815.1	1879.6	94.1	1755.3	29.8	5.1
辽宁	4927.7	2222.5	120.9	1683.9	719.9	5.7
吉林	2972.3	1302.9	72.6	1454.3	54.4	7.5
黑龙江	6460.0	4099.5	208.0	1833.1	135.9	7.1
上海	268.9	144.9	8.7	45.3	47.7	-6.7
江苏	8279.7	4426.1	178.2	1215.9	1833.5	4.3
浙江	3579.2	1697.9	168.3	402.7	1188.3	3.0
安徽	6004.3	2802.9	412.9	1810.9	621.7	9.3
福建	5201.0	1906.0	424.9	1059.9	1621.5	5.1
江西	3998.1	1796.3	398.9	1051.4	548.3	8.9
山东	11468.0	5814.6	219.9	2904.2	1652.6	8.6
河南	10501.2	6564.8	134.1	2942.1	143.4	7.1
湖北	8296.4	3912.5	302.7	1990.2	1458.9	14.3
湖南	7662.4	3532.9	455.8	2542.5	570.8	10.4
广东	8305.8	3951.1	495.4	1707.8	1747.3	7.1
广西	6524.4	3690.7	538.1	1437.6	555.1	9.2
海南	2014.8	1049.6	118.3	327.7	435.2	5.1
重庆	2935.6	1759.9	168.1	804.2	138.2	9.2
四川	9383.3	5089.5	408.4	3305.3	327.8	7.5
贵州	4692.0	3123.7	319.8	959.0	69.8	9.2
云南	6351.8	3441.5	497.3	2113.3	112.4	10.4
西藏	255.3	115.3	4.0	129.3	0.3	5.6
陕西	4313.4	3035.6	100.0	917.8	35.0	6.7
甘肃	2439.5	1623.2	32.8	619.9	2.0	11.3
青海	528.5	204.7	13.2	298.6	4.1	4.5
宁夏	759.8	412.7	11.4	280.7	25.0	4.8
新疆	5143.1	3489.0	79.1	1265.7	35.9	8.8

注：本表绝对数按当年价格计算，增长速度按可比价格计算。

11-4 农业机械总动力、耕地灌溉面积和化肥施用量

年 份	农业机械总动力（万千瓦）	耕地灌溉面积（万公顷）	化肥施用量（万吨）
1978	11750	4496.5	884
1979	13379	4500.3	1086
1980	14746	4488.8	1269
1981	15680	4457.4	1335
1982	16614	4417.7	1513
1983	18022	4464.4	1660
1984	19497	4445.3	1740
1985	20913	4403.6	1776
1986	22950	4422.6	1931
1987	24836	4440.3	1999
1988	26575	4437.6	2142
1989	28067	4491.7	2357
1990	28708	4740.3	2590
1991	29389	4782.2	2805
1992	30308	4859.0	2930
1993	31817	4872.8	3152
1994	33803	4875.9	3318
1995	36118	4928.1	3594
1996	38547	5038.1	3828
1997	42016	5123.9	3981
1998	45208	5229.6	4086
1999	48996	5315.8	4124
2000	52574	5382.0	4146
2001	55172	5424.9	4254
2002	57930	5435.5	4339
2003	60387	5401.4	4412
2004	64028	5447.8	4637
2005	68398	5502.9	4766
2006	72522	5575.0	4928
2007	76590	5651.8	5108
2008	82190	5847.2	5239
2009	87496	5926.1	5404
2010	92780	6034.8	5562
2011	97735	6168.2	5704
2012	102559	6249.1	5839
2013	103907	6347.3	5912
2014	108057	6454.0	5996
2015	111728	6587.3	6023
2016	97246	6714.1	5984
2017	98783	6781.6	5859
2018	100372	6827.2	5653
2019	102758	6867.9	5404
2020	105622	6916.1	5251
2021	107768	6962.5	5191

注：1.因指标口径调整，从2016年开始，农业机械总动力中不包括三轮汽车和低速载货汽车动力。
2.化肥施用量按折纯量计算。
3.2021年农业机械总动力与耕地灌溉面积数据为初步数。

11-5 主要农作物播种面积及比例

年 份	农作物总播种面积(万公顷)	#粮 食	#棉 花	#油 料	占总播种面积比例(%)		
					粮 食	棉 花	油 料
1978	15010.4	12058.7	486.6	622.2	80.3	3.2	4.1
1979	14847.7	11926.3	451.2	705.1	80.3	3.0	4.7
1980	14638.0	11723.4	492.0	792.8	80.1	3.4	5.4
1981	14515.7	11495.8	518.5	913.4	79.2	3.6	6.3
1982	14475.5	11346.2	582.8	934.3	78.4	4.0	6.5
1983	14399.3	11404.7	607.7	839.0	79.2	4.2	5.8
1984	14422.1	11288.4	692.3	867.8	78.3	4.8	6.0
1985	14362.6	10884.5	514.0	1180.0	75.8	3.6	8.2
1986	14420.4	11093.3	430.6	1141.5	76.9	3.0	7.9
1987	14495.7	11126.8	484.4	1118.1	76.8	3.3	7.7
1988	14486.9	11012.3	553.5	1061.9	76.0	3.8	7.3
1989	14655.4	11220.5	520.3	1050.4	76.6	3.6	7.2
1990	14836.2	11346.6	558.8	1090.0	76.5	3.8	7.3
1991	14958.6	11231.4	653.8	1153.0	75.1	4.4	7.7
1992	14900.7	11056.0	683.5	1148.9	74.2	4.6	7.7
1993	14774.1	11050.9	498.5	1114.2	74.8	3.4	7.5
1994	14824.1	10954.4	552.8	1208.1	73.9	3.7	8.1
1995	14987.9	11006.0	542.2	1310.2	73.4	3.6	8.7
1996	15238.1	11254.8	472.2	1255.5	73.9	3.1	8.2
1997	15396.9	11291.2	449.1	1238.1	73.3	2.9	8.0
1998	15570.6	11378.7	445.9	1291.9	73.1	2.9	8.3
1999	15637.3	11316.1	372.6	1390.6	72.4	2.4	8.9
2000	15630.0	10846.3	404.1	1540.0	69.4	2.6	9.9
2001	15570.8	10608.0	481.0	1463.1	68.1	3.1	9.4
2002	15463.6	10389.1	418.4	1476.6	67.2	2.7	9.5
2003	15241.5	9941.0	511.1	1499.0	65.2	3.4	9.8
2004	15355.3	10160.6	569.3	1443.1	66.2	3.7	9.4
2005	15548.8	10427.8	506.2	1431.8	67.1	3.3	9.2
2006	15214.9	10495.8	581.6	1173.8	69.0	3.8	7.7
2007	15301.0	10599.9	519.9	1234.4	69.3	3.4	8.1
2008	15556.6	10754.5	527.8	1323.2	69.1	3.4	8.5
2009	15724.2	11025.5	448.5	1344.5	70.1	2.9	8.6
2010	15857.9	11169.5	436.6	1369.5	70.4	2.8	8.6
2011	16036.0	11298.0	452.4	1347.1	70.5	2.8	8.4
2012	16207.1	11436.8	436.0	1343.5	70.6	2.7	8.3
2013	16370.2	11590.8	416.2	1343.8	70.8	2.5	8.2
2014	16518.3	11745.5	417.6	1339.5	71.1	2.5	8.1
2015	16682.9	11896.3	377.5	1331.4	71.3	2.3	8.0
2016	16693.9	11923.0	319.8	1319.1	71.4	1.9	7.9
2017	16633.2	11798.9	319.5	1322.3	70.9	1.9	7.9
2018	16590.2	11703.8	335.4	1287.2	70.5	2.0	7.8
2019	16593.1	11606.4	333.9	1292.5	69.9	2.0	7.8
2020	16748.7	11676.8	316.9	1312.9	69.7	1.9	7.8
2021	16869.5	11763.1	302.8	1310.2	69.7	1.8	7.8

11-6 主要农产品产量(一)

单位：万吨

年 份	粮 食	谷 物	#稻 谷	#小 麦	#玉 米	豆 类	薯 类
1978	30477		13693	5384	5595		3174
1979	33212		14375	6273	6004		2846
1980	32056		13991	5521	6260		2873
1981	32502		14396	5964	5921		2597
1982	35450		16160	6847	6056		2705
1983	38728		16887	8139	6821		2925
1984	40731		17826	8782	7341		2848
1985	37911		16857	8581	6383		2604
1986	39151		17222	9004	7086		2534
1987	40473		17442	8777	7982		2822
1988	39408		16911	8543	7735		2697
1989	40755		18013	9081	7893		2730
1990	44624		18933	9823	9682		2743
1991	43529	39566	18381	9595	9877	1247	2716
1992	44266	40170	18622	10159	9538	1252	2844
1993	45649	40517	17751	10639	10270	1950	3181
1994	44510	39389	17593	9930	9928	2096	3025
1995	46662	41612	18523	10221	11199	1788	3263
1996	50454	45127	19510	11057	12747	1790	3536
1997	49417	44349	20073	12329	10431	1876	3192
1998	51230	45625	19871	10973	13295	2001	3604
1999	50839	45304	19849	11388	12809	1894	3641
2000	46218	40522	18791	9964	10600	2010	3685
2001	45264	39648	17758	9387	11409	2053	3563
2002	45706	39799	17454	9029	12131	2241	3666
2003	43070	37429	16066	8649	11583	2128	3513
2004	46947	41157	17909	9195	13029	2232	3558
2005	48402	42776	18059	9745	13937	2158	3469
2006	49804	45099	18172	10847	15160	2004	2701
2007	50414	45963	18638	10949	15512	1709	2742
2008	53434	48569	19261	11290	17212	2022	2843
2009	53941	49243	19620	11580	17326	1905	2793
2010	55911	51197	19723	11609	19075	1872	2843
2011	58849	54062	20288	11857	21132	1863	2924
2012	61223	56659	20653	12247	22956	1681	2883
2013	63048	58650	20629	12364	24845	1542	2855
2014	63965	59602	20961	12824	24976	1565	2799
2015	66060	61818	21214	13256	26499	1513	2729
2016	66044	61667	21109	13319	26361	1651	2726
2017	66161	61521	21268	13424	25907	1842	2799
2018	65789	61004	21213	13144	25717	1920	2865
2019	66384	61370	20961	13360	26078	2132	2883
2020	66949	61674	21186	13425	26067	2287	2987
2021	68285	63276	21284	13694	27255	1966	3044

11-6 主要农产品产量(二)

单位：万吨

年份	棉花	油料	#花生	#油菜籽	#芝麻	麻类	#黄红麻
1978	216.7	521.8	237.7	186.8	32.2	135.1	108.8
1979	220.7	643.5	282.2	240.2	41.7	136.1	108.9
1980	270.7	769.1	360.0	238.4	25.9	143.6	109.8
1981	296.8	1020.5	382.6	406.5	51.0	157.6	126.0
1982	359.8	1181.7	391.6	565.6	34.2	123.9	106.0
1983	463.7	1055.0	395.1	428.7	34.9	124.8	101.9
1984	625.8	1191.0	481.5	420.5	47.6	178.8	149.2
1985	414.7	1578.4	666.4	560.7	69.1	444.8	411.9
1986	354.0	1473.8	588.2	588.1	61.8	192.7	142.0
1987	424.5	1527.8	617.1	660.5	52.6	208.4	113.7
1988	414.9	1320.3	569.3	504.4	40.4	180.9	107.8
1989	378.8	1295.2	536.3	543.6	33.8	112.4	66.0
1990	450.8	1613.2	636.8	695.8	46.9	109.7	72.6
1991	567.5	1638.3	630.3	743.6	43.5	88.4	51.3
1992	450.8	1641.2	595.3	765.3	51.6	93.8	61.9
1993	373.9	1803.9	842.1	693.9	56.3	96.0	67.2
1994	434.1	1989.6	968.2	749.2	54.8	74.7	35.5
1995	476.8	2250.3	1023.5	977.7	58.3	89.7	37.1
1996	420.3	2210.6	1013.8	920.1	57.5	79.5	36.5
1997	460.3	2157.4	964.8	957.8	56.6	74.9	43.0
1998	450.1	2313.9	1188.6	830.1	65.6	49.5	24.8
1999	382.9	2601.2	1263.9	1013.2	74.3	47.2	16.4
2000	441.7	2954.8	1443.7	1138.1	81.1	52.9	12.6
2001	532.4	2864.9	1441.6	1133.1	80.4	68.1	10.6
2002	491.6	2897.2	1481.8	1055.2	89.5	96.4	15.9
2003	486.0	2811.0	1342.0	1142.0	59.3	85.3	10.0
2004	632.4	3065.9	1434.2	1318.2	70.4	107.4	8.7
2005	571.4	3077.1	1434.2	1305.2	62.5	110.5	8.3
2006	753.3	2640.3	1288.7	1096.6	66.2	89.1	8.7
2007	759.7	2787.0	1381.5	1138.2	52.0	66.1	9.6
2008	723.2	3036.8	1463.5	1240.3	51.5	56.1	8.0
2009	623.6	3139.4	1460.4	1353.6	53.5	31.9	7.1
2010	577.0	3156.8	1513.6	1278.8	46.2	24.2	6.5
2011	651.9	3212.5	1530.2	1313.7	45.8	22.3	7.0
2012	660.8	3285.6	1579.2	1340.1	46.6	19.6	6.3
2013	628.2	3348.0	1610.9	1363.6	43.9	17.6	5.7
2014	629.9	3371.9	1590.1	1391.4	43.7	16.5	5.1
2015	590.7	3390.5	1596.1	1385.9	45.0	15.6	4.8
2016	534.3	3400.0	1636.1	1312.8	35.2	18.1	3.4
2017	565.3	3475.2	1709.2	1327.4	36.6	21.8	2.9
2018	610.3	3433.4	1733.2	1328.1	43.1	20.3	2.9
2019	588.9	3493.0	1752.0	1348.5	46.7	23.4	2.9
2020	591.0	3586.4	1799.3	1404.9	45.7	24.9	1.9
2021	573.1	3613.2	1830.8	1471.4	45.5	21.1	1.6

11-6 主要农产品产量(三)

单位：万吨

年份	糖料			茶叶	烟叶	
		甘蔗	甜菜			#烤烟
1978	2381.9	2111.6	270.2	26.8	124.2	105.2
1979	2461.3	2150.8	310.6	27.7	94.2	80.6
1980	2911.3	2280.7	630.5	30.4	84.5	71.7
1981	3602.8	2966.8	636.0	34.3	149.7	127.9
1982	4359.4	3688.2	671.2	39.7	217.9	184.8
1983	4032.3	3114.1	918.2	40.1	138.1	115.1
1984	4780.4	3951.9	828.4	41.4	178.9	154.3
1985	6046.8	5154.9	891.9	43.2	242.5	207.5
1986	5852.5	5021.9	830.6	46.0	170.7	137.4
1987	5550.4	4736.3	814.0	50.8	194.3	163.6
1988	6187.5	4906.4	1281.0	54.5	273.4	233.7
1989	5803.8	4879.5	924.3	53.5	283.0	240.5
1990	7214.5	5762.0	1452.5	54.0	262.7	225.9
1991	8418.7	6789.8	1628.9	54.2	303.1	267.0
1992	8808.0	7301.1	1506.9	56.0	349.9	311.9
1993	7624.2	6419.4	1204.8	60.0	345.2	303.6
1994	7345.2	6092.7	1252.6	58.8	223.8	194.0
1995	7940.1	6541.7	1398.4	58.8	231.4	207.2
1996	8360.2	6818.7	1541.5	59.3	323.4	294.6
1997	9386.5	7889.7	1496.8	61.3	425.1	390.8
1998	9790.4	8343.8	1446.6	66.5	236.4	208.8
1999	8334.1	7470.3	863.9	67.6	246.9	218.5
2000	7635.3	6828.0	807.3	68.3	255.2	223.8
2001	8655.1	7566.3	1088.9	70.2	235.0	204.5
2002	10292.7	9010.7	1282.0	74.5	244.7	213.5
2003	9641.6	9023.5	618.2	76.8	225.7	201.5
2004	9570.7	8984.9	585.7	83.5	240.6	216.3
2005	9451.9	8663.8	788.1	93.5	268.3	243.5
2006	10460.0	9709.2	750.8	102.8	245.6	225.5
2007	12082.4	11179.4	902.9	117.0	242.2	224.9
2008	13006.0	12152.1	853.9	125.5	275.9	258.2
2009	11746.9	11200.4	546.5	135.1	296.2	275.0
2010	11303.4	10598.2	705.1	146.2	283.2	261.2
2011	11663.1	10867.4	795.8	160.8	299.8	278.6
2012	12451.8	11574.6	877.2	176.1	324.6	302.3
2013	12555.0	11926.4	628.7	188.7	322.0	304.0
2014	12088.7	11578.8	509.9	204.9	284.7	269.7
2015	11215.2	10706.4	508.8	227.7	267.7	249.5
2016	11176.0	10321.5	854.5	231.3	257.4	244.5
2017	11378.8	10440.4	938.4	246.0	239.1	227.9
2018	11937.4	10809.7	1127.7	261.0	224.1	211.0
2019	12169.1	10938.8	1227.3	277.7	215.3	202.1
2020	12014.0	10812.1	1198.4	293.2	213.4	202.2
2021	11454.4	10666.4	785.1	316.4	212.8	202.1

11-6 主要农产品产量(四)

单位：万吨

年 份	水 果	#苹 果	#柑 橘	#梨	#香 蕉	蔬 菜
1978	657.0	227.5	38.3	151.7	8.5	
1979	701.5	286.9	58.2	143.8	7.4	
1980	679.3	236.3	71.3	146.6	6.1	
1981	780.1	300.6	79.8	159.3	12.6	
1982	771.3	243.0	93.9	175.5	20.1	
1983	948.7	354.1	129.6	179.5	20.7	
1984	984.5	294.1	149.9	210.0	30.0	
1985	1163.9	361.4	180.8	213.7	63.1	
1986	1347.7	333.7	254.8	234.8	125.1	
1987	1667.9	426.4	322.4	248.9	202.9	
1988	1666.1	434.4	256.0	272.1	183.0	
1989	1831.9	449.9	456.1	256.5	140.4	
1990	1874.4	431.9	485.5	235.3	145.6	
1991	2176.1	454.0	633.3	249.8	198.1	
1992	2440.1	655.6	516.0	284.6	245.1	
1993	3011.2	907.0	656.1	321.7	270.1	
1994	3499.8	1112.9	680.5	404.3	289.8	
1995	4214.6	1400.8	822.5	494.2	312.5	25726.7
1996	4652.8	1704.7	845.7	580.7	253.6	30123.1
1997	5089.3	1721.9	1010.2	641.5	289.2	35962.4
1998	5452.9	1948.1	859.0	727.5	351.8	38491.9
1999	6237.6	2080.2	1078.7	774.2	419.4	40513.5
2000	6225.1	2043.1	878.3	841.2	494.1	44467.9
2001	6658.0	2001.5	1160.7	879.6	527.2	48422.4
2002	6952.0	1924.1	1199.0	930.9	555.7	52860.6
2003	14517.4	2110.2	1345.4	979.8	590.3	54032.3
2004	15340.9	2367.5	1495.8	1064.2	605.6	55064.7
2005	16120.1	2401.1	1591.9	1132.4	651.8	56451.5
2006	17102.0	2605.9	1789.8	1198.6	690.1	53953.1
2007	17659.4	2734.7	2036.4	1258.8	764.0	57537.8
2008	18279.1	2899.5	2297.0	1296.4	748.4	58669.2
2009	19093.7	3047.5	2471.7	1343.6	829.6	59139.5
2010	20095.4	3164.9	2581.7	1409.5	884.1	57264.9
2011	21018.6	3367.3	2864.1	1448.6	946.1	59766.6
2012	22091.5	3581.4	3089.4	1550.4	1036.0	61624.5
2013	22748.1	3629.8	3196.4	1544.4	1103.0	63198.0
2014	23302.6	3735.4	3362.2	1581.9	1062.2	64948.6
2015	24524.6	3889.9	3617.5	1652.7	1062.7	66425.1
2016	24405.2	4039.3	3591.5	1596.3	1094.0	67434.2
2017	25241.9	4139.0	3816.8	1641.0	1117.0	69192.7
2018	25688.4	3923.3	4138.1	1607.8	1122.2	70346.7
2019	27400.8	4242.5	4584.5	1731.4	1165.6	72102.6
2020	28692.4	4406.6	5121.9	1781.5	1151.3	74912.9
2021	29970.2	4597.3	5595.6	1887.6	1172.4	77548.8

注：2003年起水果产量含果用瓜(以下相关表同)。

11-7 水产品产量

单位：万吨

年份	水产品总产量	海水产品	捕捞	养殖	淡水产品	捕捞	养殖
1978	465.4	359.5	314.5	45.0	105.9	29.6	76.2
1980	449.7	325.7	281.3	44.4	124.0	33.9	90.2
1985	705.2	419.7	348.5	71.2	285.4	47.6	237.8
1990	1427.3	895.7	611.5	284.2	531.6	85.6	445.9
1995	2953.0	1861.3	1139.8	721.5	1091.8	151.0	940.8
1996	3280.7	2011.5	1245.6	765.9	1269.2	175.4	1093.8
1997	3118.6	1888.1	1196.4	691.7	1230.5	163.5	1067.0
1998	3382.7	2044.5	1292.6	752.0	1338.1	197.5	1140.6
1999	3570.1	2145.3	1293.4	851.9	1424.9	198.0	1226.9
2000	3706.2	2203.9	1275.9	928.0	1502.3	193.4	1308.9
2001	3795.9	2233.5	1244.1	989.4	1562.4	186.2	1376.2
2002	3954.9	2298.5	1238.0	1060.5	1656.4	194.7	1461.7
2003	4077.0	2332.8	1237.0	1095.9	1744.2	213.3	1530.9
2004	4246.6	2404.5	1253.2	1151.3	1842.1	209.6	1632.5
2005	4419.9	2465.9	1255.1	1210.8	1954.0	221.0	1733.0
2006	4583.6	2509.6	1245.5	1264.2	2074.0	220.4	1853.6
2007	4747.5	2550.9	1243.6	1307.3	2196.6	225.6	1971.0
2008	4895.6	2598.3	1258.0	1340.3	2297.3	224.8	2072.5
2009	5116.4	2681.6	1276.3	1405.2	2434.9	218.4	2216.5
2010	5373.0	2797.5	1315.2	1482.3	2575.5	228.9	2346.5
2011	5603.2	2908.1	1356.7	1551.3	2695.2	223.2	2471.9
2012	5502.1	2889.6	1314.4	1575.2	2612.5	204.0	2408.5
2013	5744.2	2992.4	1327.7	1664.7	2751.9	204.2	2547.7
2014	6001.9	3136.3	1403.9	1732.4	2865.7	202.5	2663.2
2015	6211.0	3232.3	1435.7	1796.6	2978.7	199.3	2779.3
2016	6379.5	3301.3	1386.0	1915.3	3078.2	200.3	2877.9
2017	6445.3	3321.7	1321.0	2000.7	3123.6	218.3	2905.3
2018	6457.7	3301.4	1270.2	2031.2	3156.2	196.4	2959.8
2019	6480.4	3282.5	1217.2	2065.3	3197.9	184.1	3013.7
2020	6549.0	3314.4	1179.1	2135.3	3234.6	145.8	3088.9
2021	6463.7	3160.1	953.2	2206.8	3303.6	121.8	3181.8

11-8 牲畜存栏、出栏数

单位：万头(只)

年份	大牲畜年底头数	牛	马	驴	骡	骆驼
1996	13360.2	11031.8	871.5	944.4	478.0	34.5
1997	14541.8	12182.2	891.2	952.8	480.6	35.0
1998	14803.2	12441.9	898.1	955.8	473.9	33.5
1999	15024.8	12698.3	891.4	934.8	467.3	33.0
2000	14638.1	12353.2	876.6	922.7	453.0	32.6
2001	13980.9	11809.2	826.0	881.5	436.2	27.9
2002	13672.3	11567.8	808.8	849.9	419.4	26.4
2003	13467.3	11434.4	790.0	820.7	395.7	26.5
2004	13191.4	11235.4	763.9	791.9	374.0	26.2
2005	12894.8	10990.8	740.0	777.2	360.4	26.6
2006	12325.7	10503.1	719.3	730.9	345.5	26.9
2007	11998.2	10397.5	646.7	638.9	291.0	24.1
2008	11529.7	10068.0	594.7	600.4	243.8	22.8
2009	11380.8	10035.9	562.3	540.4	219.7	22.6
2010	11074.6	9820.0	529.9	510.1	191.5	23.0
2011	10580.0	9384.0	515.4	485.3	171.1	24.3
2012	10248.4	9137.3	465.2	462.4	159.0	24.5
2013	10008.6	8985.8	431.7	425.7	138.0	27.4
2014	9952.0	9007.3	415.8	383.6	117.4	28.0
2015	9929.8	9055.8	397.5	342.4	104.1	30.1
2016	9559.9	8834.5	351.2	259.3	84.5	30.5
2017	9763.6	9038.7	343.6	267.8	81.1	32.3
2018	9625.5	8915.3	347.3	253.3	75.8	33.8
2019	9877.4	9138.3	367.1	260.1	71.4	40.5
2020	10265.1	9562.1	367.2	232.4	62.3	41.1
2021	10486.8	9817.2	372.5	196.7	54.2	46.2

年份	肉猪出栏头数	猪年底头数	牛出栏头数	羊年底只数	山羊	绵羊
1996	41225.2	36283.6	2685.9	23728.3	12315.8	11412.5
1997	46483.7	40034.8	3283.9	25575.7	13480.1	12095.6
1998	50215.1	42256.3	3587.1	26903.5	14168.3	12735.2
1999	51977.2	43144.2	3766.2	27925.8	14816.3	13109.5
2000	51862.3	41633.6	3806.9	27948.2	14945.6	13002.6
2001	53281.1	41950.5	3794.8	27625.0	14562.3	13062.8
2002	54143.9	41776.2	3896.2	28240.9	14841.2	13399.7
2003	55701.8	41381.8	4000.1	29307.4	14967.9	14339.5
2004	57278.5	42123.4	4101.0	30426.0	15195.5	15230.5
2005	60367.4	43319.1	4148.7	29792.7	14659.0	15133.7
2006	61209.0	41854.4	4226.8	28337.6	13956.1	14381.5
2007	56640.9	43933.2	4307.0	28606.7	14564.1	14042.5
2008	61278.9	46433.1	4243.1	28823.7	15067.0	13756.7
2009	64990.9	47177.2	4292.3	29063.0	14734.0	14328.9
2010	67332.7	46765.2	4318.3	28730.2	14195.0	14535.2
2011	67030.0	47074.8	4200.6	28664.1	14087.4	14576.7
2012	70724.5	48030.2	4219.3	28512.7	13932.3	14580.4
2013	72768.0	47893.1	4189.9	28935.2	13657.5	15277.7
2014	74951.5	47160.2	4200.4	30391.3	14167.5	16223.8
2015	72415.6	45802.9	4211.4	31174.3	14507.5	16666.8
2016	70073.9	44209.2	4265.0	29930.5	13691.8	16238.8
2017	70202.1	44158.9	4340.3	30231.7	13823.8	16407.9
2018	69382.4	42817.1	4397.5	29713.5	13574.7	16138.8
2019	54419.2	31040.7	4533.9	30072.1	13723.2	16349.0
2020	52704.1	40650.4	4565.5	30654.8	13345.2	17309.5
2021	67128.0	44922.4	4707.4	31969.3	13331.6	18637.7

11-9 畜产品产量

年份	肉类产量(万吨)	#猪牛羊肉	猪肉	牛肉	羊肉	奶类(万吨)	#牛奶
1996	4584.0	3694.7	3158.0	355.7	181.0	735.8	629.4
1997	5268.8	4249.9	3596.3	440.9	212.8	681.1	601.1
1998	5723.8	4598.2	3883.7	479.9	234.6	745.4	662.9
1999	5949.0	4762.3	4005.6	505.4	251.3	806.9	717.6
2000	6013.9	4743.2	3966.0	513.1	264.1	919.1	827.4
2001	6105.8	4832.1	4051.7	508.6	271.8	1122.9	1025.5
2002	6234.3	4928.4	4123.1	521.9	283.5	1400.4	1299.8
2003	6443.3	5089.8	4238.6	542.5	308.7	1848.6	1746.3
2004	6608.7	5234.3	4341.0	560.4	332.9	2368.4	2260.6
2005	6938.9	5473.5	4555.3	568.1	350.1	2864.8	2753.4
2006	7099.9	5608.4	4650.3	590.3	367.7	3051.6	2944.6
2007	6916.4	5319.8	4307.9	626.2	385.7	3055.2	2947.1
2008	7370.9	5692.9	4682.0	617.7	393.2	3236.2	3010.6
2009	7706.7	5958.5	4932.8	626.2	399.4	3153.9	2995.1
2010	7993.6	6173.5	5138.4	629.1	406.0	3211.3	3038.9
2011	8023.0	6140.3	5131.6	610.7	398.0	3262.8	3109.9
2012	8471.1	6462.8	5443.5	614.7	404.5	3306.7	3174.9
2013	8632.8	6641.6	5618.6	613.1	409.9	3118.9	3000.8
2014	8817.9	6864.2	5820.8	615.7	427.6	3276.5	3159.9
2015	8749.5	6702.2	5645.4	616.9	439.9	3295.5	3179.8
2016	8628.3	6502.6	5425.5	616.9	460.3	3173.9	3064.0
2017	8654.4	6557.5	5451.8	634.6	471.1	3148.6	3038.6
2018	8624.6	6522.9	5403.7	644.1	475.1	3176.8	3074.6
2019	7758.8	5410.1	4255.3	667.3	487.5	3297.6	3201.2
2020	7748.4	5278.1	4113.3	672.4	492.3	3529.6	3440.1
2021	8990.0	6507.5	5295.9	697.5	514.1	3778.1	3682.7

年份	绵羊毛(吨)	#细羊毛	#半细羊毛	山羊粗毛(吨)	山羊绒(吨)	禽蛋(万吨)	蜂蜜(万吨)
1996	298102	121020	74099	35284	9585	1965.2	18.3
1997	255059	116054	55683	25865	8626	1897.1	21.1
1998	277545	115752	68775	31417	9799	2021.3	20.7
1999	283152	114103	73700	31849	10180	2134.7	23.0
2000	292502	117386	84921	33266	11057	2182.0	24.6
2001	298254	114651	88075	34241	10968	2210.1	25.2
2002	307588	112193	102419	35459	11765	2265.7	26.5
2003	338058	120263	110249	36692	13528	2333.1	28.9
2004	373902	130413	119514	37727	14515	2370.6	29.3
2005	393172	127862	123068	36904	15435	2438.1	29.3
2006	387643	131543	116043	35171	16223	2424.0	33.4
2007	371075	124262	108635	35333	15665	2546.7	38.0
2008	369665	119279	105272	35477	16534	2699.6	38.5
2009	358121	124365	109013	35910	16593	2751.9	39.7
2010	385125	123504	113998	36226	17848	2776.9	38.2
2011	386487	132877	113305	38070	17126	2830.4	41.2
2012	393725	124716	127313	40505	17211	2885.4	43.8
2013	402081	131730	128335	40215	17307	2905.5	43.7
2014	407230	122251	132693	38655	18465	2930.3	46.3
2015	413134	130537	134905	35487	18684	3046.1	47.3
2016	411642	129164	137973	35785	18844	3160.5	55.5
2017	410523	127921	133458	32863	17852	3096.3	54.3
2018	356608	117891	120430	26965	15438	3128.3	44.7
2019	341120	108973	113284	24875	14964	3309.0	44.4
2020	333625	106109	116849	24034	15244	3467.8	45.8
2021	356217	98154	128262	23332	15102	3408.8	47.3

11-10 分地区主要农产品产量(一)

(2021年)　　单位：万吨

地 区	粮 食	棉 花	油 料	糖 料	蔬 菜	水 果
全国总计	**68284.7**	**573.1**	**3613.2**	**11454.4**	**77548.8**	**29970.2**
北 京	37.8		0.5		165.6	48.8
天 津	249.9	0.4	0.3		239.0	49.4
河 北	3825.1	16.0	118.4	39.6	5284.2	1445.1
山 西	1421.2	0.1	15.5	0.4	976.3	974.9
内蒙古	3840.3		213.9	362.1	993.7	190.8
辽 宁	2538.7		116.2	1.3	1990.2	856.4
吉 林	4039.2		85.8	1.3	490.5	164.1
黑龙江	7867.7		13.6	16.0	725.4	184.3
上 海	94.0		0.5	0.1	248.6	32.6
江 苏	3746.1	0.8	97.8	6.6	5856.6	969.1
浙 江	620.9	0.6	31.7	42.4	1933.6	722.6
安 徽	4087.6	2.9	167.1	9.9	2445.3	778.1
福 建	506.4		23.3	28.8	1686.5	810.3
江 西	2192.3	1.7	130.9	60.7	1730.6	744.6
山 东	5500.7	14.0	285.9		8801.1	3032.6
河 南	6544.2	1.4	657.3	9.8	7607.2	2455.3
湖 北	2764.3	10.9	354.1	27.2	4299.8	1119.4
湖 南	3074.4	8.0	263.0	35.0	4268.9	1193.6
广 东	1279.9		117.3	1306.6	3855.7	1957.8
广 西	1386.5	0.1	75.9	7365.1	4047.5	3121.1
海 南	146.0		7.5	94.4	588.9	525.7
重 庆	1092.8		68.5	8.3	2184.3	553.2
四 川	3582.1	0.2	416.6	38.7	5039.1	1290.9
贵 州	1094.9		94.9	53.7	3280.1	653.7
云 南	1930.3		63.9	1583.9	2748.9	1142.6
西 藏	106.2		4.6		89.5	3.0
陕 西	1270.4		58.3	0.3	2012.8	2141.1
甘 肃	1231.5	3.1	58.8	15.9	1655.3	883.8
青 海	109.1		31.9		150.1	3.0
宁 夏	368.4		4.8	0.1	533.0	262.8
新 疆	1735.8	512.9	34.6	346.5	1620.4	1659.5

11-10 分地区主要农产品产量(二)

(2021年) 单位：万吨

地 区	肉 类	#猪 肉	#牛 肉	#羊 肉	奶 类
全国总计	**8990.0**	**5295.9**	**697.5**	**514.1**	**3778.1**
北 京	4.4	2.6	0.4	0.2	25.8
天 津	30.5	17.1	2.8	1.0	51.8
河 北	464.3	265.7	55.8	33.9	501.9
山 西	135.4	88.4	9.0	10.4	135.7
内蒙古	277.3	67.4	68.7	113.7	680.0
辽 宁	435.4	238.8	31.5	6.9	139.3
吉 林	274.6	142.4	40.8	7.6	32.8
黑龙江	300.4	184.8	50.7	15.0	501.0
上 海	9.1	7.1	0.2	0.3	29.4
江 苏	306.5	175.2	2.8	6.6	64.9
浙 江	103.6	65.2	1.7	2.4	18.6
安 徽	456.3	238.7	11.2	21.9	47.6
福 建	286.5	124.3	2.6	2.3	20.0
江 西	345.0	238.5	16.7	2.9	8.4
山 东	819.3	355.9	61.3	33.0	288.4
河 南	646.8	426.8	35.5	28.9	216.8
湖 北	425.5	318.0	15.8	9.7	9.6
湖 南	562.0	443.1	21.3	17.5	5.7
广 东	457.4	263.2	4.4	2.0	17.3
广 西	441.0	245.2	14.0	4.0	13.1
海 南	66.9	30.5	2.1	1.1	0.1
重 庆	196.6	142.0	7.6	6.9	3.1
四 川	664.0	460.5	36.9	27.1	68.4
贵 州	228.2	166.2	23.6	4.9	4.9
云 南	488.1	360.4	42.0	21.1	72.5
西 藏	27.4	1.3	20.5	5.1	53.7
陕 西	128.0	97.6	9.0	10.2	161.9
甘 肃	135.3	64.1	27.0	33.5	67.5
青 海	40.0	6.0	21.2	12.3	35.6
宁 夏	35.3	9.1	11.8	11.5	280.5
新 疆	198.7	49.9	48.5	60.4	221.9

11-11 农作物受灾和成灾面积

年 份	受 灾 面 积 (万公顷)	#水 灾	#旱 灾	成 灾 面 积 (万公顷)	#水 灾	#旱 灾	成灾面积占受灾面积 (%)
1978	5081	311	3264	2446	201	1656	48.1
1979	3937	676	2465	1579	287	932	40.1
1980	5003	969	2190	2978	607	1417	59.5
1981	3979	862	2569	1874	397	1213	47.1
1982	3313	836	2070	1612	440	997	48.6
1983	3471	1216	1609	1621	575	759	46.7
1984	3189	1063	1582	1561	539	701	48.9
1985	4437	1420	2299	2271	895	1006	51.2
1986	4714	916	3104	2366	560	1476	50.2
1987	4209	869	2492	2039	410	1303	48.5
1988	5087	1195	3290	2450	613	1530	48.2
1989	4699	1133	2936	2445	592	1526	52.0
1990	3847	1180	1817	1782	560	781	46.3
1991	5547	2460	2491	2781	1461	1056	50.1
1992	5133	942	3298	2590	446	1705	50.4
1993	4883	1639	2110	2313	861	866	47.4
1994	5505	1733	3042	3138	1074	1705	57.0
1995	4582	1273	2346	2227	760	1040	48.6
1996	4699	1815	2015	2123	1086	625	45.2
1997	5343	1142	3352	3031	584	2001	56.7
1998	5015	2229	1424	2518	1379	506	50.2
1999	4998	902	3016	2673	507	1661	53.5
2000	5469	732	4054	3437	432	2678	62.9
2001	5221	604	3847	3179	361	2370	60.9
2002	4695	1229	2212	2716	739	1317	57.9
2003	5451	1921	2485	3252	1229	1447	59.7
2004	3711	731	1725	1630	375	848	43.9
2005	3882	1093	1603	1997	605	848	51.4
2006	4109	800	2074	2463	457	1341	59.9
2007	4899	1046	2939	2506	510	1617	51.2
2008	3999	648	1214	2228	366	680	55.7
2009	4721	761	2926	2123	316	1320	45.0
2010	3743	1752	1326	1854	702	899	49.5
2011	3247	686	1630	1244	284	660	38.3
2012	2496	773	934	1147	414	351	46.0
2013	3135	876	1410	1430	486	585	45.6
2014	2489	472	1227	1268	270	568	50.9
2015	2177	562	1061	1238	333	586	56.9
2016	2622	853	987	1367	434	613	52.1
2017	1848	541	987	920	302	444	49.8
2018	2081	395	771	1057	255	262	50.8
2019	1926	668	784	791	261	333	41.1
2020	1996	719	508	799	304	251	40.1
2021	1174	476	343	468	206	141	39.9

注：2021年数据为初步数据。

12-1　规模以上工业企业工业增加值增长速度

单位：%

分　　类	2015年	2016年	2017年	2018年	2019年	2020年	2021年
工业增加值	**6.1**	**6.0**	**6.6**	**6.2**	**5.7**	**2.8**	**9.6**
在总计中:							
国有控股企业	1.4	2.0	6.5	6.2	4.8	2.2	8.0
在总计中:							
股份合作企业	4.6	6.2	-4.6	1.0	9.2	-4.9	2.9
股份制企业	7.3	6.9	6.6	6.6	6.8	3.0	9.8
外商及港澳台投资企业	3.7	4.5	6.9	4.8	2.0	2.4	8.9
在总计中:							
私营企业	8.6	7.5	5.9	6.2	7.7	3.7	10.2
在总计中:							
采矿业	2.7	-1.0	-1.5	2.3	5.0	0.5	5.3
制造业	7.0	6.8	7.2	6.5	6.0	3.4	9.8
电力、热力、燃气及水生产和供应业	1.4	5.5	8.1	9.9	7.0	2.0	11.4

注：1.本表按可比价格计算。
　　2.本表统计范围为年主营业务收入2000万元以上的工业企业。

12-2 规模以上工业企业主要经济指标

年　份	企业单位数 (万个)	资产总计 (亿元)	营业收入 (亿元)	利润总额 (亿元)
1978	34.8	4525		
1980	37.7	4233	4459	692
1985	46.3	6929	7922	944
1990	50.4	15953	16793	560
1995	59.2	79234	52936	1635
1996	57.9	90016	57970	1490
1997	53.4	103400	63451	1703
1998	16.5	108822	64149	1458
1999	16.2	116969	69852	2288
2000	16.3	126211	84152	4393
2001	17.1	135403	93733	4733
2002	18.2	146218	109486	5784
2003	19.6	168808	143172	8337
2004	27.6	215358	198909	11929
2005	27.2	244784	248544	14803
2006	30.2	291215	313592	19504
2007	33.7	353037	399717	27155
2008	42.6	431306	500020	30562
2009	43.4	493693	542522	34542
2010	45.3	592882	697744	53050
2011	32.6	675797	841830	61396
2012	34.4	768421	929292	61910
2013	37.0	870751	1038659	68379
2014	37.8	956777	1107033	68155
2015	38.3	1023398	1109853	66187
2016	37.9	1085866	1158999	71921
2017	37.3	1121910	1133161	74916
2018	37.5	1153251	1057327	71609
2019	37.8	1205869	1067397	65799
2020	39.9	1303499	1083658	68465
2021	40.9	1412880	1279227	87092

注：1.1997年及以前为乡及乡以上独立核算工业企业数据，其中企业单位数包括非独立核算企业；1998-2006年为全部国有及年主营业务收入在500万元及以上非国有工业企业数据；2007-2010年为年主营业务收入在500万元及以上工业企业数据；2011年及以后年份为年主营业务收入在2000万元及以上工业企业数据。

2.为全面反映工业企业收入规模，2018年起，用“营业收入”替代“主营业务收入”。之前年份为“主营业务收入”数据。

3.营业收入、利润总额等主要指标数据与上年数据之间存在不可比因素，其主要原因是：(1)根据统计制度，每年定期对规模以上工业企业调查范围进行调整。每年有部分企业达到规模标准纳入调查范围，也有部分企业因规模变小而退出调查范围，还有新建投产企业、破产、注(吊)销企业等变化。(2)加强统计执法，对统计执法检查中发现的不符合规模以上工业统计要求的企业进行了清理，对相关基数依规进行了修正。(3)加强数据质量管理，剔除跨地区、跨行业重复统计数据。

4.2021年数据为快报数(以下相关表同)。

12-3 分行业规模以上工业企业主要经济指标(一)

(2021年)　　单位：亿元

行业	营业收入	营业成本	销售费用	管理费用	财务费用	利润总额
全国总计	**1279226.5**	**1071247.1**	**32525.3**	**66115.0**	**11254.7**	**87092.1**
煤炭开采和洗选业	32896.6	20300.1	609.2	2081.4	876.9	7023.1
石油和天然气开采业	9112.3	5649.4	39.2	769.0	153.1	1687.7
黑色金属矿采选业	5820.7	4343.7	70.6	354.0	175.0	774.5
有色金属矿采选业	3093.6	2122.4	27.5	276.3	65.4	513.7
非金属矿采选业	4065.6	2986.8	192.6	285.9	63.9	433.1
开采专业及辅助性活动	2048.1	1922.3	3.7	108.5	4.5	-41.7
其他采矿业	11.8	9.3	0.4	1.5	0.1	0.4
农副食品加工业	54107.6	49398.6	1106.0	1485.6	359.2	1889.9
食品制造业	21268.1	16729.3	1768.4	1132.0	98.2	1653.5
酒、饮料和精制茶制造业	16034.0	10929.0	1240.4	877.7	49.0	2643.7
烟草制品业	12131.5	3649.6	162.4	849.0	-85.6	1182.4
纺织业	25714.2	22585.3	474.3	1212.2	259.4	1203.1
纺织服装、服饰业	14823.4	12597.1	540.4	856.8	99.7	767.8
皮革、毛皮、羽毛及其制品和制鞋业	11057.2	9554.5	290.7	573.4	64.9	577.4
木材加工和木、竹、藤、棕、草制品业	9655.5	8633.3	196.4	343.1	64.0	395.0
家具制造业	8004.6	6648.8	328.1	539.0	49.8	433.7
造纸和纸制品业	15006.2	12868.8	433.6	761.9	162.2	884.8
印刷和记录媒介复制业	7442.3	6246.7	202.6	527.1	50.7	428.4
文教、工美、体育和娱乐用品制造业	14364.3	12382.6	364.7	762.2	90.7	774.9
石油、煤炭及其他燃料加工业	55398.0	45047.1	349.8	1242.4	387.2	2678.6
化学原料和化学制品制造业	82958.9	67699.4	2122.3	4239.8	821.4	8019.4
医药制造业	29288.5	15606.8	4724.1	2974.5	193.8	6271.4
化学纤维制造业	10262.8	9075.9	89.9	389.8	121.6	628.9
橡胶和塑料制品业	28996.4	24413.0	843.9	1848.2	212.0	1702.5
非金属矿物制品业	66217.7	54485.8	2119.4	3397.4	560.1	5587.4
黑色金属冶炼和压延加工业	96662.3	88498.1	644.6	2681.8	560.7	4240.9
有色金属冶炼和压延加工业	70052.9	64359.0	397.3	1582.8	587.8	3131.2
金属制品业	46835.4	40977.1	907.0	2384.1	321.5	2256.7
通用设备制造业	47010.6	38588.3	1534.5	3582.3	261.5	3153.1
专用设备制造业	36563.5	28871.6	1568.2	3187.2	256.2	2947.9
汽车制造业	86706.2	74061.6	2021.6	5305.7	100.5	5305.7
铁路、船舶、航空航天和其他运输设备制造业	13094.1	11124.3	282.2	1020.4	78.6	538.1
电气机械和器材制造业	85320.2	72744.9	2736.5	5150.9	446.8	4555.5
计算机、通信和其他电子设备制造业	141285.3	121544.4	2973.1	9477.3	429.0	8283.0
仪器仪表制造业	9101.4	6811.7	468.6	969.4	52.7	957.0
其他制造业	1956.8	1643.1	60.3	133.4	12.8	108.7
废弃资源综合利用业	9080.7	8458.4	71.5	203.1	53.9	346.8
金属制品、机械和设备修理业	1484.4	1238.6	15.5	150.1	13.6	65.0
电力、热力生产和供应业	78502.7	73149.7	74.4	1667.5	2888.4	1793.1
燃气生产和供应业	11792.4	10325.9	288.5	355.5	105.4	863.5
水的生产和供应业	3997.5	2964.9	181.0	374.7	187.9	432.6

注：管理费用含研发费用(以下相关表同)。

12-3 分行业规模以上工业企业主要经济指标(二)

(2021年)　　单位：亿元

行　业	亏损企业亏损总额	流动资产合计	应收账款	存货	产成品	资产总计	负债合计
全国总计	**11814.4**	**723908.9**	**188730.0**	**145379.4**	**53986.1**	**1412880.0**	**792289.9**
煤炭开采和洗选业	560.9	31153.2	4313.7	1242.4	603.5	67994.9	44117.8
石油和天然气开采业	205.6	3514.1	587.1	185.1	96.7	22915.3	10454.6
黑色金属矿采选业	116.1	3785.2	573.9	332.1	189.5	12214.6	7080.1
有色金属矿采选业	76.5	2140.3	296.8	314.2	141.3	6446.8	3593.3
非金属矿采选业	42.3	2725.6	499.1	298.9	180.8	6476.7	3221.3
开采专业及辅助性活动	67.8	1639.9	387.0	81.9	13.2	3008.7	1924.8
其他采矿业		3.9	1.0	0.9	0.2	8.6	4.7
农副食品加工业	310.3	19816.9	3251.2	5772.6	2400.3	32721.6	19064.2
食品制造业	186.9	10303.1	2090.9	2143.2	879.6	18847.8	9231.7
酒、饮料和精制茶制造业	81.2	11802.8	1117.1	3558.2	1108.0	20058.6	8674.2
烟草制品业	7.0	8351.8	308.3	4051.6	237.3	11673.5	2465.1
纺织业	119.8	12318.7	2904.4	3490.7	1709.4	21360.0	12050.4
纺织服装、服饰业	109.9	7037.6	1833.5	1844.5	972.8	11483.9	5850.1
皮革、毛皮、羽毛及其制品和制鞋业	45.4	4073.1	1069.8	1048.1	463.3	6887.4	3343.7
木材加工和木、竹、藤、棕、草制品业	46.2	3317.4	956.6	882.5	436.8	5473.4	3110.3
家具制造业	49.6	4123.5	1139.3	947.2	392.1	6672.1	3787.1
造纸和纸制品业	76.0	8223.1	1933.4	1657.2	656.3	15791.2	9139.0
印刷和记录媒介复制业	37.7	3867.8	1169.7	762.0	295.7	6761.1	3103.1
文教、工美、体育和娱乐用品制造业	50.8	6168.9	1309.2	2360.1	1139.7	9398.2	4874.6
石油、煤炭及其他燃料加工业	347.7	19203.6	2092.5	5501.7	1626.8	40690.8	25907.1
化学原料和化学制品制造业	623.6	41222.7	8595.7	8148.3	3663.3	86996.6	45841.3
医药制造业	292.5	25680.8	5218.3	5135.1	2307.1	43572.4	16851.3
化学纤维制造业	79.8	4471.5	662.9	1040.4	572.4	10161.4	5860.3
橡胶和塑料制品业	189.4	15805.6	4985.9	3456.6	1649.1	26518.6	13403.3
非金属矿物制品业	359.1	40501.7	15200.4	6373.5	2786.2	70494.2	38409.5
黑色金属冶炼和压延加工业	198.6	31875.2	3147.5	8092.3	2671.8	69363.0	41772.9
有色金属冶炼和压延加工业	222.1	23770.4	4133.1	6926.9	1823.6	44546.8	27082.7
金属制品业	199.2	23576.8	7611.9	5476.5	2314.6	35813.6	20483.8
通用设备制造业	314.7	35975.9	11265.6	8766.6	3184.8	52456.3	28603.2
专用设备制造业	315.7	34339.0	10158.9	8305.8	3062.7	50351.6	27234.9
汽车制造业	1020.4	53162.2	15029.3	8544.1	3671.1	88741.3	52785.4
铁路、船舶、航空航天和其他运输设备制造业	306.3	12243.8	3434.4	2839.3	679.4	18588.0	11084.9
电气机械和器材制造业	625.9	60217.8	20306.1	11336.1	5015.9	89199.1	51556.3
计算机、通信和其他电子设备制造业	1087.0	95152.5	34059.6	18461.5	5757.9	147178.1	81134.2
仪器仪表制造业	57.3	8557.8	2602.4	1921.9	627.4	12443.8	5617.6
其他制造业	11.5	958.8	267.5	238.1	99.3	1548.5	752.1
废弃资源综合利用业	36.2	2529.9	618.3	709.6	296.8	4210.2	2402.7
金属制品、机械和设备修理业	22.8	1357.0	409.4	285.9	28.8	2410.0	1260.7
电力、热力生产和供应业	3121.6	37012.6	11310.9	2214.5	58.4	194022.0	117237.9
燃气生产和供应业	90.9	5206.3	925.9	395.7	135.6	14806.2	8771.6
水的生产和供应业	102.3	6720.0	951.9	235.5	36.7	22573.0	13145.9

12-4 分地区规模以上工业企业主要经济指标(一)

(2021年) 单位：亿元

地　区	营业收入	营业成本	销售费用	管理费用	财务费用	利润总额
全国总计	**1279226.5**	**1071247.1**	**32525.3**	**66115.0**	**11254.7**	**87092.1**
北　京	28054.0	21710.0	1285.4	1461.9	244.1	3664.9
天　津	22571.2	19334.6	478.7	994.0	120.8	1456.9
河　北	52125.4	45918.9	1018.3	1990.1	529.5	2294.3
山　西	32396.2	25561.5	648.4	1624.5	817.1	2949.9
内蒙古	23947.1	18271.5	480.9	888.1	435.9	3380.8
辽　宁	35214.2	29672.0	738.2	1446.3	390.3	1699.6
吉　林	14058.0	11608.6	461.9	808.1	101.3	1073.8
黑龙江	11253.1	9336.7	270.0	613.3	155.4	515.2
上　海	44173.0	36026.8	1488.3	3219.0	43.3	3032.0
江　苏	149920.7	126829.6	3975.1	8502.0	866.6	9358.1
浙　江	97967.6	81918.3	2642.9	6052.7	820.7	6788.7
安　徽	44775.9	38191.0	1022.6	2264.5	344.7	2669.9
福　建	64743.0	55815.5	1405.3	2529.6	381.7	4353.3
江　西	43976.7	37969.9	741.8	1658.4	256.9	3122.4
山　东	102271.5	88711.2	2163.2	4484.6	993.3	5268.8
河　南	54006.4	47301.5	1049.1	2019.4	630.1	2581.2
湖　北	49215.7	41300.3	1287.9	2515.8	371.8	3189.5
湖　南	42763.3	35350.4	1228.2	2879.1	324.6	2060.0
广　东	169785.1	141095.1	5560.6	11727.6	917.8	10927.6
广　西	21911.1	19081.5	397.1	724.1	205.9	1131.3
海　南	2625.7	2052.8	118.6	123.4	34.5	212.1
重　庆	27118.9	22920.4	688.3	1302.1	147.2	1877.5
四　川	52583.4	43160.9	1561.5	2314.4	514.5	4359.2
贵　州	9712.5	7563.3	262.0	555.1	195.0	1063.5
云　南	17359.5	13735.8	375.5	732.8	286.0	1211.0
西　藏	401.7	291.3	13.7	34.6	12.9	48.9
陕　西	29585.6	22821.7	595.1	1243.9	349.8	3605.1
甘　肃	9601.7	8075.2	131.3	310.8	162.5	516.5
青　海	3186.7	2512.6	45.1	143.4	94.0	301.6
宁　夏	6491.2	5389.8	87.7	246.2	188.9	462.6
新　疆	15430.4	11718.5	302.7	705.0	317.7	1916.1

12-4 分地区规模以上工业企业主要经济指标(二)

(2021年)

单位：亿元

地 区	亏损企业亏损总额	流动资产合 计	应收账款	存 货	产成品	资产总计	负债合计
全国总计	**11814.4**	**723908.9**	**188730.0**	**145379.4**	**53986.1**	**1412880.0**	**792289.9**
北 京	373.8	24700.9	4717.7	3219.6	1150.3	60393.9	26096.8
天 津	237.9	11576.8	3161.4	2567.7	964.3	22897.8	12386.3
河 北	520.0	27205.2	6248.6	5238.9	1904.3	55395.6	33720.3
山 西	860.8	26513.2	5327.8	2668.1	1042.3	55386.7	39431.9
内蒙古	366.0	13768.9	2741.2	2076.6	702.5	37260.6	21219.2
辽 宁	712.3	21287.0	4472.1	5005.0	1705.4	42272.9	25878.4
吉 林	239.4	8445.4	1729.0	1814.0	523.6	18846.1	10258.0
黑龙江	246.2	8061.1	1618.2	1487.6	495.3	17732.9	10653.1
上 海	467.0	30418.6	8255.5	6154.4	1968.6	51746.2	24912.9
江 苏	1251.0	90383.5	29636.1	19423.7	7840.3	149340.8	79833.6
浙 江	606.8	62607.5	18492.0	13173.1	5181.7	110368.5	60931.7
安 徽	378.0	26305.7	8265.0	4893.0	1946.9	48960.0	27430.0
福 建	210.3	23691.0	5753.0	5724.1	2326.9	46172.9	23859.7
江 西	166.8	15472.9	4238.9	3352.9	1326.5	30357.9	16234.6
山 东	1020.0	58778.9	12573.7	12463.5	4896.2	109712.9	66996.9
河 南	581.6	26201.8	6149.5	4978.5	1744.8	54479.5	31194.6
湖 北	359.5	22506.8	5458.3	4849.7	1826.9	46565.5	24289.5
湖 南	217.2	15389.8	4724.7	3317.5	1194.1	32485.2	16219.6
广 东	1171.6	102873.7	28748.0	21934.1	8004.6	169766.7	95018.8
广 西	139.5	11322.4	2696.9	2445.0	941.3	22802.3	14509.5
海 南	22.3	1789.1	361.1	277.9	84.5	4281.6	2472.1
重 庆	150.7	12872.2	4095.0	2341.1	891.6	24310.8	13685.9
四 川	253.0	25846.1	6913.5	5193.2	1794.2	57922.3	31904.3
贵 州	206.0	7081.7	1374.2	1641.1	394.6	16452.9	10291.4
云 南	173.8	9518.8	1849.1	2573.5	701.6	24804.5	13793.4
西 藏	46.0	487.7	88.2	48.0	14.3	2139.1	1139.0
陕 西	256.4	17900.9	4073.5	2730.0	1148.2	40875.3	22258.2
甘 肃	141.7	4953.1	1211.0	1148.2	318.2	12876.3	7457.9
青 海	122.3	2200.7	627.4	383.9	126.7	6481.8	4671.8
宁 夏	129.6	4042.7	959.2	614.5	230.6	11930.2	7695.6
新 疆	186.8	9704.8	2170.1	1640.9	594.9	27860.3	15844.5

12-5 分行业规模以上中小工业企业主要经济指标(一)

(2021年) 单位：亿元

行业	营业收入	营业成本	销售费用	管理费用	财务费用	利润总额
全国总计	**754756.8**	**638828.7**	**19988.8**	**40537.5**	**7463.1**	**46551.2**
煤炭开采和洗选业	16083.5	10033.3	312.0	844.8	342.1	3570.2
石油和天然气开采业	808.6	508.0	7.5	78.0	11.1	200.2
黑色金属矿采选业	3926.0	2997.8	65.0	193.7	59.7	489.8
有色金属矿采选业	2569.9	1780.2	24.1	210.2	49.8	417.5
非金属矿采选业	3864.1	2835.6	188.5	272.4	59.7	409.4
开采专业及辅助性活动	289.4	240.7	2.9	27.5	1.6	12.2
其他采矿业	11.8	9.3	0.4	1.5	0.1	0.4
农副食品加工业	48404.8	44233.5	953.4	1324.4	314.5	1580.9
食品制造业	14730.5	11865.5	874.2	839.6	94.4	1054.3
酒、饮料和精制茶制造业	9811.2	7530.2	502.7	502.8	75.6	919.5
烟草制品业	717.4	326.5	13.2	68.1	-8.7	83.9
纺织业	21602.3	19033.8	394.5	1033.6	215.6	919.9
纺织服装、服饰业	12135.6	10380.3	374.8	720.4	89.4	547.3
皮革、毛皮、羽毛及其制品和制鞋业	8454.9	7371.3	186.7	427.8	57.6	377.4
木材加工和木、竹、藤、棕、草制品业	9452.1	8480.7	181.4	328.5	61.1	366.3
家具制造业	6287.3	5266.5	238.5	408.5	48.2	313.1
造纸和纸制品业	11125.6	9677.4	322.1	552.3	81.7	513.5
印刷和记录媒介复制业	6805.0	5725.6	186.1	467.3	46.7	390.5
文教、工美、体育和娱乐用品制造业	11447.7	9824.2	300.8	615.6	83.0	619.5
石油、煤炭及其他燃料加工业	17548.6	15363.9	198.5	440.2	135.8	608.2
化学原料和化学制品制造业	61551.5	51106.6	1642.8	3283.6	526.7	5059.7
医药制造业	19199.9	11118.1	2578.4	1872.1	134.3	3637.9
化学纤维制造业	4799.5	4223.1	58.7	208.2	57.6	266.6
橡胶和塑料制品业	23781.9	20064.9	650.9	1532.0	176.9	1352.6
非金属矿物制品业	60544.9	50224.0	1989.0	3067.7	514.3	4653.2
黑色金属冶炼和压延加工业	28833.7	26998.0	240.1	630.4	115.6	814.3
有色金属冶炼和压延加工业	42704.8	40028.3	255.2	984.4	242.7	1237.8
金属制品业	40877.4	35876.5	779.5	2089.2	286.5	1804.8
通用设备制造业	34812.5	28500.1	1141.9	2757.7	232.0	2212.3
专用设备制造业	27572.8	21690.0	1127.4	2520.7	204.6	2128.0
汽车制造业	35617.7	30789.0	755.2	2378.9	224.1	1591.3
铁路、船舶、航空航天和其他运输设备制造业	7934.9	6719.4	177.2	596.5	59.1	297.7
电气机械和器材制造业	50844.3	43754.2	1344.5	3235.1	353.6	2274.7
计算机、通信和其他电子设备制造业	47712.0	40624.6	1008.9	3426.7	235.0	2612.3
仪器仪表制造业	7582.1	5653.8	393.5	819.8	41.7	780.3
其他制造业	1698.1	1430.3	51.0	114.9	12.0	90.4
废弃资源综合利用业	8795.3	8212.0	70.5	192.8	48.0	325.7
金属制品、机械和设备修理业	860.9	717.0	13.3	72.0	13.1	45.6
电力、热力生产和供应业	29802.2	26573.7	62.0	808.2	1934.6	830.9
燃气生产和供应业	9926.7	8695.9	203.4	279.3	81.8	748.5
水的生产和供应业	3227.5	2344.8	118.4	310.1	149.8	392.7

12-5 分行业规模以上中小工业企业主要经济指标(二)

(2021年) 单位：亿元

行　业	亏损企业亏损总额	流动资产合计	应收账款	存货	产成品	资产总计	负债合计
全国总计	**8564.4**	**424008.0**	**123357.3**	**88694.1**	**36078.5**	**772544.8**	**441903.7**
煤炭开采和洗选业	300.9	11031.5	1942.0	685.8	383.2	24214.3	16074.1
石油和天然气开采业	32.9	750.6	119.7	11.6	3.4	3007.9	1365.7
黑色金属矿采选业	28.3	2054.6	357.7	267.2	153.1	4285.3	2618.0
有色金属矿采选业	57.5	1632.4	253.2	257.1	127.7	4648.4	2637.8
非金属矿采选业	42.3	2409.9	453.1	269.4	169.8	5838.0	2995.4
开采专业及辅助性活动	7.2	360.2	161.4	21.2	2.7	583.6	350.4
其他采矿业		3.9	1.0	0.9	0.2	8.6	4.7
农副食品加工业	268.2	16812.3	2873.8	5212.6	2177.2	27221.7	16309.8
食品制造业	162.4	7016.3	1522.6	1661.4	681.8	12741.9	6305.6
酒、饮料和精制茶制造业	60.9	4981.6	874.3	1779.8	665.4	9667.0	4781.9
烟草制品业	1.7	626.4	54.0	185.5	109.2	902.8	222.8
纺织业	114.3	9904.5	2481.9	2905.8	1439.6	16893.1	9904.9
纺织服装、服饰业	93.4	5268.6	1434.2	1406.7	682.9	8471.9	4496.4
皮革、毛皮、羽毛及其制品和制鞋业	41.6	2761.9	798.2	795.6	334.1	4986.4	2552.1
木材加工和木、竹、藤、棕、草制品业	45.4	3181.0	911.7	853.9	425.0	5260.1	3001.0
家具制造业	40.9	2954.6	862.2	765.5	321.7	4760.8	2682.9
造纸和纸制品业	68.6	5146.5	1472.5	1170.6	483.6	9358.3	5697.4
印刷和记录媒介复制业	36.6	3435.3	1037.2	684.7	270.1	6039.7	2818.5
文教、工美、体育和娱乐用品制造业	49.9	4542.4	1053.0	1634.8	668.8	7112.2	3800.9
石油、煤炭及其他燃料加工业	252.8	7453.6	1152.2	2095.1	841.0	13540.0	9831.1
化学原料和化学制品制造业	533.5	31039.1	7215.7	6347.0	2937.1	59069.0	30500.2
医药制造业	263.0	15442.6	3313.8	3237.9	1407.8	26394.6	10759.7
化学纤维制造业	53.6	2345.6	392.7	594.5	325.8	4667.2	2699.1
橡胶和塑料制品业	136.1	12068.6	4060.3	2625.2	1209.6	19593.8	9949.1
非金属矿物制品业	315.4	36543.7	14443.2	5745.9	2487.2	62427.5	34497.8
黑色金属冶炼和压延加工业	108.7	8910.3	1287.9	2458.5	1182.1	13869.6	9391.5
有色金属冶炼和压延加工业	158.5	11972.7	2523.0	3313.7	1200.6	19919.6	12350.9
金属制品业	188.3	19860.1	6453.2	4665.2	2000.2	30076.6	17302.1
通用设备制造业	244.5	24941.7	8071.5	6219.8	2292.3	36511.9	19507.6
专用设备制造业	267.3	24684.3	7274.5	6080.2	2157.6	35903.8	19273.4
汽车制造业	525.8	24008.9	8457.6	4470.6	2023.4	38725.0	23556.9
铁路、船舶、航空航天和其他运输设备制造业	209.2	6714.6	1938.5	1629.6	453.5	10284.1	6110.1
电气机械和器材制造业	408.9	33056.6	12891.6	6860.9	2813.5	48049.4	27249.6
计算机、通信和其他电子设备制造业	697.8	33961.9	11885.6	7196.9	2539.2	52167.8	27053.7
仪器仪表制造业	50.1	6870.7	2161.8	1560.3	502.0	9725.4	4433.1
其他制造业	9.3	839.5	233.4	204.8	85.1	1336.5	669.1
废弃资源综合利用业	35.1	2301.3	584.0	592.0	285.8	3821.6	2236.5
金属制品、机械和设备修理业	20.5	729.7	243.7	131.3	24.8	1511.3	740.5
电力、热力生产和供应业	2476.0	25756.8	8625.8	1597.7	54.2	101265.3	68914.4
燃气生产和供应业	72.8	4028.7	777.3	307.0	120.1	10866.3	6288.3
水的生产和供应业	84.3	5602.5	706.4	189.3	36.0	16816.8	9969.0

12-6 分地区规模以上中小工业企业主要经济指标(一)

(2021年)　　　　单位：亿元

地　区	营业收入	营业成本	销售费用	管理费用	财务费用	利润总额
全国总计	**754756.8**	**638828.7**	**19988.8**	**40537.5**	**7463.1**	**46551.2**
北　京	9969.1	6638.5	580.2	855.6	34.8	1918.4
天　津	12938.0	11400.6	317.2	618.7	71.4	534.9
河　北	26854.7	23888.7	556.6	1031.4	309.7	1026.1
山　西	15829.7	12672.7	344.6	799.8	416.8	1213.8
内蒙古	12214.0	9186.6	244.3	495.2	261.2	1718.4
辽　宁	15045.6	12915.4	426.6	806.8	197.5	482.4
吉　林	5262.8	4372.5	229.3	321.0	99.8	241.6
黑龙江	5910.3	5057.0	192.4	265.7	97.3	319.6
上　海	23305.6	19006.8	979.1	1758.3	93.4	1611.2
江　苏	93121.1	79043.8	2434.3	5856.3	686.2	5356.4
浙　江	69662.1	58879.4	1861.2	4599.4	670.2	4114.9
安　徽	27547.8	23689.2	678.6	1427.8	204.7	1620.5
福　建	45081.2	39149.3	990.9	1741.1	263.1	2847.8
江　西	33445.3	28958.5	624.5	1239.2	198.3	2415.4
山　东	58374.9	51296.6	1276.0	2602.2	602.8	2532.6
河　南	29080.2	25390.5	678.3	1149.0	352.2	1465.5
湖　北	32897.0	27981.6	928.6	1637.4	279.4	1963.5
湖　南	32389.4	27073.8	978.7	2294.3	270.3	1561.0
广　东	92835.5	78955.0	2676.2	5976.5	638.3	4685.0
广　西	13881.7	12087.3	255.9	459.1	147.7	746.6
海　南	1538.7	1201.0	98.4	88.8	16.6	139.0
重　庆	15258.8	12647.1	415.2	837.8	125.4	1200.5
四　川	34411.8	28538.6	1037.1	1545.2	411.8	2679.5
贵　州	6151.5	5170.7	189.7	308.1	146.0	271.6
云　南	10059.1	8393.4	252.3	405.2	196.7	635.4
西　藏	285.8	169.9	13.4	23.3	10.0	69.5
陕　西	15878.7	12409.4	411.9	713.6	180.9	1908.5
甘　肃	3603.0	3090.1	76.1	147.7	104.7	163.1
青　海	1464.6	1167.4	34.5	69.0	57.0	121.3
宁　夏	3404.9	2944.0	59.6	138.2	113.5	153.2
新　疆	7053.8	5453.4	147.2	325.9	205.3	834.0

12-6 分地区规模以上中小工业企业主要经济指标(二)

(2021年)　　单位：亿元

地　区	亏损企业亏损总额	流动资产合计	应收账款	存　货	产成品	资产总计	负债合计
全国总计	**8564.4**	**424008.0**	**123357.3**	**88694.1**	**36078.5**	**772544.8**	**441903.7**
北　京	154.1	10094.1	2536.7	1696.3	571.2	16167.4	6908.6
天　津	161.4	7581.5	2186.4	1771.4	670.0	12634.8	7041.1
河　北	375.3	15432.3	4231.5	3111.4	1305.1	28996.1	18025.2
山　西	601.5	10924.0	2954.0	1587.8	700.4	24651.8	18081.0
内蒙古	250.8	7840.8	2082.6	1136.1	455.2	19113.0	11828.6
辽　宁	513.7	11614.3	2946.8	2605.2	976.3	20151.2	12823.9
吉　林	153.3	4242.9	1210.2	938.1	333.1	8433.9	5254.4
黑龙江	147.2	4557.2	1163.7	1044.0	384.6	9040.9	5791.9
上　海	374.3	17967.5	5603.6	3705.0	1366.8	27005.9	13031.0
江　苏	891.1	58712.4	20348.9	12884.0	5386.3	93504.1	50469.9
浙　江	519.3	45497.5	13847.3	9621.3	3864.4	75827.7	43085.2
安　徽	257.5	16412.2	4949.4	3249.2	1417.7	28662.6	15107.7
福　建	181.3	14985.4	3788.9	3570.5	1575.1	28018.3	13883.8
江　西	126.0	10495.2	2892.7	2415.5	1046.9	20179.2	10741.9
山　东	786.4	34425.0	8521.0	7684.4	3268.1	58247.9	37533.5
河　南	389.5	13251.0	3130.2	2660.2	1038.2	28887.5	15298.5
湖　北	209.3	13224.6	3790.5	2903.1	1272.7	24947.5	12932.8
湖　南	150.3	9177.1	2662.9	2016.5	888.1	20434.2	9511.6
广　东	963.9	54006.6	16719.7	11874.7	4444.7	86257.3	49331.0
广　西	130.7	7645.2	2115.9	1595.7	715.7	14471.4	9172.7
海　南	15.7	1243.6	268.3	167.0	65.1	2694.9	1517.3
重　庆	95.5	7257.9	2316.6	1375.0	564.7	14471.2	7909.0
四　川	165.7	15247.8	4531.5	3172.8	1208.8	34421.6	19346.7
贵　州	192.0	4339.9	1081.4	902.3	307.0	10042.6	7073.7
云　南	144.3	5611.5	1321.0	1168.6	565.3	14439.5	9027.3
西　藏	6.8	383.8	87.1	41.3	14.1	1294.6	875.9
陕　西	199.2	9658.1	2476.5	1650.8	797.5	18743.7	10512.1
甘　肃	103.6	2909.3	922.8	548.0	223.2	6796.7	4454.2
青　海	50.0	1347.9	445.3	233.6	78.2	3095.6	2147.1
宁　夏	114.6	2438.4	666.3	401.6	167.2	6060.6	4012.6
新　疆	140.2	5483.1	1557.6	962.8	406.7	14850.8	9173.5

12-7 主要工业产品产量(一)

年份	原煤 (亿吨)	原油 (万吨)	天然气 (亿立方米)	原盐 (万吨)	成品糖 (万吨)	卷烟 (亿支)
1978	6.18	10405.0	137.3	1953.0	227.0	1182.0
1979	6.35	10615.0	145.1	1477.0	250.0	1303.0
1980	6.20	10594.6	142.7	1728.0	257.0	1520.0
1981	6.22	10122.0	127.4	1832.0	317.0	1704.0
1982	6.66	10212.0	119.3	1638.0	338.0	1885.0
1983	7.15	10607.0	122.1	1613.0	377.0	1938.0
1984	7.89	11461.0	124.3	1642.0	380.0	2132.0
1985	8.72	12489.5	129.3	1479.0	451.0	2370.0
1986	8.94	13069.0	137.6	1766.0	525.0	2596.0
1987	9.28	13414.0	138.9	1764.0	506.0	2881.0
1988	9.80	13705.0	142.6	2264.0	461.0	3096.0
1989	10.54	13764.0	150.5	2829.0	501.0	3195.0
1990	10.80	13830.6	153.0	2023.0	582.0	3298.0
1991	10.87	14099.0	160.7	2410.0	640.0	3226.0
1992	11.16	14210.0	157.9	2838.0	829.0	3285.0
1993	11.51	14517.0	167.7	2943.0	771.0	3376.0
1994	12.40	14608.0	175.6	2996.0	592.0	3432.0
1995	13.61	15004.4	179.5	2977.7	558.6	3485.0
1996	13.97	15733.4	201.1	2903.6	640.2	3401.9
1997	13.88	16074.1	227.0	3082.7	702.6	3377.4
1998	13.32	16100.0	232.8	2242.5	826.0	3374.0
1999	13.64	16000.0	252.0	2812.4	861.0	3340.0
2000	13.84	16300.0	272.0	3128.0	700.0	3397.0
2001	14.72	16395.9	303.3	3410.5	653.1	3402.1
2002	15.50	16700.0	326.6	3602.4	926.0	3467.1
2003	18.35	16960.0	350.2	3437.7	1083.9	3580.9
2004	21.23	17587.3	414.6	4043.4	1033.7	18736.4
2005	23.65	18135.3	493.2	4661.1	912.4	19389.1
2006	25.70	18476.6	585.5	5663.1	949.1	20218.1
2007	27.60	18631.8	692.4	6167.0	1271.4	21438.8
2008	29.03	19044.0	803.0	6664.4	1432.6	22199.2
2009	31.15	18949.0	852.7	6662.8	1338.4	22901.5
2010	34.28	20301.4	957.9	7037.8	1117.6	23752.6
2011	37.64	20287.6	1053.4	6742.2	1187.4	24474.0
2012	39.45	20747.8	1106.1	6911.8	1409.5	25160.9
2013	39.74	20991.9	1208.6	7367.6	1592.8	25603.9
2014	38.74	21142.9	1301.6	7049.7	1642.7	26098.5
2015	37.47	21455.6	1346.1	6665.5	1474.1	25890.7
2016	34.11	19968.5	1368.7	6620.1	1443.3	23825.8
2017	35.24	19150.6	1480.3	6654.2	1472.0	23448.3
2018	36.98	18932.4	1601.6	6363.6	1198.8	23375.6
2019	38.46	19162.8	1753.6	6701.4	1389.4	23642.5
2020	39.02	19476.9	1925.0	5852.7	1431.3	23863.7
2021	41.26	19888.1	2075.8	5706.5	1482.3	24182.4

注：1.成品糖指标名称1997年及以前为糖，1998-2004年为机制糖，产量包括土糖。
2.卷烟2003年及以前计量单位为万箱。

12-7 主要工业产品产量(二)

年 份	纱 (万吨)	布 (亿米)	焦 炭 (万吨)	硫 酸 (万吨)	烧 碱 (万吨)	纯 碱 (万吨)
1978	238.2	110.3	4690.0	661.0	164.0	132.9
1979	263.5	121.5	4583.0	699.8	182.6	148.6
1980	292.6	134.7	4343.0	764.3	192.3	161.3
1981	317.0	142.7	3895.0	780.7	192.3	165.2
1982	335.4	153.5	4019.0	817.5	207.3	173.5
1983	327.0	148.8	4220.0	869.6	212.3	179.3
1984	321.9	137.0	4557.2	817.2	222.2	188.0
1985	353.5	146.7	4802.1	676.4	235.3	201.1
1986	397.8	164.7	5275.5	763.1	251.8	214.6
1987	436.8	173.1	5795.1	983.3	273.9	236.3
1988	465.7	187.9	6108.0	1111.3	300.5	260.9
1989	476.7	189.2	6624.0	1153.3	321.1	304.2
1990	462.6	188.8	7328.3	1196.9	335.4	379.5
1991	460.8	181.7	7351.6	1332.9	354.1	393.6
1992	501.7	190.7	7983.9	1408.7	379.5	455.0
1993	501.5	203.0	9282.5	1336.5	395.4	534.9
1994	489.5	211.3	9780.7	1536.5	429.6	581.4
1995	542.2	260.2	13424.5	1811.0	531.8	597.7
1996	512.2	209.1	13643.0	1883.6	573.8	669.3
1997	559.8	248.8	13731.0	2036.9	574.4	725.8
1998	542.0	241.0	12806.0	2171.0	539.4	744.0
1999	567.0	250.0	12073.7	2356.0	580.1	766.0
2000	657.0	277.0	12184.0	2427.0	667.9	834.0
2001	760.7	290.0	13130.7	2696.3	788.0	914.4
2002	850.0	322.4	14279.8	3050.4	878.0	1033.2
2003	983.6	353.5	17775.7	3371.2	945.3	1133.6
2004	1291.3	482.1	20619.0	3928.9	1041.1	1334.7
2005	1450.5	484.4	26511.7	4544.7	1240.0	1421.1
2006	1743.0	598.6	30074.4	5033.2	1511.8	1560.0
2007	1958.4	675.3	33105.3	5412.6	1759.3	1765.0
2008	2055.7	723.1	32313.9	5098.0	1926.0	1854.6
2009	2266.5	753.4	35744.1	5960.9	1832.4	1944.8
2010	2572.8	800.0	38657.8	7090.5	2228.4	2034.8
2011	2717.9	814.1	43433.0	7482.7	2473.5	2294.0
2012	2984.0	848.9	43831.5	7876.6	2696.8	2395.9
2013	3200.0	897.6	48179.4	8154.5	2927.4	2431.6
2014	3379.2	893.7	47980.9	8901.6	3063.5	2525.8
2015	3538.0	892.6	44822.5	8975.7	3020.7	2591.8
2016	3732.6	906.8	44911.5	9133.0	3201.7	2585.0
2017	3191.4	691.1	43142.6	9212.9	3329.2	2767.1
2018	3078.9	698.5	44834.2	9209.3	3475.5	2648.0
2019	2827.2	555.2	47126.2	9119.2	3457.9	2986.5
2020	2618.3	459.2	47116.1	9238.2	3673.9	2812.4
2021	2873.7	502.0	46445.8	9382.7	3891.3	2913.3

12-7 主要工业产品产量(三)

年份	乙烯（万吨）	农用化肥（万吨）	化学纤维（万吨）	水泥（万吨）	平板玻璃（万重量箱）	生铁（万吨）
1978	38.0	869.3	28.5	6524.0	1784.0	3479.0
1979	43.5	1065.4	32.6	7390.0	2083.0	3673.0
1980	49.0	1232.1	45.0	7986.0	2466.0	3802.0
1981	50.5	1239.0	52.7	8290.0	2701.0	3417.0
1982	56.5	1278.1	51.7	9520.0	3154.0	3551.0
1983	65.4	1378.9	54.1	10825.0	3647.0	3738.0
1984	64.8	1460.2	73.5	12302.0	4190.0	4001.0
1985	65.2	1322.2	94.8	14595.0	4942.0	4384.0
1986	69.5	1395.7	101.7	16606.0	5202.0	5064.0
1987	93.7	1672.2	117.5	18625.0	5803.0	5503.0
1988	123.2	1740.2	130.1	21014.0	7293.0	5704.0
1989	139.6	1802.5	148.1	21029.0	8442.0	5820.0
1990	157.2	1879.7	165.4	20971.0	8067.0	6238.0
1991	176.1	1979.5	191.0	25261.0	8712.0	6765.0
1992	200.3	2047.9	213.0	30822.0	9359.0	7589.0
1993	202.7	1956.3	237.4	36788.0	11086.0	8739.0
1994	212.9	2272.8	280.3	42118.0	11925.0	9741.0
1995	240.1	2548.1	341.2	47560.6	15731.7	10529.3
1996	304.0	2809.0	375.5	49118.9	16069.4	10722.5
1997	358.6	2821.0	471.6	51173.8	16630.7	11511.4
1998	377.3	3010.0	510.0	53600.0	17194.0	11863.7
1999	435.0	3251.0	600.0	57300.0	17419.8	12539.2
2000	470.0	3186.0	694.0	59700.0	18352.2	13101.5
2001	480.6	3383.0	841.4	66104.0	20964.1	15554.3
2002	543.0	3791.0	991.2	72500.0	23445.6	17084.6
2003	611.8	3881.3	1181.2	86208.1	27702.6	21366.7
2004	629.9	4804.8	1699.8	96682.0	37026.2	26831.0
2005	755.5	5177.9	1664.8	106884.8	40210.2	34375.2
2006	940.5	5345.1	2073.2	123676.5	46574.7	41245.2
2007	1027.8	5825.0	2413.8	136117.3	53918.1	47651.6
2008	987.6	6028.1	2453.3	142355.7	59890.4	47824.4
2009	1072.6	6385.0	2747.3	164397.8	58574.1	55283.5
2010	1421.3	6337.9	3090.0	188191.2	66330.8	59733.3
2011	1527.5	6419.4	3390.1	209925.9	79107.6	64050.9
2012	1486.8	6832.1	3837.4	220984.1	75050.5	66354.4
2013	1599.3	7026.2	4160.3	241923.9	79285.8	71149.9
2014	1696.7	6876.9	4389.8	249207.1	83128.2	71374.8
2015	1714.6	7432.0	4831.7	235918.8	78651.6	69141.3
2016	1781.1	6629.6	4886.4	241031.0	80408.5	70227.3
2017	1821.8	5891.7	4877.1	233084.1	83765.8	71361.9
2018	1861.8	5403.5	5418.0	223609.6	93963.3	77987.6
2019	2052.3	5731.2	5883.4	234430.6	94461.2	80849.4
2020	2160.0	5496.0	6124.7	239470.8	95227.8	88897.6
2021	2825.7	5543.6	6708.5	237810.8	101920.7	86856.8

注：农用化肥按有效成分100%计算。

12-7 主要工业产品产量(四)

年 份	粗 钢 (万吨)	钢 材 (万吨)	原 铝 (万吨)	大中型拖拉机 (万台)	汽 车 (万辆)	#轿 车
1978	3178.0	2208.0	29.6	11.4	14.9	
1979	3448.0	2497.0	36.2	12.6	18.6	
1980	3712.0	2716.0	39.6	9.8	22.2	0.5
1981	3560.0	2670.0	39.1	5.3	17.6	0.3
1982	3716.0	2902.0	39.6	4.0	19.6	0.5
1983	4002.0	3072.0	44.0	3.7	24.0	0.6
1984	4347.0	3372.0	47.2	4.0	31.6	0.7
1985	4679.0	3693.0	52.3	4.5	43.7	0.9
1986	5220.0	4058.0	55.5	2.9	37.0	1.2
1987	5628.0	4386.0	60.9	3.7	47.2	1.8
1988	5943.0	4689.0	71.2	4.7	64.5	3.0
1989	6159.0	4859.0	74.5	4.0	58.4	3.6
1990	6635.0	5153.0	84.7	3.9	51.4	3.5
1991	7100.0	5638.0	95.5	5.3	71.4	6.9
1992	8094.0	6697.0	109.1	5.7	106.7	16.2
1993	8956.0	7716.0	124.2	3.8	129.9	22.3
1994	9261.0	8428.0	146.2	4.7	136.7	26.9
1995	9536.0	8979.8	167.6	6.3	145.3	33.7
1996	10124.1	9338.0	177.1	8.4	147.5	38.3
1997	10894.2	9978.9	203.5	8.2	158.3	48.6
1998	11559.0	10737.8	233.6	6.8	163.0	50.7
1999	12426.0	12109.8	280.9	6.5	183.2	57.1
2000	12850.0	13146.0	298.9	4.1	207.0	60.7
2001	15163.4	16067.6	357.6	3.8	234.2	70.4
2002	18236.6	19251.6	451.1	4.5	325.1	109.2
2003	22233.6	24108.0	586.6	4.9	444.4	207.1
2004	28291.1	31975.7	669.0	11.4	509.1	227.6
2005	35324.0	37771.1	778.7	16.3	570.5	277.0
2006	41914.9	46893.4	926.6	19.9	727.9	386.9
2007	48928.8	56560.9	1234.0	20.3	888.9	479.8
2008	50305.8	60460.3	1316.5	28.4	930.6	503.8
2009	57218.2	69405.4	1288.6	37.1	1379.5	748.5
2010	63723.0	80276.6	1577.1	33.7	1826.5	957.6
2011	68528.3	88619.6	1961.4	40.2	1841.6	1012.7
2012	72388.2	95577.8	2314.1	52.7	1927.6	1077.0
2013	81313.9	108200.5	2543.8	66.6	2212.1	1210.4
2014	82230.6	112513.1	2885.8	64.4	2372.5	1248.3
2015	80382.5	103468.4	3141.0	68.8	2450.4	1163.0
2016	80760.9	104813.5	3264.5	61.8	2811.9	1211.1
2017	87074.1	104642.1	3329.0	34.4	2901.8	1194.5
2018	92903.8	113287.3	3683.1	26.2	2782.7	1217.4
2019	99541.9	120456.9	3513.0	28.1	2567.7	1028.5
2020	106476.7	132489.2	3708.0	34.6	2532.5	924.0
2021	103524.3	133666.8	3850.3	41.2	2652.8	976.5

注：2009年起电解铝指标名称改为原铝。

12-7 主要工业产品产量(五)

年份	家用电冰箱(万台)	房间空气调节器(万台)	程控交换机(万线)	移动通信手持机(万台)	微型计算机设备(万台)
1978	2.8	0.02			
1979	3.2	0.86			
1980	4.9	1.3			
1981	5.6	1.4			
1982	10.0	2.4			
1983	18.9	3.5			
1984	54.7	6.1			
1985	144.8	12.4			
1986	225.0	9.7			4.2
1987	401.3	13.2			5.1
1988	757.6	25.9			11.6
1989	670.8	37.5			7.5
1990	463.1	24.1			8.2
1991	469.9	63.0			16.3
1992	485.8	158.0			12.6
1993	596.7	346.4			14.7
1994	768.1	393.4			24.6
1995	918.5	682.6	2091.6		83.6
1996	979.7	786.2	2274.8		138.8
1997	1044.4	974.0	2787.3		206.6
1998	1060.0	1156.9	4219.9		291.4
1999	1210.0	1337.6	4726.0		405.0
2000	1279.0	1826.7	7136.0	5247.9	672.0
2001	1351.3	2333.6	7223.5	8031.7	877.7
2002	1598.9	3135.1	5860.7	12146.4	1463.5
2003	2242.6	4820.9	7379.9	18231.4	3216.7
2004	3007.6	6390.3	7625.2	23751.6	5974.9
2005	2987.1	6764.6	7720.9	30354.2	8084.9
2006	3530.9	6849.4	7404.6	48013.8	9336.4
2007	4397.1	8014.3	5387.1	54857.9	12073.4
2008	4800.0	8147.4	4584.0	55945.1	15853.7
2009	5930.5	8078.3	4152.5	68193.4	18215.1
2010	7295.7	10887.5	3138.0	99827.4	24584.5
2011	8699.2	13912.5	3034.0	113257.7	32036.9
2012	8427.0	12398.7	2829.1	118154.6	31806.7
2013	9255.7	13069.3	2698.5	152343.9	35348.4
2014	8796.1	14463.3	2148.2	168202.8	35079.6
2015	7992.8	14200.4	1880.3	181261.4	31418.7
2016	8481.6	14342.4	1457.7	184845.7	29008.5
2017	8314.5	17861.5	937.9	188982.4	30678.4
2018	8108.8	20955.7	1036.7	180050.6	31580.2
2019	7904.3	21866.2	790.5	169603.4	34163.2
2020	9014.7	21035.3	702.6	146961.8	37800.4
2021	8992.1	21835.7	699.6	166151.6	46692.0

注：2009年起微型电子计算机指标名称改为微型计算机设备。

12-7 主要工业产品产量(六)

年份	集成电路(亿块)	彩色电视机(万台)	复印和胶版印制设备(万台)	发电量(亿千瓦时)	#火电	#水电
1978	0.3	0.4		2565.5	2119.6	445.9
1979		1.0		2819.5	2318.5	501.0
1980	0.2	3.2		3006.3	2424.2	582.1
1981	0.1	15.2		3092.7	2437.2	655.5
1982	0.1	28.8		3276.8	2532.8	744.0
1983	0.3	53.1		3514.4	2650.8	863.6
1984	0.4	134.0		3769.9	2902.1	867.8
1985	0.6	435.3	2.4	4106.9	3183.2	923.7
1986	0.6	414.6	1.8	4495.3	3550.0	945.3
1987	1.0	672.7	1.8	4972.7	3972.6	1000.1
1988	1.3	1037.7		5452.1	4360.6	1091.5
1989	1.3	940.0		5848.1	4664.2	1183.9
1990	1.1	1033.0		6212.0	4944.8	1267.2
1991	1.7	1205.1		6775.5	5524.6	1250.9
1992	1.6	1333.1	4.4	7539.4	6214.7	1324.7
1993	2.0	1435.8	6.1	8382.6	6838.8	1543.8
1994	4.8	1689.2	4.1	9280.8	7459.2	1821.6
1995	55.2	2057.7	21.8	10077.3	8043.2	1905.8
1996	38.9	2537.6	63.9	10813.1	8777.0	1879.7
1997	25.5	2711.3	107.8	11355.5	9241.0	1959.8
1998	26.3	3497.0	117.9	11670.0	9267.0	1988.9
1999	41.5	4262.0	210.3	12393.0	9868.0	1965.8
2000	58.8	3936.0	156.6	13556.0	11141.9	2224.1
2001	63.6	4093.7	144.1	14808.0	11768.0	2774.3
2002	96.3	5155.0	207.4	16540.0	13274.0	2879.7
2003	148.3	6541.4	264.2	19105.8	15804.0	2836.8
2004	235.5	7431.8	324.6	22033.1	17956.0	3535.4
2005	270.0	8283.2	403.6	25002.6	20473.4	3970.2
2006	335.8	8375.4	467.8	28657.3	23696.0	4357.9
2007	411.6	8478.0	452.4	32815.5	27229.3	4852.6
2008	438.8	9187.1	517.7	34668.8	27072.3	5851.9
2009	414.4	9898.8	421.0	37146.5	29827.8	6156.4
2010	652.5	11830.0	534.8	42071.6	33319.3	7221.7
2011	719.5	12231.3	655.1	47130.2	38337.0	6989.5
2012	779.6	12823.5	609.7	49875.5	38928.1	8721.1
2013	903.5	12745.2	698.2	54316.4	42470.1	9202.9
2014	1015.5	14128.9	712.9	57944.6	44001.1	10728.8
2015	1087.2	14475.7	734.2	58145.7	42841.9	11302.7
2016	1318.0	15769.6	684.4	61331.6	44370.7	11840.5
2017	1564.6	15932.6	626.1	66044.5	47546.0	11978.7
2018	1852.6	19695.0	576.1	71661.3	50963.2	12317.9
2019	2018.2	18999.1	487.8	75034.3	52201.5	13044.4
2020	2614.2	19626.2	311.2	77790.6	53302.5	13552.1
2021	3594.3	18496.5	390.8	85342.5	58058.7	13390.0

注：2009年起复印机械指标名称改为复印和胶版印制设备。

12-8 分地区主要工业产品产量(一)

(2021年)

地 区	原 煤 (万吨)	原 油 (万吨)	天然气 (亿立方米)	布 (亿米)	农用化肥 (万吨)	水 泥 (万吨)	生 铁 (万吨)	粗 钢 (万吨)
全国总计	**412583.4**	**19888.1**	**2075.8**	**502.0**	**5543.6**	**237810.8**	**86856.8**	**103524.3**
北 京			4.3			258.1		
天 津		3407.0	39.0	0.4	56.0	632.0	1818.4	1825.3
河 北	4643.0	544.6	5.3	10.5	201.6	11354.6	20203.0	22496.5
山 西	120346.3		123.4	0.2	383.3	5688.6	5988.4	6740.7
内蒙古	106990.5	42.1	289.7		395.0	3667.9	2347.4	3117.9
辽 宁	3087.7	1054.2	7.9	0.7	37.1	4938.9	7024.7	7502.4
吉 林	904.6	414.2	21.4	0.3	28.8	2125.3	1366.0	1538.9
黑龙江	6015.9	2945.5	50.5		73.6	2188.6	846.5	960.6
上 海		50.9	17.2	0.7	1.1	444.0	1391.0	1577.1
江 苏	934.3	151.3	0.9	83.6	178.7	15402.1	10023.9	11925.0
浙 江				123.4	80.8	13638.0	794.8	1455.6
安 徽	11274.1		2.3	8.4	210.2	15001.0	2911.6	3891.6
福 建	547.5			83.2	66.7	10131.0	1145.2	2535.5
江 西	237.2			9.7	98.6	10403.8	2315.6	2711.0
山 东	9312.0	2210.7	6.2	46.6	403.7	16617.5	7524.4	7649.3
河 南	9372.4	234.7	2.9	19.3	359.0	11385.9	2746.7	3316.1
湖 北	29.7	53.2	1.3	52.4	582.2	11872.8	2624.4	3656.1
湖 南	726.8		0.0	1.3	66.0	10513.3	2177.4	2612.7
广 东		1744.7	132.5	27.2	7.7	17084.3	2053.6	3178.3
广 西	352.0	46.8	0.2	0.8	41.2	11432.9	3015.3	3660.9
海 南		37.3	8.0		67.0	1937.5		
重 庆			87.1	2.8	162.1	6238.1	674.5	899.3
四 川	1952.6	9.2	522.2	13.9	343.0	14171.5	2092.0	2787.9
贵 州	13231.9		5.2	0.5	336.7	9332.8	375.4	461.9
云 南	6098.9				248.4	11511.5	1711.6	2361.0
西 藏						991.6		
陕 西	70191.8	2552.8	294.1	8.2	166.4	6698.5	1136.3	1520.8
甘 肃	4406.8	1029.1	4.2		27.0	4478.2	789.2	1059.0
青 海	1109.2	234.0	62.0		494.3	1107.1	154.2	186.7
宁 夏	8670.1	135.3	0.2	0.6	62.7	1870.1	457.6	596.3
新 疆	32148.2	2990.4	387.6	7.0	365.1	4693.4	1147.6	1299.9

注：因四舍五入原因，各地区数据之和与全国数据存在误差。

12-8 分地区主要工业产品产量(二)

(2021年)

地 区	钢 材(万吨)	汽 车(万辆)	家 用 电冰箱(万台)	程 控 交换机(万线)	移动通信 手持机(万台)	微型计算机 设 备(万台)	发电量(亿千瓦时)
全国总计	**133666.8**	**2652.8**	**8992.1**	**699.6**	**166151.6**	**46692.0**	**85342.5**
北 京	203.4	135.5			11624.5	647.3	472.6
天 津	5991.7	74.0	15.0		4.6	0.2	799.7
河 北	29559.4	110.0		40.2	118.8		3513.4
山 西	6173.9	11.9			2732.9	22.1	3926.2
内蒙古	2957.6	5.4					6119.9
辽 宁	7759.1	80.9	170.8	0.1	15.9	72.1	2257.6
吉 林	1790.6	242.4					1025.7
黑龙江	951.4	7.6					1200.5
上 海	1941.4	283.3			2892.2	3093.3	1003.1
江 苏	15701.9	77.6	1372.1		4045.5	5472.2	5968.9
浙 江	3451.8	99.4	537.3	67.7	3214.5	190.7	4222.5
安 徽	3820.3	150.3	2381.4		96.6	3694.8	3083.4
福 建	3980.5	34.3			2275.5	1369.7	2950.8
江 西	3480.9	43.6	72.3		12322.7	1807.1	1563.3
山 东	10667.6	107.3	888.8		531.6	1.9	6210.3
河 南	4336.0	52.8	278.9	0.4	15944.7	5.8	3039.1
湖 北	3852.1	209.9	562.8		5622.3	2057.1	3292.4
湖 南	2979.7	31.9			2352.0	300.9	1741.9
广 东	5111.2	338.5	2091.6	591.1	66965.4	5935.4	6306.2
广 西	5282.1	190.1	176.0	0.2	2337.9	224.3	2081.9
海 南		1.5					391.2
重 庆	1310.5	199.8	156.2		11158.3	10730.4	991.4
四 川	3496.2	72.7	124.2		13137.2	9751.4	4530.3
贵 州	811.2	8.8	162.0		2123.0	10.4	2368.4
云 南	2646.4	1.8			1483.9	1305.0	3770.2
西 藏							112.8
陕 西	2097.4	80.1	2.7		4917.2		2739.8
甘 肃	1080.6						1896.8
青 海	182.0						995.7
宁 夏	582.3						2082.9
新 疆	1467.7	1.6			234.5		4683.6

13-1 建筑业企业单位数、从业人员和产值

年份	企业单位数(个)	年末从业人员(万人)	总产值	
			绝对数(亿元)	指数(上年=100)
1980	6604	648.0	286.9	
1985	11150	911.5	675.1	130.5
1990	13327	1010.7	1345.0	104.8
1995	24133	1497.9	5793.8	124.5
1996	41364	2121.9	8282.2	142.9
1997	44017	2101.5	9126.5	110.2
1998	45634	2030.0	10062.0	110.3
1999	47234	2020.1	11152.9	110.8
2000	47518	1994.3	12497.6	112.1
2001	45893	2110.7	15361.6	122.9
2002	47820	2245.2	18527.2	120.6
2003	48688	2414.3	23083.9	124.6
2004	59018	2500.3	29021.5	125.7
2005	58750	2699.9	34552.1	119.1
2006	60166	2878.2	41557.2	120.3
2007	62074	3133.7	51043.7	122.8
2008	71095	3315.0	62036.8	121.5
2009	70817	3672.6	76807.7	123.8
2010	71863	4160.4	96031.1	125.0
2011	72280	3852.5	116463.3	121.3
2012	75280	4267.2	137217.9	117.8
2013	78919	4528.4	160366.1	116.9
2014	81141	4537.0	176713.4	110.2
2015	80911	5093.7	180757.5	102.3
2016	83017	5184.5	193566.8	107.1
2017	88074	5529.6	213943.6	110.5
2018	96544	5305.2	225816.9	105.5
2019	103805	5427.1	248443.3	110.0
2020	116722	5367.0	263947.4	106.2
2021	128746	5282.9	293079.3	111.0

注：本表1980-1992年为全民和集体所有制建筑业企业数据；1993-1995年为各种经济成分的建制镇以上企业数据；1996-2001年为资质等级(旧资质)四级及四级以上建筑业企业数据；2002年起为具有资质等级的施工总承包、专业承包建筑业企业(不含劳务分包建筑业企业)数据(下表同)。

13-2 建筑业企业生产完成情况

项目	单位	2016年	2017年	2018年	2019年	2020年	2021年
签订合同额	亿元	372158	439461	487844	545035	595538	656887
上年结转合同额	亿元	160662	184842	219916	255802	270403	312329
本年新签合同额	亿元	211497	254620	267928	289232	325136	344558
竣工产值	亿元	112882	116744	120555	123832	122156	134523
房屋建筑施工面积	万平方米	1264216	1318374	1371995	1441505	1494754	1575495
#本年新开工面积	万平方米	479554	521297	539761	515026	512409	492097
房屋建筑竣工面积	万平方米	422382	419072	411498	402336	384822	408257
#住宅	万平方米	284029	280370	276790	271016	259081	270590
房屋建筑竣工价值	亿元	69463	71828	70837	73977	71882	79420
#住宅	亿元	46109	47694	46634	47295	47491	50525

13-3 分地区建筑业总产值和房屋建筑面积

(2021年)

地　区	总 产 值 (亿元)	施工面积 (万平方米)	#新开工面积	竣工面积 (万平方米)	#住宅
全国总计	**293079.3**	**1575495.3**	**492097.3**	**408257.1**	**270590.1**
北　京	13987.7	91154.8	20361.0	13254.5	9346.6
天　津	4653.0	18022.6	4580.4	2189.8	1328.1
河　北	6484.6	35548.9	10414.8	8212.2	5781.3
山　西	5677.7	23316.4	7843.4	5048.0	3339.1
内蒙古	1279.4	7497.5	2296.2	1320.7	1072.7
辽　宁	4044.9	18129.7	5456.4	3459.0	2588.3
吉　林	2246.3	8737.4	3950.8	3006.1	2172.4
黑龙江	1328.5	3753.5	1837.4	786.8	536.4
上　海	9236.4	54802.9	13722.1	9232.4	4967.1
江　苏	38244.5	273463.3	83533.6	74993.3	54570.5
浙　江	23011.0	181956.4	52004.9	43302.4	23292.8
安　徽	10584.0	53887.4	17579.7	14006.5	8647.2
福　建	15810.4	87172.3	26133.2	19182.5	13504.3
江　西	9762.9	35525.6	15796.3	14475.2	8800.7
山　东	16412.0	95011.9	32571.7	24018.2	15815.5
河　南	14192.0	67394.3	22669.4	18988.6	13844.1
湖　北	19031.5	94015.9	33711.0	33112.6	20376.7
湖　南	13280.1	76367.9	26085.1	24029.1	16144.4
广　东	21345.6	105978.4	30525.0	24525.6	16056.2
广　西	6699.6	29484.2	7490.6	8596.7	5051.5
海　南	447.1	1700.3	337.8	475.8	361.5
重　庆	9943.0	37895.2	13250.7	14162.0	10432.1
四　川	17351.2	72351.8	25053.5	23250.8	16532.9
贵　州	4578.0	17892.1	5344.6	4035.6	2662.5
云　南	7336.6	18747.2	7063.5	6648.6	4353.4
西　藏	270.7	425.5	132.4	196.4	119.9
陕　西	9176.4	36561.9	10750.5	7164.9	4802.5
甘　肃	2270.3	12419.0	3750.1	2341.4	1637.5
青　海	587.3	935.5	276.7	277.1	199.3
宁　夏	681.5	1989.7	1129.0	839.9	438.1
新　疆	3124.8	13355.6	6445.4	3124.5	1814.5

13-4 分地区建筑业主要效益指标

(2021年)

地区	企业个数(个)	从事建筑业活动的从业人员平均人数(万人)	按建筑业总产值计算的劳动生产率(元/人)	人均竣工产值(元/人)	人均施工面积(平方米/人)	人均竣工面积(平方米/人)
全国总计	**128746**	**6193.7**	**473191**	**217194**	**254.4**	**65.9**
北京	2518	218.5	640303	282065	417.3	60.7
天津	2388	88.3	526910	171987	204.1	24.8
河北	3142	100.5	645244	278762	353.7	81.7
山西	3733	122.8	462396	154534	189.9	41.1
内蒙古	1026	24.5	521475	182283	305.6	53.8
辽宁	5816	69.9	578784	217972	259.4	49.5
吉林	2801	37.5	598758	299817	232.9	80.1
黑龙江	2195	31.1	427852	147685	120.9	25.3
上海	2362	121.4	760647	419933	451.3	76.0
江苏	11396	1035.3	369389	261398	264.1	72.4
浙江	8750	585.2	393185	206585	310.9	74.0
安徽	6834	198.6	533025	194050	271.4	70.5
福建	7758	490.9	322044	132909	177.6	39.1
江西	4663	181.7	537197	232050	195.5	79.6
山东	9297	306.9	534836	226005	309.6	78.3
河南	8158	308.0	460835	199833	218.8	61.7
湖北	5077	250.0	761375	324678	376.1	132.5
湖南	3590	301.2	440841	225823	253.5	79.8
广东	8501	393.0	543085	172710	269.6	62.4
广西	2351	125.6	533283	253031	234.7	68.4
海南	271	6.6	674177	334117	256.4	71.8
重庆	3500	227.9	436359	180882	166.3	62.2
四川	7891	412.9	420179	183407	175.2	56.3
贵州	1993	84.5	541463	172923	211.6	47.7
云南	3770	162.3	452088	159844	115.5	41.0
西藏	410	4.6	586263	196521	92.1	42.5
陕西	3636	165.8	553355	180196	220.5	43.2
甘肃	2168	49.3	460361	180073	251.8	47.5
青海	390	8.2	713397	221323	113.6	33.7
宁夏	648	17.6	388333	220576	113.4	47.9
新疆	1713	62.9	497108	199891	212.5	49.7

14-1 社会消费品零售总额

年　份	社会消费品零售总额 (亿元)	比上年增长 (%)
1978	1558.6	8.8
1979	1800.0	15.5
1980	2140.0	18.9
“六五”时期	**15450.8**	**15.0**
1981	2350.0	9.8
1982	2570.0	9.4
1983	2849.4	10.9
1984	3376.4	18.5
1985	4305.0	27.5
“七五”时期	**34611.5**	**14.0**
1986	4950.0	15.0
1987	5820.0	17.6
1988	7440.0	27.8
1989	8101.4	8.9
1990	8300.1	2.5
“八五”时期	**76657.3**	**23.1**
1991	9415.6	13.4
1992	10993.7	16.8
1993	14240.1	29.5
1994	18544.0	30.2
1995	23463.9	26.5
“九五”时期	**165568.0**	**10.4**
1996	28120.4	19.8
1997	30922.9	10.0
1998	32955.6	6.6
1999	35122.0	6.6
2000	38447.1	9.5
“十五”时期	**265164.7**	**11.6**
2001	42240.4	9.9
2002	47124.6	11.6
2003	51303.9	8.9
2004	58004.1	13.1
2005	66491.7	14.6
“十一五”时期	**558874.6**	**18.0**
2006	76827.2	15.5
2007	90638.4	18.0
2008	110994.6	22.5
2009	128331.3	15.6
2010	152083.1	18.5
“十二五”时期	**1163648.8**	**13.5**
2011	179803.8	18.2
2012	205517.3	14.3
2013	232252.6	13.0
2014	259487.3	11.7
2015	286587.8	10.4
“十三五”时期	**1840913.8**	**6.5**
2016	315806.2	10.2
2017	347326.7	10.0
2018	377783.1	8.8
2019	408017.2	8.0
2020	391980.6	-3.9
“十四五”时期		
2021	440823.2	12.5
平均每年增长(%)		
1979-2021年		14.0
1991-2021年		13.7
2001-2021年		12.3

注：1.本表按当年价格计算(以下相关表同)。
2.1992年及以前为社会商品零售总额，1997年起社会消费品零售总额不含居民购买住房。
3.根据第四次全国经济普查结果及有关制度规定，对1993-2019年社会消费品零售总额数据进行了修订(以下相关表同)。

14-2 分地区社会消费品零售总额

单位：亿元

地 区	2016年	2017年	2018年	2019年	2020年	2021年
全国总计	**315806.2**	**347326.7**	**377783.1**	**408017.2**	**391980.6**	**440823.2**
北 京	13134.9	13933.7	14422.3	15063.7	13716.4	14867.7
天 津	4188.1	4210.4	4231.2	4218.2	3582.9	3769.8
河 北	10191.4	11138.5	11973.9	12985.5	12705.0	13509.9
山 西	5699.2	6058.5	6523.3	7030.5	6746.3	7747.3
内蒙古	4415.9	4642.6	4852.3	5051.1	4760.5	5060.3
辽 宁	8597.1	8696.4	9112.8	9670.6	8960.9	9783.9
吉 林	3812.9	3992.3	4073.8	4212.9	3824.0	4216.6
黑龙江	4794.1	5077.4	5275.0	5603.9	5092.3	5542.9
上 海	12588.2	13699.5	14874.8	15847.6	15932.5	18079.3
江 苏	29612.5	32818.2	35472.6	37672.5	37086.1	42702.6
浙 江	20916.7	23121.3	25161.9	27343.8	26629.8	29210.5
安 徽	12662.5	14328.8	16156.2	17862.1	18334.0	21471.2
福 建	13703.0	15393.9	17178.4	18896.8	18626.5	20373.1
江 西	7198.5	8118.0	9045.7	10068.1	10371.8	12206.7
山 东	23482.1	25527.9	27480.3	29251.2	29248.0	33714.5
河 南	17274.5	19289.1	21268.0	23476.1	22502.8	24381.7
湖 北	16601.9	18519.7	20598.2	22722.3	17984.9	21561.4
湖 南	12500.0	13793.7	15134.3	16683.9	16258.1	18596.9
广 东	33303.2	36598.6	39767.1	42951.8	40207.9	44187.7
广 西	6349.8	7038.0	7663.5	8200.9	7831.0	8538.5
海 南	1547.3	1729.4	1852.7	1951.1	1974.6	2497.6
重 庆	8728.4	9769.4	10705.2	11631.7	11787.2	13967.7
四 川	15519.7	17404.4	19340.7	21343.0	20824.9	24133.2
贵 州	5651.9	6449.4	7105.0	7468.2	7833.4	8904.3
云 南	7222.7	8194.8	9197.3	10158.2	9792.9	10731.8
西 藏	539.1	618.8	711.8	773.4	745.8	810.3
陕 西	7680.7	8611.2	9510.3	10213.0	9605.9	10250.5
甘 肃	2984.2	3206.2	3435.6	3700.3	3632.4	4037.1
青 海	769.9	842.9	899.9	948.5	877.3	947.8
宁 夏	1130.6	1253.7	1330.1	1399.4	1301.4	1335.1
新 疆	3005.2	3249.8	3429.1	3617.0	3062.5	3584.6

14-3 分地区网上零售额

(2021年)

地　区	网上零售额 (亿元)	比上年增长 (%)	其中：实物商品 网上零售额 (亿元)	比上年增长 (%)
全国总计	**130883.5**	**14.1**	**108042.4**	**12.0**
北　京	11881.1	25.1	8712.4	14.8
天　津	1732.0	4.8	1379.4	-2.7
河　北	3181.8	24.2	2877.2	22.0
山　西	871.2	24.9	566.4	24.2
内蒙古	525.1	30.7	303.6	18.3
辽　宁	1654.1	12.4	1361.1	7.5
吉　林	596.3	23.9	367.4	22.5
黑龙江	714.5	30.0	484.3	20.4
上　海	13783.6	13.3	11762.2	10.4
江　苏	10870.8	6.3	9527.0	5.2
浙　江	17634.6	2.3	14384.9	4.1
安　徽	3049.8	15.9	2571.3	11.8
福　建	6857.2	23.7	6279.8	25.5
江　西	2163.9	25.5	1878.4	26.9
山　东	5409.1	17.8	4763.3	16.5
河　南	2948.2	12.5	2426.4	10.1
湖　北	3415.9	27.3	2896.8	24.3
湖　南	2164.3	12.5	1755.2	12.1
广　东	28467.2	11.4	24563.0	10.4
广　西	1023.6	17.7	675.7	16.6
海　南	626.5	44.2	375.3	54.3
重　庆	1353.2	23.0	963.3	18.2
四　川	3889.1	14.3	3094.9	11.6
贵　州	570.5	22.6	338.3	11.8
云　南	1006.1	15.5	721.7	20.8
西　藏	189.7	61.1	80.1	78.7
陕　西	1561.9	33.8	1202.4	30.2
甘　肃	405.1	32.9	191.7	26.4
青　海	183.6	59.4	60.8	62.8
宁　夏	302.8	46.0	83.5	30.4
新　疆	427.2	41.3	283.0	35.3

14-4 国内旅游情况

年份	旅游人数(亿人次)	城镇居民	农村居民	旅游总花费(亿元)	城镇居民	农村居民	人均花费(元)	城镇居民	农村居民
1994	5.24	2.05	3.19	1023.5	848.2	175.3	195.3	414.7	54.9
1995	6.29	2.46	3.83	1375.7	1140.1	235.6	218.7	464.0	61.5
1996	6.39	2.56	3.83	1638.4	1368.4	270.0	256.2	534.1	70.5
1997	6.44	2.59	3.85	2112.7	1551.8	560.9	328.1	599.8	145.7
1998	6.94	2.50	4.45	2391.2	1515.1	876.1	345.0	607.0	197.0
1999	7.19	2.84	4.35	2831.9	1748.2	1083.7	394.0	614.8	249.5
2000	7.44	3.29	4.15	3175.5	2235.3	940.3	426.6	678.6	226.6
2001	7.84	3.75	4.09	3522.4	2651.7	870.7	449.5	708.3	212.7
2002	8.78	3.85	4.93	3878.4	2848.1	1030.3	441.8	739.7	209.1
2003	8.70	3.51	5.19	3442.3	2404.1	1038.2	395.7	684.9	200.0
2004	11.02	4.59	6.43	4710.7	3359.0	1351.7	427.5	731.8	210.2
2005	12.12	4.96	7.16	5285.9	3656.1	1629.7	436.1	737.1	227.6
2006	13.94	5.76	8.18	6229.7	4414.7	1815.0	446.9	766.4	221.9
2007	16.10	6.12	9.98	7770.6	5550.4	2220.2	482.6	906.9	222.5
2008	17.12	7.03	10.09	8749.3	5971.7	2777.6	511.0	849.4	275.3
2009	19.02	9.03	9.99	10183.7	7233.8	2949.9	535.4	801.1	295.3
2010	21.03	10.65	10.38	12579.8	9403.8	3176.0	598.2	883.0	306.0
2011	26.41	16.87	9.54	19305.4	14808.6	4496.8	731.0	877.8	471.4
2012	29.57	19.33	10.24	22706.2	17678.0	5028.2	767.9	914.5	491.0
2013	32.62	21.86	10.76	26276.1	20692.6	5583.5	805.5	946.6	518.9
2014	36.11	24.83	11.28	30311.9	24219.8	6092.1	839.7	975.4	540.2
2015	39.90	28.02	11.88	34195.1	27610.9	6584.2	857.0	985.5	554.2
2016	44.35	31.95	12.40	39389.8	32241.9	7147.9	888.2	1009.1	576.4
2017	50.01	36.77	13.24	45660.8	37673.0	7987.7	913.0	1024.6	603.3
2018	55.39	41.19	14.20	51278.3	42590.0	8688.3	925.8	1034.0	611.9
2019	60.06	44.71	15.35	57250.9	47509.0	9741.9	953.3	1062.6	634.7
2020	28.79	20.65	8.14	22286.3	17966.5	4319.8	774.1	870.3	530.5
2021	32.46	23.42	9.04	29190.7	23644.2	5546.6	899.3	1009.6	613.6

14-5 入境游客和国际旅游收入

年　份	入境游客（万人次）	#外国人	国际旅游收入（亿美元）
1978	180.92	22.96	2.63
1979	420.39	36.24	4.49
1980	570.25	52.91	6.17
1981	776.71	67.52	7.85
1982	792.43	76.45	8.43
1983	947.70	87.25	9.41
1984	1285.22	113.43	11.31
1985	1783.31	137.05	12.50
1986	2281.95	148.23	15.31
1987	2690.23	172.78	18.62
1988	3169.48	184.22	22.47
1989	2450.14	146.10	18.60
1990	2746.18	174.73	22.18
1991	3334.98	271.01	28.45
1992	3811.49	400.64	39.47
1993	4152.69	465.59	46.83
1994	4368.45	518.21	73.23
1995	4638.65	588.67	87.33
1996	5112.75	674.43	102.00
1997	5758.79	742.80	120.74
1998	6347.84	710.77	126.02
1999	7279.56	843.23	140.99
2000	8344.39	1016.04	162.24
2001	8901.29	1122.64	177.92
2002	9790.83	1343.95	203.85
2003	9166.21	1140.29	174.06
2004	10903.82	1693.25	257.39
2005	12029.23	2025.51	292.96
2006	12494.21	2221.03	339.49
2007	13187.33	2610.97	419.19
2008	13002.74	2432.53	408.43
2009	12647.59	2193.75	396.75
2010	13376.22	2612.69	458.14
2011	13542.35	2711.20	484.64
2012	13240.53	2719.16	500.28
2013	12907.78	2629.03	516.64
2014	12849.83	2636.08	1053.80
2015	13382.04	2598.54	1136.50
2016	13844.38	2815.12	1200.00
2017	13948.24	2916.53	1234.17
2018	14119.83	3054.29	1271.03
2019	14530.78	3188.34	1312.54

注：国际旅游收入指入境旅游者在中国(大陆)境内旅游过程中用于交通、参观游览、住宿、餐饮、购物、娱乐等全部花费。

15-1 各种运输线路长度

(年底数) 单位：万公里

年 份	铁路营业里程	公路里程	#高速公路	内河航道里程	定期航班航线里程	输油(气)管道里程
1978	5.17	89.02		13.60	14.89	0.83
1979	5.30	87.58		10.78	16.00	0.91
1980	5.33	88.83		10.85	19.53	0.87
1981	5.39	89.75		10.87	21.82	0.97
1982	5.33	90.70		10.86	23.27	1.04
1983	5.46	91.51		10.89	22.91	1.08
1984	5.48	92.67		10.93	26.02	1.10
1985	5.52	94.24		10.91	27.72	1.17
1986	5.58	96.28		10.94	32.31	1.30
1987	5.60	98.22		10.98	38.91	1.38
1988	5.62	99.96	0.01	10.94	37.38	1.43
1989	5.70	101.43	0.03	10.90	47.19	1.51
1990	5.79	102.83	0.05	10.92	50.68	1.59
1991	5.78	104.11	0.06	10.97	55.91	1.62
1992	5.81	105.67	0.07	10.97	83.66	1.59
1993	5.86	108.35	0.11	11.02	96.08	1.64
1994	5.90	111.78	0.16	11.02	104.56	1.68
1995	6.24	115.70	0.21	11.06	112.90	1.72
1996	6.49	118.58	0.34	11.08	116.65	1.93
1997	6.60	122.64	0.48	10.98	142.50	2.04
1998	6.64	127.85	0.87	11.03	150.58	2.31
1999	6.74	135.17	1.16	11.65	152.22	2.49
2000	6.87	167.98	1.63	11.93	150.29	2.47
2001	7.01	169.80	1.94	12.15	155.36	2.76
2002	7.19	176.52	2.51	12.16	163.77	2.98
2003	7.30	180.98	2.97	12.40	174.95	3.26
2004	7.44	187.07	3.43	12.33	204.94	3.82
2005	7.54	334.52	4.10	12.33	199.85	4.40
2006	7.71	345.70	4.53	12.34	211.35	4.81
2007	7.80	358.37	5.39	12.35	234.30	5.45
2008	7.97	373.02	6.03	12.28	246.18	5.83
2009	8.55	386.08	6.51	12.37	234.51	6.91
2010	9.12	400.82	7.41	12.42	276.51	7.85
2011	9.32	410.64	8.49	12.46	349.06	8.33
2012	9.76	423.75	9.62	12.50	328.01	9.16
2013	10.31	435.62	10.44	12.59	410.60	9.85
2014	11.18	446.39	11.19	12.63	463.72	10.57
2015	12.10	457.73	12.35	12.70	531.72	10.87
2016	12.40	469.63	13.10	12.71	634.81	11.34
2017	12.70	477.35	13.64	12.70	748.30	11.93
2018	13.17	484.65	14.26	12.71	837.98	12.23
2019	13.99	501.25	14.96	12.73	948.22	12.66
2020	14.63	519.81	16.10	12.77	942.63	12.87
2021	15.07	528.07	16.91	12.76	689.78	13.12

注：1.2005年起公路里程含村道。
2.2004年起，内河航道里程为内河航道通航里程数。
3.2012年起，管道运输统计口径在原中国石油天然气集团公司、中国石油化工集团公司基础上增加中国海洋石油集团有限公司；2020年，报送单位改为四家企业，新增国家管网集团公司。

15-2 民用汽车拥有量

单位：万辆

年 份	民用汽车 总 计	#载客汽车	#载货汽车	#私人汽车 总 计	#载客汽车	#载货汽车
1978	135.8	25.9	100.2			
1979	155.5	29.7	114.4			
1980	178.3	35.1	129.9			
1981	199.1	40.6	137.4			
1982	215.7	44.2	148.1			
1983	232.6	47.8	169.4			
1984	260.4	56.3	188.4			
1985	321.1	79.5	223.2	28.5	1.9	26.5
1986	362.0	96.6	246.6	34.7	3.4	31.2
1987	408.1	111.5	281.2	42.3	7.3	34.9
1988	464.4	130.4	317.9	60.4	15.3	45.1
1989	511.3	146.4	346.4	73.1	20.3	52.8
1990	551.4	162.2	368.5	81.6	24.1	57.5
1991	606.1	185.2	398.6	96.0	30.4	65.6
1992	691.7	226.2	441.5	118.2	41.8	76.2
1993	817.6	286.0	501.0	155.8	59.9	94.0
1994	942.0	349.7	560.3	205.4	78.6	123.3
1995	1040.0	417.9	585.4	250.0	114.2	131.8
1996	1100.1	488.0	575.0	289.7	143.0	142.8
1997	1219.1	580.6	601.2	358.4	191.3	163.2
1998	1319.3	654.8	627.9	423.7	230.7	192.0
1999	1452.9	740.2	677.0	533.9	304.1	228.7
2000	1608.9	853.7	716.3	625.3	365.1	259.1
2001	1802.0	994.0	765.2	770.8	469.9	299.0
2002	2053.2	1202.4	812.2	969.0	623.8	341.3
2003	2382.9	1478.8	853.5	1219.2	845.9	367.4
2004	2693.7	1735.9	893.0	1481.7	1069.7	402.8
2005	3159.7	2132.5	955.5	1848.1	1383.9	452.1
2006	3697.4	2619.6	986.3	2333.3	1823.6	494.9
2007	4358.4	3196.0	1054.1	2876.2	2316.9	539.4
2008	5099.6	3838.9	1126.1	3501.4	2880.5	596.4
2009	6280.6	4845.1	1368.6	4574.9	3808.3	753.4
2010	7801.8	6124.1	1597.6	5938.7	4989.5	931.5
2011	9356.3	7478.4	1788.0	7326.8	6237.5	1067.4
2012	10933.1	8943.0	1894.7	8838.6	7637.9	1175.6
2013	12670.1	10561.8	2010.6	10501.7	9198.2	1275.5
2014	14598.1	12326.7	2125.5	12339.4	10945.4	1352.8
2015	16284.5	14095.9	2065.6	14099.1	12737.2	1330.7
2016	18574.5	16278.2	2171.9	16330.2	14896.3	1401.2
2017	20906.7	18469.5	2338.8	18515.1	17001.5	1478.4
2018	23231.2	20555.4	2567.8	20574.9	18930.3	1605.1
2019	25376.4	22474.3	2782.8	22509.0	20710.6	1753.7
2020	27340.9	24166.2	3042.6	24291.2	22333.8	1907.3
2021	29418.6	26015.8	3258.5	26152.0	24074.2	2022.3

15-3 民用运输船舶拥有量

单位：艘

年 份	民用运输船 舶	#机动船	驳 船
1978	157960	28340	74484
1980	144252	29588	71604
1985	475000	260296	132682
1990	425934	325888	82482
1995	364968	299717	57998
1996	330953	269879	56128
1997	271856	215814	49983
1998	263576	212093	48115
1999	242043	194590	47453
2000	229676	185018	44658
2001	210786	169329	41457
2002	202977	165936	37041
2003	204270	163813	40457
2004	210700	166854	43846
2005	207294	165900	41394
2006	194360	157805	36555
2007	191771	157544	34227
2008	184190	152247	31943
2009	176932	149367	27565
2010	178407	155624	22783
2011	179242	157950	21292
2012	178591	158309	20282
2013	172554	155340	17214
2014	171977	154974	17003
2015	165905	149659	16246
2016	160144	144568	15576
2017	144924	131746	13178
2018	136975	125754	11221
2019	131555	121440	10115
2020	126805	117931	8874
2021	125890	118025	7865

15-4 民用航空航线及飞机架数

指　　标	单　位	1990年	2000年	2010年	2020年	2021年
定期航班航线条数	**条**	**437**	**1165**	**1880**	**5581**	**4864**
国际航线	条	44	133	302	895	279
国内航线	条	385	1032	1578	4686	4585
#港澳台地区航线	条	8	42	85	94	25
定期航班航线里程	**万公里**	**50.7**	**150.3**	**276.5**	**942.6**	**689.8**
国际航线	万公里	16.6	50.8	107.0	382.9	132.0
国内航线	万公里	32.9	99.4	169.5	559.8	557.8
#港澳台地区航线	万公里	1.1	5.6	12.1	13.7	2.9
定期航班通航机场	**个**	**94**	**139**	**175**	**240**	**248**
民用飞机架数	**架**	**503**	**982**	**2405**	**6795**	**7072**
运输飞机	架	204	527	1597	3903	4054
大中型飞机	架		462	1453	3701	3840
小型飞机	架		65	144	202	214
通用航空飞机	架	217	301	606	2892	3018

注：1.1992年以前，民航机场和飞机架数为民航总局直属企业数，1992年起为民航全行业数据。

2.1997年以前，港澳地区航线与国内航线、国际航线并列统计。1997年起，民航所属至香港航线统计在国内航线中。1999年起，港澳地区航线为国内航线的其中项。

3.定期航班通航机场不包含香港、澳门特别行政区和台湾省。

4.2015年起通用航空飞机数包含教学校验飞机。

15-5 客运量

单位：万人

年 份	客运量	铁 路	公 路	水 运	民 航
1978	253993	81491	149229	23042	231
1979	289665	86389	178618	24360	298
1980	341785	92204	222799	26439	343
1981	384763	95219	261559	27584	401
1982	428964	99922	300610	27987	445
1983	470614	106044	336965	27214	391
1984	530217	113353	390336	25974	554
1985	620206	112110	476486	30863	747
1986	688211	108579	544259	34377	996
1987	746422	112479	593682	38951	1310
1988	809592	122645	650473	35032	1442
1989	791374	113805	644508	31778	1283
1990	772682	95712	648085	27225	1660
1991	806048	95080	682681	26109	2178
1992	860855	99693	731774	26502	2886
1993	996634	105458	860719	27074	3383
1994	1092882	108738	953940	26165	4039
1995	1172596	102745	1040810	23924	5117
1996	1245357	94797	1122110	22895	5555
1997	1326094	93308	1204583	22573	5630
1998	1378717	95085	1257332	20545	5755
1999	1394413	100164	1269004	19151	6094
2000	1478573	105073	1347392	19386	6722
2001	1534122	105155	1402798	18645	7524
2002	1608150	105606	1475257	18693	8594
2003	1587497	97260	1464335	17142	8759
2004	1767453	111764	1624526	19040	12123
2005	1847018	115583	1697381	20227	13827
2006	2024158	125656	1860487	22047	15968
2007	2227761	135670	2050680	22835	18576
2008	2867892	146193	2682114	20334	19251
2009	2976898	152451	2779081	22314	23052
2010	3269508	167609	3052738	22392	26769
2011	3526319	186226	3286220	24556	29317
2012	3804035	189337	3557010	25752	31936
2013	2122992	210597	1853463	23535	35397
2014	2032218	230460	1736270	26293	39195
2015	1943271	253484	1619097	27072	43618
2016	1900194	281405	1542759	27234	48796
2017	1848620	308379	1456784	28300	55156
2018	1793820	337495	1367170	27981	61174
2019	1760436	366002	1301173	27267	65993
2020	966540	220350	689425	14987	41778
2021	830257	261171	508693	16337	44056

注：1.2008年公路、水路运输量统计口径调整(以下相关表同)。
2.2013年公路水路客货运输数据，源自2013年交通运输业经济统计专项调查，统计范围口径有所调整(下表同)。

15-6 旅客周转量

单位：亿人公里

年 份	旅客周转量	铁 路	公 路	水 运	民 航
1978	1743	1093	521	101	28
1979	1968	1216	603	114	35
1980	2281	1383	730	129	40
1981	2500	1473	839	138	50
1982	2743	1575	964	145	60
1983	3095	1777	1106	154	59
1984	3620	2046	1337	154	83
1985	4435	2416	1725	179	116
1986	4897	2587	1982	182	146
1987	5415	2843	2190	196	186
1988	6209	3260	2528	204	217
1989	6075	3037	2662	188	187
1990	5628	2613	2620	165	230
1991	6178	2828	2872	177	301
1992	6949	3152	3193	198	406
1993	7858	3483	3701	196	478
1994	8591	3636	4220	184	552
1995	9002	3546	4603	172	681
1996	9165	3348	4909	161	748
1997	10055	3585	5541	156	774
1998	10637	3773	5943	120	800
1999	11300	4136	6199	107	857
2000	12261	4533	6657	101	971
2001	13155	4767	7207	90	1091
2002	14126	4969	7806	82	1269
2003	13811	4789	7696	63	1263
2004	16309	5712	8748	66	1782
2005	17467	6062	9292	68	2045
2006	19197	6622	10131	74	2371
2007	21593	7216	11507	78	2792
2008	23197	7779	12476	59	2883
2009	24835	7879	13511	69	3375
2010	27894	8762	15021	72	4039
2011	30984	9612	16760	75	4537
2012	33383	9812	18468	77	5026
2013	27572	10596	11251	68	5657
2014	28647	11242	10997	74	6334
2015	30059	11961	10743	73	7283
2016	31258	12579	10229	72	8378
2017	32813	13457	9765	78	9513
2018	34218	14147	9280	80	10712
2019	35349	14707	8857	80	11705
2020	19251	8266	4641	33	6311
2021	19758	9568	3628	33	6530

15-7 分地区客运量和旅客周转量

(2021年)

地 区	客运量(万人)	#铁 路	#公 路	#水 运	旅客周转量(亿人公里)	#铁 路	#公 路	#水 运
全国总计	**830257**	**261171**	**508693**	**16337**	**19758**	**9567.8**	**3627.5**	**33.1**
北 京	36666	8607	28059		150	95.5	54.1	
天 津	12391	3406	8916	70	171	116.6	54.3	0.1
河 北	15009	7931	7079		682	615.7	66.5	
山 西	11810	6454	5280	76	221	165.4	55.8	
内蒙古	6283	3597	2686		165	130.6	34.2	
辽 宁	27408	7778	19362	268	431	333.5	96.1	1.9
吉 林	13470	4216	9155	98	209	135.7	72.9	0.1
黑龙江	13480	4867	8477	135	190	133.5	56.6	0.1
上 海	11125	9284	1480	361	135	84.3	49.7	0.7
江 苏	67295	21367	43789	2140	992	689.1	301.6	0.8
浙 江	46355	18263	24246	3846	714	531.8	176.9	4.9
安 徽	27563	11118	16284	161	754	605.6	147.8	0.2
福 建	19614	8350	10522	742	314	238.6	74.5	0.8
江 西	24304	9167	14978	159	604	506.0	97.7	0.2
山 东	29975	13790	15139	1047	707	525.1	177.8	3.9
河 南	50717	13126	37388	203	985	691.2	293.7	0.4
湖 北	33040	11627	21098	314	621	490.3	128.6	1.9
湖 南	50660	12865	37031	764	858	660.6	195.4	1.7
广 东	53599	24452	27567	1580	941	670.4	266.0	4.5
广 西	27918	9088	18326	504	522	335.6	184.2	2.1
海 南	8944	2771	4856	1317	90	44.7	42.4	2.8
重 庆	32754	6497	25647	610	281	157.8	120.4	3.0
四 川	60287	14073	45349	865	597	325.3	270.3	1.0
贵 州	25855	6481	19004	370	410	255.4	153.9	0.9
云 南	20582	5253	14973	357	283	144.7	138.0	0.6
西 藏	939	327	612		30	15.4	14.8	
陕 西	20587	7728	12794	66	436	333.4	102.0	0.1
甘 肃	15494	4601	10813	79	336	269.1	66.7	0.1
青 海	2474	821	1590	63	85	57.2	27.7	0.1
宁 夏	3575	720	2713	141	56	29.0	26.8	0.1
新 疆	16026	2543	13483		261	180.7	80.1	
不分地区	44056				6530			

注：不分地区合计为民航完成数。

15-8 货运量

单位：万吨

年 份	货运量	铁 路	公 路	水 运	#海 洋	民 航	管 道
1978	319431	110119	151602	47357	3659	6.4	10347
1979	318258	111893	147935	47080		8.0	11342
1980	310841	111279	142195	46833	4292	8.9	10525
1981	298642	107673	134499	45532	4530	9.4	10929
1982	311937	113495	138634	48632	4606	10.2	11166
1983	323956	118784	144051	49489	4759	11.6	11620
1984	339995	124074	151835	51527	5545	15.0	12544
1985	745763	130709	538062	63322	6627	19.5	13650
1986	853557	135635	620113	82962	7228	22.4	14825
1987	948229	140653	711424	80979	7984	29.9	15143
1988	982195	144948	732315	89281	8530	32.7	15618
1989	988435	151489	733781	87493	9027	31.0	15641
1990	970602	150681	724040	80094	9408	37.0	15750
1991	985793	152893	733907	83370	10567	45.2	15578
1992	1045899	157627	780941	92490	11191	57.5	14783
1993	1115902	162794	840256	97938	12508	69.4	14845
1994	1180396	163216	894914	107091	13421	82.9	15092
1995	1234938	165982	940387	113194	15251	101.1	15274
1996	1298421	171024	983860	127430	14213	115.0	15992
1997	1278218	172149	976536	113406	20287	124.7	16002
1998	1267427	164309	976004	109555	18892	140.1	17419
1999	1293008	167554	990444	114608	22621	170.4	20232
2000	1358682	178581	1038813	122391	22949	196.7	18700
2001	1401786	193189	1056312	132675	27573	171.0	19439
2002	1483447	204956	1116324	141832	29896	202.1	20133
2003	1564492	224248	1159957	158070	34002	219.0	21998
2004	1706412	249017	1244990	187394	39469	276.7	24734
2005	1862066	269296	1341778	219648	48549	306.7	31037
2006	2037060	288224	1466347	248703	54413	349.4	33436
2007	2275822	314237	1639432	281199	58903	401.8	40552
2008	2585937	330354	1916759	294510	42352	407.6	43906
2009	2825222	333348	2127834	318996	51733	445.5	44598
2010	3241807	364271	2448052	378949	58054	563.0	49972
2011	3696961	393263	2820100	425968	63542	557.5	57073
2012	4100436	390438	3188475	458705	65815	545.0	62274
2013	4098900	396697	3076648	559785	71156	561.3	65209
2014	4167296	381334	3113334	598283	74733	594.1	73752
2015	4175886	335801	3150019	613567	74685	629.3	75870
2016	4386763	333186	3341259	638238	79769	668.0	73411
2017	4804850	368865	3686858	667846	76030	705.9	80576
2018	5152732	402631	3956871	702684	76969	738.5	89807
2019	4713624	438904	3435480	747225	83243	753.1	91261
2020	4725862	455236	3426413	761630	380087	676.6	81907
2021	5298499	477372	3913889	823973	405095	731.8	82534

注：1.1993年起铁路货物运输增加行包运量(下表同)。
2.根据交通运输部专项调查，2019年公路货运量统计口径有所调整，数据与上年不可比。
3.2020年起，沿海和远洋合并为海洋；2019年及以前年份为远洋运输数据(下同)。

15-9 货物周转量

单位：亿吨公里

年份	货物周转量	铁路	公路	水运	#海洋	民航	管道
1978	9928	5345	350	3802	2487	1.0	430
1979	11014	5599	351	4587		1.2	476
1980	11629	5718	343	5076	3532	1.4	491
1981	11747	5712	358	5176	3643	1.7	499
1982	12540	6120	412	5505	3769	2.0	501
1983	13466	6647	463	5820	3977	2.3	534
1984	14920	7248	527	6569	4374	3.1	572
1985	18365	8126	1903	7729	5329	4.2	603
1986	20147	8765	2118	8648	5948	4.8	612
1987	22229	9471	2660	9465	6576	6.5	625
1988	23826	9878	3220	10070	6966	7.3	650
1989	25592	10394	3375	11187	7689	6.9	629
1990	26208	10622	3358	11592	8141	8.2	627
1991	27987	10972	3428	12955	8990	10.1	621
1992	29218	11576	3755	13256	9034	13.4	617
1993	30647	12091	4071	13861	9134	16.6	608
1994	33435	12632	4486	15687	10268	18.6	612
1995	35909	13049	4695	17552	11938	22.3	590
1996	36590	13106	5011	17863	11254	24.9	585
1997	38385	13270	5272	19235	14875	29.1	579
1998	38089	12560	5483	19406	14920	33.5	606
1999	40568	12910	5724	21263	17014	42.3	628
2000	44321	13770	6129	23734	17073	50.3	636
2001	47710	14694	6330	25989	20873	43.7	653
2002	50686	15658	6783	27511	21733	51.6	683
2003	53859	17247	7099	28716	22305	57.9	739
2004	69445	19289	7841	41429	32255	71.8	815
2005	80258	20726	8693	49672	38552	78.9	1088
2006	88840	21954	9754	55486	42577	94.3	1551
2007	101419	23797	11355	64285	48686	116.4	1866
2008	110300	25106	32868	50263	32851	119.6	1944
2009	122133	25239	37189	57557	39524	126.2	2022
2010	141837	27644	43390	68428	45999	178.9	2197
2011	159324	29466	51375	75424	49355	173.9	2885
2012	173804	29187	59535	81708	53412	163.9	3211
2013	168014	29174	55738	79436	48705	170.3	3496
2014	181668	27530	56847	92775	55935	187.8	4328
2015	178356	23754	57956	91772	54236	208.1	4665
2016	186629	23792	61080	97339	58075	222.4	4196
2017	197373	26962	66772	98611	55084	243.6	4784
2018	204686	28821	71249	99053	51927	262.5	5301
2019	199394	30182	59636	103963	54057	263.2	5350
2020	201946	30514	60172	105834	89897	240.2	5185
2021	223600	33238	69088	115578	97842	278.2	5419

注：根据交通运输部专项调查，2019年公路货物周转量统计口径有所调整，数据与上年不可比。

15-10 分地区货运量和货物周转量

(2021年)

地 区	货运量(万吨)	#铁路	#公路	#水运	货物周转量(亿吨公里)	#铁路	#公路	#水运
全国总计	**5298499**	**477372**	**3913889**	**823973**	**223600**	**33238.0**	**69087.7**	**115577.5**
北 京	23425	350	23075		1077	802.9	274.4	
天 津	56435	11750	34527	10159	2678	553.6	672.7	1451.3
河 北	261208	29205	227203	4800	14769	5395.4	8650.1	724.0
山 西	217623	102909	114698	16	6445	3218.9	3225.7	
内蒙古	215975	83128	132847		4934	2715.3	2218.5	
辽 宁	179238	23151	152596	3491	4525	1246.1	2719.5	559.1
吉 林	53587	5912	47675		2069	544.8	1523.8	
黑龙江	55116	12512	42086	519	1745	882.8	815.8	46.2
上 海	154793	513	52899	101380	34075	18.9	1037.3	33018.3
江 苏	294678	9738	186708	98232	11789	357.5	3687.8	7743.3
浙 江	328041	5177	213653	109210	12938	271.0	2637.0	10029.5
安 徽	401415	7791	259044	134580	11068	826.9	3727.9	6513.3
福 建	166113	5112	110777	50224	10159	201.4	1233.2	8724.6
江 西	198685	4818	181024	12843	4885	570.4	3960.1	354.2
山 东	342728	32203	291196	19329	12050	1729.7	7517.6	2802.4
河 南	255551	11563	226447	17541	10675	2384.5	7026.3	1263.7
湖 北	214762	5828	161310	47625	6743	1100.3	2196.2	3446.4
湖 南	224465	4771	198423	21272	2898	986.9	1461.2	449.6
广 东	386540	11844	267489	107206	28032	362.5	2980.5	24688.5
广 西	216168	9119	169019	38030	4882	772.7	1873.4	2235.9
海 南	27991	1100	7608	19282	8772	16.2	44.7	8710.9
重 庆	144593	1946	121185	21462	3846	254.7	1155.8	2435.9
四 川	184312	7535	171377	5400	3079	1024.4	1789.8	264.7
贵 州	96989	7276	89154	560	1436	685.9	726.3	23.7
云 南	135007	5342	129090	576	1868	482.8	1377.6	7.9
西 藏	4583	81	4502		150	31.2	118.9	
陕 西	160695	37894	122716	85	3945	2126.1	1818.7	0.3
甘 肃	76109	6444	69665		2887	1689.9	1197.4	
青 海	17817	3735	14083		592	431.1	160.5	
宁 夏	46929	9423	37506		812	234.5	577.7	
新 疆	73508	19199	54309		2000	1318.7	681.3	
不分地区	83418			152	5781			83.5

注：不分地区合计中包括民航、管道等完成数。货运量和货物周转量的全国总计等于分省数与不分地区数据之和。

15-11 全国港口货物、集装箱吞吐量

(2021年)

港 口	货物吞吐量		外贸货物吞吐量		集装箱吞吐量	
	总计(万吨)	比上年增长(%)	总计(万吨)	比上年增长(%)	总计(万TEU)	比上年增长(%)
全国总计	**1554534**	**6.8**	**469736**	**4.5**	**28272**	**7.0**
沿海合计	**997259**	**5.2**	**418806**	**4.6**	**24933**	**6.4**
辽 宁	78768	-3.9	27254	-11.7	1135	-13.4
河 北	123427	2.5	32404	-12.1	481	7.6
天 津	52954	5.3	29422	3.4	2027	10.4
山 东	178158	5.5	99506	6.7	3447	8.0
上 海	69827	7.3	41491	6.8	4703	8.1
江 苏	38127	17.5	16948	11.4	541	6.7
浙 江	149010	5.3	59170	5.2	3489	8.4
福 建	69190	11.4	25960	10.2	1746	1.5
广 东	181604	3.3	66194	11.2	6429	6.4
广 西	35822	21.2	16694	20.7	601	19.0
海 南	20373	2.4	3763	-1.5	334	11.5
内河合计	**557275**	**9.9**	**50930**	**3.7**	**3340**	**11.3**
黑龙江	396	43.1	95	1.5	1	–
山 东	6585	15.0				
上 海	7143	19.1				
江 苏	282709	7.0	42550	4.8	1639	18.1
浙 江	43824	-0.4	263	2.3	122	13.2
安 徽	58326	7.8	1522	-5.4	204	5.0
江 西	22905	22.1	444	17.0	78	3.7
河 南	2154	–		–	2	–
湖 北	48831	28.6	1787	-2.4	284	24.2
湖 南	14094	3.8	460	-10.7	82	22.6
广 东	27996	5.9	2976	-2.7	649	-5.2
广 西	19837	14.4	116	12.3	119	6.1
重 庆	19804	20.0	578	9.4	133	16.0
四 川	2044	50.4	140	28.9	26	-4.2
贵 州	25	8.3				
云 南	602	42.5				

注：“–”表示因口径变化不宜进行同比。

15-12 邮政行业营业网点及业务量

年　份	邮政行业业务总量（亿元）	营　业网　点（万处）	函　件（亿件）	快　递（万件）	报刊期发　数（万份）	邮　路总长度（万公里）	农村投递路线长度（万公里）
1978	14.9	4.96	28.4		11250	486.33	426.63
1979		4.96	30.8		12680		
1980	17.0	4.95	33.1		16431	473.71	413.89
1981		4.96	33.9		18124		
1982		4.97	33.9		19598		
1983		5.02	35.2		22933		
1984		5.15	39.5		28141		
1985	25.7	5.31	46.8		30172	141.63	356.58
1986		5.28	49.6		28731		
1987		5.29	54.8		31005		
1988		5.29	59.8	153	27443		
1989		5.31	57.3	247	17704	152.61	338.94
1990	46.0	5.36	54.9	343	20078	161.82	336.49
1991	52.8	5.40	52.1	567	23277	160.33	337.14
1992	64.4	5.49	57.2	959	25104	164.69	337.46
1993	80.3	5.70	68.7	2156	25511	176.05	337.78
1994	95.9	6.04	76.5	4020	24096	178.18	336.47
1995	113.3	6.19	79.6	5563	21689	188.61	334.58
1996	133.3	7.25	78.7	7097	21157	211.89	335.81
1997	144.3	7.93	68.6	6879	21875	236.31	340.29
1998	166.3	10.22	65.5	7668	22989	285.39	336.15
1999	198.4	6.66	60.5	9091	25035	297.90	334.81
2000	232.8	5.84	77.7	11031	20090	307.33	336.45
2001	457.4	5.71	86.9	12653	21811	310.26	349.28
2002	494.7	7.64	106.0	14036	17620	308.10	351.12
2003	541.0	6.36	103.8	17238	16594	327.02	353.18
2004	564.3	6.64	82.8	19772	14789	333.64	353.05
2005	625.5	6.59	73.5	22880	14601	340.62	356.52
2006	730.5	6.28	71.3	26988	14373	336.94	356.70
2007	1213.7	7.07	69.5	120190	13031	353.30	363.76
2008	1401.8	6.91	73.6	151329	15658	369.35	365.69
2009	1639.9	6.57	75.3	185786	13910	402.78	367.61
2010	1985.3	7.57	74.0	233892	17158	463.56	369.06
2011	1607.7	7.87	73.8	367311	15008	514.03	363.26
2012	2036.8	9.56	70.7	568548	15402	585.51	373.17
2013	2725.1	12.51	63.4	918675	15141	589.72	374.47
2014	3696.1	13.76	56.1	1395925	14937	630.56	377.59
2015	5078.7	18.86	45.8	2066637	15540	637.64	375.60
2016	7397.2	21.67	36.2	3128315	13618	658.50	376.77
2017	9763.7	27.80	31.5	4005592	12573	938.47	380.53
2018	12345.2	27.46	26.7	5071043	12458	985.13	403.06
2019	16229.6	31.85	21.7	6352291	11429	1222.70	419.88
2020	21053.2	34.91	14.2	8335789	11210	1187.44	410.41
2021	13698.3	42.85	10.9	10829641	10908	1192.74	415.55

注：邮政业务总量2000年及以前按1990年不变价格计算，2001-2010年按2000年不变价格计算，2011-2020年按2010年不变价格计算，2021年起按2020年不变价格计算。

15-13 电信业业务量

年 份	电信业务总 量(亿元)	移动电话用 户(万户)	固定电话用 户(万户)	互联网上网人数(万人)
1978	19.2		192.5	
1979			203.3	
1980	22.0		214.1	
1981			222.1	
1982			234.3	
1983			250.8	
1984			277.4	
1985	36.5		312.0	
1986			350.4	
1987			390.7	
1988		0.3	472.7	
1989		1.0	568.0	
1990	109.6	1.8	685.0	
1991	151.6	4.8	845.1	
1992	226.6	17.7	1146.9	
1993	382.5	63.8	1733.2	
1994	592.3	156.8	2729.5	
1995	875.5	362.9	4070.6	
1996	1208.8	685.3	5494.7	
1997	1629.0	1323.3	7031.0	62
1998	2264.9	2386.3	8742.1	210
1999	3132.4	4329.6	10871.6	890
2000	4559.9	8453.3	14482.9	2250
2001	4098.8	14522.2	18036.8	3370
2002	5201.1	20600.5	21422.2	5910
2003	6478.8	26995.3	26274.7	7950
2004	9148.0	33482.4	31175.6	9400
2005	11403.0	39340.6	35044.5	11100
2006	14595.4	46105.8	36778.6	13700
2007	18591.3	54730.6	36563.7	21000
2008	22247.7	64124.5	34035.9	29800
2009	25553.6	74721.4	31373.2	38400
2010	29993.2	85900.3	29434.2	45730
2011	11725.8	98625.3	28509.8	51310
2012	12982.4	111215.5	27815.3	56400
2013	15707.2	122911.3	26698.5	61758
2014	18138.3	128609.3	24943.0	64875
2015	23346.3	127139.7	23099.6	68826
2016	15617.0	132193.4	20662.4	73125
2017	27596.7	141748.7	19375.7	77198
2018	65633.9	156609.8	19208.5	82851
2019	106810.7	160134.5	19103.3	90359
2020	136763.3	159407.0	18190.8	98899
2021	16960.2	164282.5	18070.1	103195

注：2019年互联网上网人数、互联网普及率数据截止时点(间)为2020年3月(下表同)。电信业务总量2000年及以前按1990年不变价格计算，2001-2010年按2000年不变价格计算，2011-2015年按2010年不变价格计算，2016-2020年按2015年不变价格计算，2021年起按上年不变价格计算。

15-14 电信主要通信能力

年 份	固定长途电话交换机容量(万路端)	局用交换机容量(万门)	移动电话交换机容量(万户)	光缆线路长度(万公里)	互联网宽带接入端口(万个)
1978	0.2	405.9			
1980	0.2	443.2			
1985	1.2	613.4			
1990	16.1	1231.8	5.1		
1995	351.9	7203.6	796.7		
1996	416.2	9291.2	1536.2		
1997	436.8	11269.2	2585.7	55.7	
1998	449.2	13823.7	4706.7	76.7	
1999	503.2	15346.1	8136.0	95.2	
2000	563.5	17825.6	13985.6	121.2	
2001	703.6	25566.3	21926.3	181.9	
2002	773.0	28656.8	27400.3	225.3	
2003	1061.1	35082.5	33698.4	273.5	1802.3
2004	1263.0	42346.9	39684.3	351.9	3578.1
2005	1371.6	47196.1	48241.7	407.3	4874.7
2006	1442.3	50279.9	61032.0	428.0	6486.4
2007	1709.2	51034.6	85496.1	577.7	8539.3
2008	1690.7	50863.2	114531.4	677.8	10890.4
2009	1684.9	49265.6	144084.7	829.5	13835.7
2010	1641.5	46537.3	150284.9	996.2	18781.1
2011	1602.3	43428.4	171636.0	1211.9	23239.4
2012	1579.7	43749.3	184023.8	1479.3	32108.4
2013	1280.5	41089.3	196557.3	1745.4	35945.3
2014	982.9	40517.1	205024.9	2061.3	40546.1
2015	811.1	26446.5	218150.0	2486.3	57709.4
2016	681.1	22441.6	218540.0	3042.1	71276.9
2017	603.5	18398.7	242185.8	3780.1	77599.1
2018	392.4	11440.4	259453.1	4316.8	86752.3
2019	119.4	7189.7	272523.7	4741.2	91578.0
2020	74.0	6923.8	274567.1	5169.2	94604.7
2021				5488.1	101784.7

15-15 邮电通信服务水平

指 标	单 位	2016年	2017年	2018年	2019年	2020年	2021年
平均每一营业网点服务面积	平方公里	44.3	34.5	35.0	30.1	27.5	22.4
平均每一营业网点服务人口	万人	0.6	0.5	0.5	0.4	0.4	0.3
平均每人每年发函件数	件	2.7	2.3	1.9	1.6	1.0	0.8
平均每百人订有报刊数	份	9.9	9.0	8.9	8.2	7.9	7.7
通邮的行政村比重	%	99.4	100.0	100.0	100.0	100.0	100.0
电话普及率(含移动)	部/百人	110.55	115.91	126.00	128.02	125.80	129.17
移动电话普及率	部/百人	95.60	101.97	112.23	114.38	112.91	116.37
互联网普及率	%	53.2	55.8	59.6	64.5	70.4	73.0

15-16 软件和信息技术服务业主要经济指标

指 标	单 位	2016年	2017年	2018年	2019年	2020年	2021年
软件业务收入	亿元	48232	55103	61909	72072	81586	94994
软件产品收入	亿元	15028	16984	17379	20857	21045	24433
信息技术服务收入	亿元	26090	30604	37563	43580	52588	60312
信息安全收入	亿元			1163	1302	1294	1825
嵌入式系统软件收入	亿元	7114	7516	5804	6333	6659	8425

16-1 货币供应量

单位：亿元

年 份	货币和准货币 (M_2)	狭义货币 (M_1)	流通中货币 (M_0)	比上年增长% (M_2)	(M_1)	(M_0)
1978			212			
1979			268			26.3
1980			346			29.3
1981			396			14.5
1982			439			10.8
1983			530			20.7
1984			792			49.5
1985			988			24.7
1986			1218			23.3
1987			1455			19.4
1988			2134			46.7
1989			2344			9.8
1990	15293	6951	2644			12.8
1991	19350	8633	3178	26.5	24.2	20.2
1992	25402	11732	4336	31.3	35.9	36.4
1993	34880	16280	5865			
1994	46924	20541	7289	34.5	26.2	24.3
1995	60751	23987	7885	29.5	16.8	8.2
1996	76095	28515	8802	25.3	18.9	11.6
1997	90995	34826	10178	17.3	16.5	15.6
1998	104499	38954	11204	14.8	11.9	10.1
1999	119898	45837	13456	14.7	17.7	20.1
2000	134610	53147	14653	12.3	16.0	8.9
2001	158302	59872	15689	14.4	12.7	7.1
2002	185007	70882	17278	16.8	16.8	10.1
2003	221223	84119	19746	19.6	18.7	14.3
2004	254107	95970	21468	14.7	13.6	8.7
2005	298756	107279	24032	17.6	11.8	11.9
2006	345578	126028	27073	16.9	17.5	12.7
2007	403442	152560	30375	16.7	21.1	12.2
2008	475167	166217	34219	17.8	9.1	12.7
2009	610225	221446	38247	28.5	33.2	11.8
2010	725852	266622	44628	19.7	21.2	16.7
2011	851591	289848	50748	13.6	7.9	13.8
2012	974149	308664	54660	13.8	6.5	7.7
2013	1106525	337291	58574	13.6	9.3	7.2
2014	1228375	348056	60260	12.2	3.2	2.9
2015	1392278	400953	63217	13.3	15.2	4.9
2016	1550067	486557	68304	11.3	21.4	8.1
2017	1690235	543790	70646	8.1	11.8	3.4
2018	1826744	551686	73208	8.1	1.5	3.6
2019	1986489	576009	77189	8.7	4.4	5.4
2020	2186796	625581	84315	10.1	8.6	9.2
2021	2382900	647443	90825	9.0	3.5	7.7

注：1.同比增长率按可比口径计算。1993年口径调整，故1993年未计算增长率。

2.2001年6月起货币供应量(M_2)含证券公司客户保证金。

3.1997年金融统计制度调整，此后数据与历史年份不完全可比。

4.自2011年10月起，货币供应量已包括住房公积金中心存款和非存款类金融机构在存款类金融机构的存款。

5.2017年货币和准货币数据为统计方法完善后的数据，与之前不可比。

6.2018年1月，人民银行完善货币供应量中货币市场基金部分的统计方法，用非存款机构部门持有的货币市场基金取代货币市场基金存款(含存单)。

16-2 金融机构本外币存贷款余额

项目	存款余额	#非金融企业存款	#住户存款	#人民币	贷款余额	#企(事)业单位贷款	#住户贷款
年底余额(亿元)							
2003	220364				169771		
2004	254089				189411		
2005	300209				206838		
2006	348016				238519		
2007	401051	195149	179526	175749	277747	227072	50675
2008	478444	224489	225641	222006	320049	262966	57082
2009	612006	305365	268650	264652	425597	343777	81819
2010	733382	314111	312302	308380	509226	388637	112586
2011	826701	313981	351957	348046	581893	434790	136073
2012	943102	345124	410201	406192	672875	497828	161382
2013	1070588	380070	465436	461370	766327	551831	198602
2014	1173735	400420	506890	502504	867868	617969	231511
2015	1397752	455209	551929	546078	993460	687728	270313
2016	1555247	530895	606522	597751	1120552	744716	333729
2017	1692727	571641	651983	643768	1256074	810171	405150
2018	1825158	589105	724439	716038	1417516	890301	478954
2019	1981643	621147	821296	813017	1586021	983732	553296
2020	2183744	688218	934383	925986	1784034	1105308	631901
2021	2386062	730137	1033118	1025012	1985108	1226777	711100
比上年增长(%)							
2003	20.2				21.4		
2004	15.3				14.4		
2005	18.2				12.8		
2006	16.0				14.7		
2007	15.2	21.7	5.7	6.8	16.4		
2008	19.3	15.1	25.7	26.3	17.9		
2009	27.7	36.1	19.2	19.3	33.0	30.7	43.3
2010	19.8	21.5	16.3	16.5	19.7	15.4	37.6
2011	13.5	9.5	15.5	15.7	15.7	13.7	20.9
2012	14.1	9.9	16.6	16.7	15.6	14.5	18.6
2013	13.5	10.1	13.5	13.6	13.9	10.9	23.1
2014	9.6	5.4	8.9	8.9	13.3	12.0	16.6
2015	12.4	13.7	8.9	8.7	13.4	11.3	16.8
2016	11.3	16.6	9.9	9.5	12.8	8.3	23.5
2017	8.8	7.7	7.5	7.7	12.1	8.8	21.4
2018	7.8	3.1	11.1	11.2	12.9	9.9	18.2
2019	8.6	5.4	13.4	13.5	11.9	10.5	15.5
2020	10.2	10.8	13.8	13.9	12.5	12.4	14.2
2021	9.3	6.1	10.6	10.7	11.3	11.0	12.5

注：1.人民银行从2007年开始正式编制发布按部门分类《金融机构信贷收支表》，故2007年前各年存款无分类数据。

2.2010年前，“住户存款”称为“居民户存款”，主要为居民储蓄存款；“非金融企业存款”称为“非金融性公司存款”，主要包括企事业单位存款和机关团体存款，2011年与2010年之前数据不可比，增长按可比口径。

3.企(事)业单位贷款是指非金融企业及机关团体贷款。

4.自2015年起，“各项存款”含非银行业金融机构存放款项，“各项贷款”含拆放给非银行业金融机构款项(以下相关表同)。

16-3 金融机构人民币信贷收支

（年底余额）　　单位：亿元

项　　目	2017年	2018年	2019年	2020年	2021年
资金来源总计	**1931934**	**2109164**	**2317003**	**2574701**	**2831289**
一、各项存款	1641044	1775226	1928785	2125721	2322500
（一）境内存款	1630577	1764398	1917482	2112783	2307172
1.住户存款	643768	716038	813017	925986	1025012
(1)活期存款	248239	267215	294712	326763	342904
(2)定期及其他存款	395529	448824	518305	599223	682108
2.非金融企业存款	542405	562976	595365	660180	696695
(1)活期存款	237888	236190	242504	253616	255117
(2)定期及其他存款	304517	326786	352861	406564	441578
3.财政性存款	41134	40539	40840	44771	50389
4.机关团体存款	263718	285046	296831	298738	311530
5.非银行业金融机构存款	139552	159798	171429	183108	223546
（二）境外存款	10467	10828	11304	12938	15329
二、金融债券	48000	65433	82924	106117	122954
三、流通中货币	70646	73208	77189	84315	90825
四、对国际金融机构负债	9	7	6	6	5
五、其他	172236	195290	228098	258543	295005
资金运用总计	**1931934**	**2109164**	**2317003**	**2574701**	**2831289**
一、各项贷款	1201321	1362967	1531123	1727452	1926903
（一）境内贷款	1196900	1357891	1525755	1721356	1919855
1.住户贷款	405045	478843	553191	631847	711043
(1)短期贷款	113893	137998	154472	155045	173196
消费贷款	68041	87994	99226	87774	93558
经营贷款	45852	50004	55246	67271	79638
(2)中长期贷款	291153	340845	398719	476802	537847
消费贷款	247154	289909	340443	407894	455292
经营贷款	43999	50936	58277	68908	82556
2.企(事)业单位贷款	785496	868289	962737	1084388	1204537
(1)短期贷款	276555	281633	295839	319719	328997
(2)中长期贷款	450022	505646	565390	653350	745823
(3)票据融资	38873	57807	76176	83555	98516
(4)融资租赁	18655	21479	23683	26242	28621
(5)各项垫款	1390	1724	1649	1522	2579
3.非银行业金融机构贷款	6359	10760	9827	5121	4275
（二）境外贷款	4421	5075	5368	6096	7048
二、债券投资	294382	333467	385520	450125	503154
三、股权及其他投资	217589	196190	183730	181428	181387
四、黄金占款	2542	2570	2856	2856	2856
五、中央银行外汇占款	214788	212557	212317	211308	212867
六、在国际金融机构资产	1313	1414	1457	1532	4123

注：1.本表机构包括中国人民银行、银行业存款类金融机构、银行业非存款类金融机构。
2.自2015年起人民银行对信贷收支表调整了口径，与之前年份数据不可比。
3.自2017年起，对国际金融组织相关本币账户以净头寸反映。

16-4 金融机构人民币存贷款余额

单位：亿元

年 份	存款余额	贷款余额	比上年增长(%)	
			存款余额	贷款余额
1999	108779	93734	13.5	12.3
2000	123804	99371	13.8	17.6
2001	143617	112315	16.0	12.9
2002	170917	131294	18.9	15.8
2003	208056	158996	21.7	21.1
2004	241424	178198	16.0	14.4
2005	287170	194690	19.0	13.3
2006	335460	225347	16.8	15.1
2007	389371	261691	16.1	16.1
2008	466203	303395	19.7	18.8
2009	597741	399685	28.2	31.7
2010	718238	479196	20.2	19.9
2011	809368	547947	13.5	15.8
2012	917555	629910	13.3	15.0
2013	1043847	718961	13.8	14.1
2014	1138645	816770	9.1	13.6
2015	1357022	939540	12.4	14.3
2016	1505864	1066040	11.0	13.5
2017	1641044	1201321	9.0	12.7
2018	1775226	1362967	8.2	13.5
2019	1928785	1531123	8.7	12.3
2020	2125721	1727452	10.2	12.8
2021	2322500	1926903	9.3	11.6

注：本表增长速度按可比口径计算。

16-5 社会融资规模增量及构成(一)

单位：亿元

年 份	社 会 融资规模	#人民币贷款	#外币贷款 (折合人民币)	#委托贷款	#信托贷款
2002	20112	18475	731	175	
2003	34113	27652	2285	601	
2004	28629	22673	1381	3118	
2005	30008	23544	1415	1961	
2006	42696	31523	1459	2695	825
2007	59663	36323	3864	3371	1702
2008	69802	49041	1947	4262	3144
2009	139104	95942	9265	6780	4364
2010	140191	79451	4855	8748	3865
2011	128286	74715	5712	12962	2034
2012	157631	82038	9163	12838	12845
2013	173169	88916	5848	25466	18404
2014	158761	97452	1235	21740	5174
2015	154063	112693	-6427	15911	434
2016	177999	124372	-5640	21854	8593
2017	261536	138432	18	7994	22232
2018	224920	156712	-4201	-16062	-6975
2019	256735	168835	-1275	-9396	-3467
2020	347917	200310	1450	-3954	-11020
2021	313407	199403	1715	-1696	-20074

16-5 社会融资规模增量及构成(二)

单位：亿元

年　份	#未贴现银行承兑汇票	#企业债券	#政府债券	#非金融企业境内股票融资
2002	-695	367		628
2003	2010	499		559
2004	-290	467		673
2005	24	2010		339
2006	1500	2310		1536
2007	6701	2284		4333
2008	1064	5523		3324
2009	4606	12367		3350
2010	23346	11063		5786
2011	10271	13658		4377
2012	10499	22551		2508
2013	7756	18111		2219
2014	-1198	24329		4350
2015	-10567	29388		7590
2016	-19514	29865		12416
2017	5364	6244	55804	8759
2018	-6343	26318	48531	3606
2019	-4757	33384	47204	3479
2020	1746	43748	83217	8923
2021	-4916	32866	70154	12133

注：1.社会融资规模增量是指一定时期内实体经济从金融体系获得的资金额。
2.社会融资规模中的本外币贷款是指一定时期内实体经济从金融体系获得的人民币和外币贷款，不包含银行业金融机构拆放给非银行业金融机构的款项和境外贷款。
3.数据来源于中国人民银行、中国证券监督管理委员会、中国银行保险监督管理委员会、中央国债登记结算有限责任公司和中国银行间市场交易商协会等。
4.2018年7月起，人民银行完善社会融资规模统计方法，将“存款类金融机构资产支持证券”和“贷款核销”纳入社会融资规模统计，在“其他融资”项下反映。2018年9月起，人民银行将“地方政府专项债券”纳入社会融资规模统计。2019年9月起，人民银行将“交易所企业资产支持证券”纳入“企业债券”指标。2019年12月起，人民银行将“国债”和“地方政府一般债券”纳入社会融资规模统计，与原有“地方政府专项债券”合并为“政府债券”指标。
5.表中数据为正式数，2017年以来为可比口径数据。

16-6 人民币一年期存贷款利率

单位：年利率%

执行日期	金融机构 存款基准利率	金融机构 贷款基准利率
1978	3.24	5.04
1980	3.96-5.40	5.04
1985	5.76-7.20	7.20-7.92
1990.01.01	11.34	11.34
1990.04.15	10.08	10.08
1990.08.21	8.64	9.36
1991.04.21	7.56	8.64
1993.05.15	9.18	9.36
1993.07.11	10.98	10.98
1995.07.01	10.98	12.06
1996.05.01	9.18	10.98
1996.08.23	7.47	10.08
1997.10.23	5.67	8.64
1998.03.25	5.22	7.92
1998.07.01	4.77	6.93
1998.12.07	3.78	6.39
1999.06.10	2.25	5.85
2002.02.21	1.98	5.31
2004.03.25	1.98	5.31
2004.10.29	2.25	5.58
2006.04.28	2.25	5.85
2006.08.19	2.52	6.12
2007.03.18	2.79	6.39
2007.05.19	3.06	6.57
2007.07.21	3.33	6.84
2007.08.22	3.60	7.02
2007.09.15	3.87	7.29
2007.12.21	4.14	7.47
2008.01.01	4.14	7.47
2008.09.16	4.14	7.20
2008.10.09	3.87	6.93
2008.10.30	3.60	6.66
2008.11.27	2.52	5.58
2008.12.23	2.25	5.31
2010.10.20	2.50	5.56
2010.12.26	2.75	5.81
2011.02.09	3.00	6.06
2011.04.06	3.25	6.31
2011.07.07	3.50	6.56
2012.06.08	3.25	6.31
2012.07.06	3.00	6.00
2014.11.22	2.75	5.60
2015.03.01	2.50	5.35
2015.05.11	2.25	5.10
2015.06.28	2.00	4.85
2015.08.26	1.75	4.60
2015.10.24	1.50	4.35

16-7　金融机构人民币存款基准利率

单位：年利率%

项　　目	2014年11月22日	2015年3月1日	2015年5月11日	2015年6月28日	2015年8月26日	2015年10月24日
一、活期存款	**0.35**	**0.35**	**0.35**	**0.35**	**0.35**	**0.35**
二、定期存款						
(一)整存整取						
三个月	2.35	2.10	1.85	1.60	1.35	1.10
半　年	2.55	2.30	2.05	1.80	1.55	1.30
一　年	2.75	2.50	2.25	2.00	1.75	1.50
二　年	3.35	3.10	2.85	2.60	2.35	2.10
三　年	4.00	3.75	3.50	3.25	3.00	2.75
(二)零存整取、整存零取、存本取息						
一　年	2.35	2.10	1.85	1.60	1.35	1.10
三　年	2.55	2.30	2.05	1.80	1.55	1.30
(三)定活两便	按一年期以内定期整存整取同档次利率打6折执行					
三、协定存款	**1.15**	**1.15**	**1.15**	**1.15**	**1.15**	**1.15**
四、通知存款						
一　天	0.80	0.80	0.80	0.80	0.80	0.80
七　天	1.35	1.35	1.35	1.35	1.35	1.35

16-8　金融机构人民币贷款基准利率

单位：年利率%

项　　目	2014年11月22日	2015年3月1日	2015年5月11日	2015年6月28日	2015年8月26日	2015年10月24日
短期贷款						
一年以内(含一年)	5.60	5.35	5.10	4.85	4.60	4.35
中长期贷款						
一至五年(含五年)	6.00	5.75	5.50	5.25	5.00	4.75
五年以上	6.15	5.90	5.65	5.40	5.15	4.90
个人住房公积金贷款						
五年以下(含五年)	3.75	3.50	3.25	3.00	2.75	2.75
五年以上	4.25	4.00	3.75	3.50	3.25	3.25

16-9 人民币对主要外币年平均汇价

(中间价)　　　　单位：人民币元

年　份	100美元	100日元	100港元	100欧元
1981	170.50	0.7735	30.41	
1982	189.25	0.7607	31.15	
1983	197.57	0.8318	27.36	
1984	232.70	0.9780	29.71	
1985	293.67	1.2457	37.57	
1986	345.28	2.0694	44.22	
1987	372.21	2.5799	47.74	
1988	372.21	2.9082	47.70	
1989	376.51	2.7360	48.28	
1990	478.32	3.3233	61.39	
1991	532.33	3.9602	68.45	
1992	551.46	4.3608	71.24	
1993	576.20	5.2020	74.41	
1994	861.87	8.4370	111.53	
1995	835.10	8.9225	107.96	
1996	831.42	7.6352	107.51	
1997	828.98	6.8600	107.09	
1998	827.91	6.3488	106.88	
1999	827.83	7.2932	106.66	
2000	827.84	7.6864	106.18	
2001	827.70	6.8075	106.08	
2002	827.70	6.6237	106.07	800.58
2003	827.70	7.1466	106.24	936.13
2004	827.68	7.6552	106.23	1029.00
2005	819.17	7.4484	105.30	1019.53
2006	797.18	6.8570	102.62	1001.90
2007	760.40	6.4632	97.46	1041.75
2008	694.51	6.7427	89.19	1022.27
2009	683.10	7.2986	88.12	952.70
2010	676.95	7.7279	87.13	897.25
2011	645.88	8.1050	82.97	900.11
2012	631.25	7.9037	81.38	810.67
2013	619.32	6.3323	79.85	822.19
2014	614.28	5.8196	79.22	816.51
2015	622.84	5.1543	80.34	691.41
2016	664.23	6.1243	85.58	734.26
2017	675.18	6.0244	86.64	763.03
2018	661.74	5.9890	84.43	780.16
2019	689.85	6.3347	88.05	772.55
2020	689.76	6.4626	88.93	787.55
2021	645.15	5.8735	83.00	762.93

16-10 黄金和外汇储备

年　份	黄金储备 (万盎司)	外汇储备 (亿美元)
1978	1280	1.67
1979	1280	8.40
1980	1280	-12.96
1981	1267	27.08
1982	1267	69.86
1983	1267	89.01
1984	1267	82.20
1985	1267	26.44
1986	1267	20.72
1987	1267	29.23
1988	1267	33.72
1989	1267	55.50
1990	1267	110.93
1991	1267	217.12
1992	1267	194.43
1993	1267	211.99
1994	1267	516.20
1995	1267	735.97
1996	1267	1050.29
1997	1267	1398.90
1998	1267	1449.59
1999	1267	1546.75
2000	1267	1655.74
2001	1608	2121.65
2002	1929	2864.07
2003	1929	4032.51
2004	1929	6099.32
2005	1929	8188.72
2006	1929	10663.44
2007	1929	15282.49
2008	1929	19460.30
2009	3389	23991.52
2010	3389	28473.38
2011	3389	31811.48
2012	3389	33115.89
2013	3389	38213.15
2014	3389	38430.18
2015	5666	33303.62
2016	5924	30105.17
2017	5924	31399.49
2018	5956	30727.12
2019	6264	31079.24
2020	6264	32165.22
2021	6264	32501.66

16-11　证券市场基本情况

项　　目	单位	2017年	2018年	2019年	2020年	2021年
沪深股市上市公司数（A、B股）	家	3485	3584	3777	4154	4615
沪深股市上市外资股（B股）	家	100	99	97	93	90
北交所市场上市公司数	家					82
境外上市公司数（H股）	家	252	267	294	291	323
沪深股市股票筹资额	亿元	15536	11378	12539	14222	15401
北交所市场股票筹资额	亿元					21
沪深股市股票总发行股本	亿股	53747	57581	61740	65526	70694
#流通股本	亿股	45045	49048	52488	56375	60755
北交所市场股票总发行股本	亿股					123
#流通股本	亿股					57
沪深股市股票市价总值	亿元	567086	434924	593075	796487	916088
#股票流通市值	亿元	449298	353794	483327	643096	751556
北交所市场股票市价总值	亿元					2723
#股票流通市值	亿元					1074
沪深股市股票成交量	亿股	87781	82037	126624	167452	187426
北交所市场股票成交量	亿股					37
沪深股市股票成交金额	亿元	1124625	901739	1274159	2068253	2579734
北交所市场股票成交金额	亿元					667
上证综合指数(收盘)		3307.17	2493.90	3050.12	3473.07	3639.78
深证综合指数(收盘)		1899.34	1267.87	1722.94	2329.37	2530.14
期末股票投资者数	万个	13398	14650	15975	17777	19741
静态市盈率						
上海		16.3	12.5	15.6	16.1	20.9
深圳		36.2	20.0	35.6	33.5	33.0
北京						46.7
年换手率						
上海	%	180.5	150.9	193.9	258.8	223.0
深圳	%	412.9	356.9	454.9	555.8	523.4
北京	%					206.5
公司信用类债券发行额	亿元	14393	20303	33201	42945	43921
债券成交额	亿元	2687636	2405454	2473724	3075974	3790124
债券现货成交金额	亿元	55442	63822	83530	201786	289275
债券回购成交金额	亿元	2632194	2341632	2390194	2874188	3501926
证券投资基金只数	只	4848	5580	6111	7258	9152
证券投资基金份额	亿份	110182	128961	136937	169974	218244
证券投资基金成交金额	亿元	98052	102705	91679	136239	183100
期货总成交量	万手	307106	301070	392157	602735	726924
期货总成交额	亿元	1878951	2108057	2905856	4373005	5807071

注：1.本表资料由中国证券监督管理委员会提供。
2.境外上市公司(H股)仅指在香港交易所上市的境内公司。
3.股票筹资包括首发和再融资，再融资包含公开增发、定向增发(现金和非现金认购)、配股、权证和优先股。首发和再融资均按上市日统计。
4.本表中债券成交数据为交易所债券市场成交数据，包括债券现券(含私募债、ABS)和回购。
5.公司信用类债券包含公司债(非金融)、可转债(非金融)、可分离债(非金融)和资产支持证券(非金融)。
6.期货成交数据含金融期货。
7.北交所市场年换手率为2021年1月1日至11月12日精选层换手率和11月15日至12月31日北交所换手率加总，北交所开市后日均换手率年化为434.26%。

16-12　保险业基本情况

年份	机构数（个）	职工人数（人）	保　费（亿元）	财产保险公　司	人寿保险公　司	赔款及给　付（亿元）	财产保险公　司	人寿保险公　司
1994			376					
1995			453					
1996			538					
1997			773	382	390	247	215	32
1998		172892	1256	506	750	532	290	242
1999		171865	1406	527	879	508	280	228
2000	33	166602	1598	608	990	526	308	218
2001	35	185502	2109	685	1424	597	333	264
2002	44	194383	3054	780	2274	707	403	304
2003	62	199705	3880	869	3011	841	476	365
2004	68	262429	4318	1125	3194	1004	582	422
2005	93	366559	4927	1281	3646	1130	691	439
2006	107	434001	5641	1580	4061	1438	825	614
2007	120	500441	7036	2086	4949	2265	1064	1201
2008	130	599344	9784	2446	7338	2971	1475	1496
2009	138	630734	11137	2993	8144	3125	1638	1487
2010	142	685856	14528	4027	10501	3200	1815	1385
2011	152	776258	14339	4779	9560	3929	2249	1680
2012	164	846504	15488	5530	9958	4716	2897	1819
2013	174	831303	17222	6481	10741	6213	3556	2657
2014	180	904253	20235	7544	12690	7216	3968	3248
2015	194	1024572	24283	8423	15859	8674	4448	4226
2016	203	1123180	30904	9266	21638	10516	5046	5470
2017	222	1181849	36581	10541	26040	11181	5497	5683
2018	229	1236519	38017	11756	26261	12297	6455	5842
2019	235	1233180	42645	13016	29628	12894	7279	5615
2020	238	1190508	45257	13584	31674	13907	7880	6027
2021	235	1150050	44900	13676	31224	15609	8848	6761

注：1.本表人寿保险公司中包括中华控股寿险业务(下表同)。
　　2.因部分机构目前处于风险处置阶段，2021年行业汇总数据口径暂不包含这部分机构(下表同)。

16-13 保险公司经济技术指标

单位：亿元

项目	保费		赔付	
	2020年	2021年	2020年	2021年
合计	**45257.3**	**44900.2**	**13907.1**	**15608.6**
财产保险公司	**13583.7**	**13676.5**	**7880.4**	**8848.0**
企财险	490.3	519.8	245.1	290.6
家财险	90.8	98.2	33.6	39.4
机动车辆保险	8244.8	7772.7	4725.5	5343.8
工程险	138.4	143.7	63.3	81.4
责任险	901.1	1018.4	395.1	460.3
信用险	204.9	203.9	138.4	131.2
保证保险	688.6	521.2	559.1	397.4
船舶险	57.7	57.8	39.5	38.7
货运险	136.0	167.7	69.0	74.6
特殊风险保险	72.2	72.7	45.0	21.2
农业保险	814.9	975.8	592.5	720.2
健康险	1114.2	1378.1	757.7	959.8
意外险	540.9	627.3	168.0	200.7
其他险	89.0	119.3	48.7	88.4
人身保险公司	**31673.6**	**31223.7**	**6026.7**	**6760.6**
寿险	23981.9	23571.8	3715.1	3540.3
健康险	7058.5	7068.9	2163.5	3068.7
意外险	633.2	582.9	148.1	151.7

16-14 国际收支概况

单位：百万美元

年份	经常账户差额				资本和金融账户差额				净误差与遗漏
		货物和服务	初次收入	二次收入		资本账户	非储备性质的金融账户	储备资产	
1982	5674	4812	376	486	-5953		-1736	-4217	279
1983	4240	2571	1158	511	-4067		-1372	-2695	-173
1984	2030	54	1534	442	-3221		-3752	531	1191
1985	-11417	-12501	841	243	13907		8485	5422	-2490
1986	-7035	-7390	-23	378	8267		6540	1727	-1232
1987	300	291	-215	224	1071		2731	-1660	-1371
1988	-3803	-4061	-161	419	4814		5269	-455	-1011
1989	-4318	-4928	229	381	4226		6428	-2202	92
1990	11997	10668	1055	274	-8863		-2774	-6089	-3134
1991	13271	11601	840	830	-6510		4581	-11091	-6761
1992	6401	4998	248	1155	1851		-251	2102	-8252
1993	-11904	-11792	-1284	1172	21707		23474	-1767	-9803
1994	7658	7357	-1036	1337	2117		32644	-30527	-9775
1995	1618	11958	-11774	1434	16212		38675	-22463	-17830
1996	7242	17550	-12437	2129	8305		39967	-31662	-15547
1997	36963	42823	-11004	5143	-14667	21	21036	-35724	-22296
1998	31471	43837	-16644	4278	-12735	-47	-6262	-6426	-18736
1999	21114	30641	-14470	4943	-3326	-26	5205	-8505	-17788
2000	20432	28786	-14666	6311	-8626	-35	1958	-10548	-11805
2001	17405	28086	-19173	8492	-12550	-54	34829	-47325	-4856
2002	35422	37383	-14945	12984	-43216	-50	32340	-75507	7794
2003	43052	35821	-10218	17449	-51275	-48	54921	-106148	8224
2004	68941	51174	-5132	22898	-81908	-69	108222	-190060	12967
2005	132378	124627	-16114	23865	-155300	4102	91247	-250649	22921
2006	231843	208919	-5143	28068	-235471	4020	45285	-284776	3628
2007	353183	308036	8044	37102	-366473	3099	91132	-460704	13290
2008	420569	348833	28580	43156	-439413	3051	37075	-479539	18844
2009	243257	220130	-8533	31659	-201874	3939	194531	-400344	-41383
2010	237810	223024	-25899	40686	-184874	4630	282234	-471739	-52936
2011	136097	181904	-70318	24511	-122331	5446	260024	-387801	-13766
2012	215392	231845	-19887	3434	-128317	4272	-36038	-96552	-87074
2013	148204	235380	-78442	-8733	-85279	3052	343048	-431379	-62925
2014	236047	221299	13301	1446	-169174	-33	-51361	-117780	-66873
2015	293022	357871	-52199	-12649	-91207	316	-434462	342939	-201816
2016	191337	255737	-54880	-9520	27250	-344	-416070	443665	-218587
2017	188676	217010	-16478	-11856	17930	-91	109537	-91516	-206606
2018	24131	87905	-61365	-2410	153227	-569	172682	-18887	-177358
2019	102910	131844	-39184	10250	26271	-327	7308	19291	-129181
2020	248836	358573	-118192	8455	-90073	-76	-61147	-28850	-158763
2021	317301	462808	-162031	16524	-149901	92	38234	-188226	-167400

注：国际收支数据来源于国家外汇管理局(以下相关表同)。

16-15 国际收支平衡表(一)

单位：百万美元

项　　目	2017年	2018年	2019年	2020年	2021年
1. 经常账户	**188676**	**24131**	**102910**	**248836**	**317301**
贷方	2747143	2947263	2930421	3020419	3877951
借方	-2558467	-2923132	-2827511	-2771583	-3560650
1.A 货物和服务	**217010**	**87905**	**131844**	**358573**	**462808**
贷方	2429277	2651010	2630999	2738898	3554296
借方	-2212267	-2563104	-2499155	-2380325	-3091488
1.A.a 货物	**475941**	**380074**	**392993**	**511103**	**562724**
贷方	2216214	2417443	2386640	2510015	3215855
借方	-1740272	-2037369	-1993647	-1998912	-2653131
1.A.b 服务	**-258932**	**-292168**	**-261149**	**-152530**	**-99916**
贷方	213064	233567	244359	228883	338441
借方	-471995	-525735	-505508	-381414	-438357
1.A.b.1 加工服务	17894	17161	15362	12709	13469
贷方	18070	17424	15743	13210	14182
借方	-175	-264	-381	-501	-713
1.A.b.2 维护和维修服务	3712	4647	6473	4310	4044
贷方	5968	7185	10178	7671	7865
借方	-2256	-2538	-3704	-3361	-3821
1.A.b.3 运输	-55978	-66903	-58981	-37991	-20585
贷方	37291	42304	46173	56689	127280
借方	-93269	-109206	-105154	-94680	-147865
1.A.b.4 旅行	-219316	-236879	-218789	-121100	-94361
贷方	38559	40386	35832	9951	11328
借方	-257875	-277265	-254621	-131050	-105689
1.A.b.5 建设	3609	4934	5100	4524	5623
贷方	12251	13551	14432	12599	15363
借方	-8641	-8617	-9331	-8074	-9740
1.A.b.6 保险和养老金服务	-7402	-6625	-6223	-9419	-14393
贷方	4061	4927	4800	2987	4903
借方	-11463	-11552	-11023	-12406	-19295
1.A.b.7 金融服务	1815	1244	1508	827	437
贷方	3432	3335	3907	4838	5154
借方	-1617	-2091	-2399	-4011	-4716
1.A.b.8 知识产权使用费	-23943	-30222	-27766	-29288	-35108
贷方	4803	5561	6605	8583	11740
借方	-28746	-35783	-34370	-37871	-46849
1.A.b.9 电信、计算机和信息服务	7493	6490	7992	6433	10627
贷方	26860	30023	34948	38984	50722
借方	-19367	-23533	-26956	-32551	-40095
1.A.b.10 其他商业服务	16927	19125	19404	19505	33858
贷方	59306	66158	69201	69848	86914
借方	-42379	-47033	-49797	-50343	-53056
1.A.b.11 个人、文化和娱乐服务	-1986	-2426	-3136	-1990	-1846
贷方	763	955	955	1018	1438
借方	-2750	-3382	-4091	-3008	-3284
1.A.b.12 别处未提及的政府服务	-1756	-2715	-2094	-1050	-1681
贷方	1699	1757	1587	2507	1552
借方	-3455	-4472	-3681	-3558	-3233

16-15 国际收支平衡表(二)

单位：百万美元

项　　目	2017年	2018年	2019年	2020年	2021年
1.B 初次收入	**-16478**	**-61365**	**-39184**	**-118192**	**-162031**
贷方	289698	268496	273514	245502	274460
借方	-306176	-329861	-312699	-363695	-436491
1.B.1 雇员报酬	14937	8163	3101	184	-1332
贷方	21699	18109	14258	14714	17115
借方	-6762	-9946	-11157	-14530	-18447
1.B.2 投资收益	-31853	-71320	-43356	-120403	-163805
贷方	267303	248295	257464	227941	253585
借方	-299156	-319616	-300820	-348344	-417390
1.B.3 其他初次收入	438	1793	1070	2027	3106
贷方	697	2092	1792	2847	3760
借方	-258	-299	-722	-820	-654
1.C 二次收入	**-11856**	**-2410**	**10250**	**8455**	**16524**
贷方	28168	27757	25907	36019	49195
借方	-40024	-30167	-15657	-27563	-32671
2. 资本和金融账户	**17930**	**153227**	**26271**	**-90073**	**-149901**
2.1 资本账户	**-91**	**-569**	**-327**	**-76**	**92**
贷方	227	297	218	168	260
借方	-319	-865	-545	-244	-168
2.2 金融账户	**18021**	**153795**	**26598**	**-89997**	**-149992**
资产	-423920	-362039	-260532	-675185	-811629
负债	441941	515835	287130	585188	661636
2.2.1 非储备性质的金融账户	109537	172682	7308	-61147	38234
资产	-332405	-343152	-279822	-646334	-623403
负债	441941	515835	287130	585188	661636
2.2.1.1 直接投资	27791	92338	50260	99375	205942
2.2.1.1.1 资产	-138293	-143027	-136910	-153721	-128037
2.2.1.1.2 负债	166084	235365	187170	253096	333979
2.2.1.2 证券投资	29498	106874	57948	95539	50962
2.2.1.2.1 资产	-94803	-53507	-89419	-151236	-125915
2.2.1.2.2 负债	124301	160381	147366	246775	176877
2.2.1.3 金融衍生工具	354	-6153	-2355	-10821	11093
2.2.1.3.1 资产	1538	-4816	1393	-5064	17881
2.2.1.3.2 负债	-1185	-1338	-3748	-5757	-6788
2.2.1.4 其他投资	51894	-20376	-98545	-245239	-229763
2.2.1.4.1 资产	-100847	-141803	-54886	-336314	-387332
2.2.1.4.2 负债	152742	121427	-43659	91074	157569
2.2.2 储备资产	-91516	-18887	19291	-28850	-188226
2.2.2.1 货币黄金					
2.2.2.2 特别提款权	-739	33	-496	-369	-41570
2.2.2.3 在国际货币基金组织的储备头寸	2190	-733	-11	-2321	76
2.2.2.4 外汇储备	-92967	-18187	19797	-26160	-146732
2.2.2.5 其他储备资产					
3. 净误差与遗漏	**-206606**	**-177358**	**-129181**	**-158763**	**-167400**

16-16 国家外债余额和外债风险指标

年 份	外债余额（亿美元）	期限结构		外债风险指标（%）		
		中长期债务	短期债务	偿债率	负债率	债务率
1985	158.3	94.1	64.2	2.7	5.1	56.0
1986	214.8	167.1	47.7	15.4	7.1	72.1
1987	302.0	244.8	57.2	9.0	9.2	77.1
1988	400.0	326.9	73.1	6.5	9.8	87.1
1989	413.0	370.3	42.7	8.3	9.1	86.4
1990	525.5	457.8	67.7	8.7	13.3	91.6
1991	605.6	502.6	103.0	8.5	14.6	91.9
1992	693.2	584.7	108.5	7.1	14.1	87.9
1993	835.7	700.2	135.5	10.2	13.5	96.5
1994	928.1	823.9	104.2	9.1	16.4	78.0
1995	1065.9	946.8	119.1	7.6	14.5	72.4
1996	1162.8	1021.7	141.1	6.0	13.5	67.7
1997	1309.6	1128.2	181.4	7.3	13.6	63.2
1998	1460.4	1287.0	173.4	10.9	14.2	70.4
1999	1518.3	1366.5	151.8	11.2	13.9	68.7
2000	1457.3	1326.5	130.8	9.2	12.0	52.1
2001	2033.0	1195.3	837.7	7.5	15.2	67.9
2002	2026.3	1155.5	870.8	7.9	13.8	55.5
2003	2193.6	1165.9	1027.7	6.9	13.2	45.2
2004	2629.9	1242.9	1387.1	3.2	13.4	40.2
2005	2965.4	1249.0	1716.4	3.1	13.0	35.4
2006	3385.9	1393.6	1992.3	2.1	12.3	31.9
2007	3892.2	1535.3	2356.8	2.0	11.0	29.0
2008	3901.6	1638.8	2262.8	1.8	8.5	24.7
2009	4286.5	1693.9	2592.6	2.9	8.4	32.2
2010	5489.4	1732.4	3757.0	1.6	9.0	29.2
2011	6950.0	1941.0	5009.0	1.7	9.2	33.3
2012	7369.9	1960.6	5409.3	1.6	8.6	32.8
2013	8631.7	1865.4	6766.3	1.6	9.0	35.6
2014	17799.0	4817.0	12982.0	2.6	17.0	69.9
2015	13829.8	4955.7	8874.1	5.0	12.5	58.6
2016	14158.0	5497.6	8660.4	6.1	12.6	64.4
2017	17579.6	6127.2	11452.4	5.5	14.3	72.6
2018	19827.5	6936.0	12891.5	5.5	14.3	74.8
2019	20708.1	8519.7	12188.4	6.7	14.5	78.3
2020	24008.1	10844.4	13163.7	6.5	16.3	87.9
2021	27465.6	13003.3	14462.3	5.9	15.5	77.3

注：1.偿债率是指当年外债还本付息额(中长期外债还本付息额加上短期外债付息额)与当年国际收支口径的货物与服务贸易出口收入的比率。

2.负债率是指年末外债余额与当年国内生产总值的比率。计算负债率时将国内生产总值按国家外汇管理局公布的年平均交易中间价折算为美元。

3.债务率是指年末外债余额与当年国际收支统计口径的货物与服务贸易出口收入的比率。

4.2015年，我国按照国际货币基金组织的数据公布特殊标准(SDDS)调整了外债统计口径并对外公布全口径外债数据，将人民币外债纳入统计，并按照签约期限划分长期和短期债务。为保证数据的可比性，将2014年末外债数据相应调整为全口径外债数据。由于全口径外债较原来的外币外债增加了人民币外债(余额略低于外币外债余额)，因此，2014年和2015年的“偿债率”、“负债率”和“债务率”等外债风险指标较2013年上升较快，但仍在公认的安全线(公认的“偿债率”、“负债率”和“债务率”安全线分别为20%、20%和100%)以内。

5.自2016年起，按照国际收支平衡表修正数据对本表中上一年数据进行相应调整。

17-1 科技事业发展主要指标

指　　标	单位	2000年	2010年	2020年	2021年
研究与试验发展(R&D)活动					
R&D人员全时当量	万人年	92.2	255.4	523.5	562.0
R&D经费支出	亿元	896	7063	24393	27864
R&D经费支出与国内生产总值之比	%	0.89	1.71	2.41	2.44
技术成果和国家奖励					
科技成果登记数	项	32858	42108	76521	78655
#应用技术成果	项	28843	37029	67108	68199
国家奖励					
#国家自然科学奖	项	15	30	46	
国家技术发明奖	项	23	46	61	
国家科技进步奖	项	250	273	157	
国际科学技术合作奖	项	2	5	9	
技术市场成交额	亿元	651	3907	28252	37294
成功完成宇航发射	次	6	15	35	52
科技服务					
气象观测站点	个	5117	37992	69501	69661
商标申请	万件	22.3	107.2	934.8	945.1
商标注册	万件	15.9	134.9	576.1	773.9
有效商标注册	万件	125.0	460.4	3017.3	3724.0
专利					
发明专利申请量	万件	5.2	39.1	149.7	158.6
国内	万件	2.5	29.3	134.5	142.8
国外	万件	2.6	9.8	15.2	15.8
发明专利授权量	万件	1.3	13.5	53.0	69.6
国内	万件	0.6	8.0	44.1	58.6
国外	万件	0.7	5.5	8.9	11.0

注：2016年及以前的发明专利申请量为专利申请受理量，2016年以后为专利申请量。

17-2 学校数

单位：所

年份	普通、职业高等学校	普通高中	中等职业教育	初中	普通小学	特殊教育	幼儿园
1978	598	49215	2760	113130	949323	292	163952
1979	633	40289	3033	103944	923532	289	165629
1980	675	31300	3459	87077	917316	292	170419
1981	704	24447	3693	82271	894074	302	130296
1982	715	20874	3927	80775	880516	312	122107
1983	805	18876	4498	77598	862165	319	136306
1984	902	17847	8852	75867	853740	330	166526
1985	1016	17318	14190	77529	832309	375	172262
1986	1054	17111	15273	77252	820846	423	173376
1987	1063	16930	15726	77237	807406	504	176775
1988	1075	16524	20570	76384	793261	577	171845
1989	1075	16050	20729	75025	777244	662	172634
1990	1075	15678	20763	73462	766072	746	172322
1991	1075	15243	20931	72164	729158	886	164465
1992	1053	14850	21338	70764	712973	1027	172506
1993	1065	14380	21627	69997	696681	1123	165197
1994	1080	14242	21907	69654	682588	1241	174657
1995	1054	13991	22072	68564	668685	1379	180438
1996	1032	13875	22151	67626	645983	1428	187324
1997	1020	13880	22229	66231	628840	1440	182485
1998	1022	13948	22174	65412	609626	1535	181368
1999	1071	14127	21542	64405	582291	1520	181136
2000	1041	14564	19727	63898	553622	1539	175836
2001	1225	14907	17580	66590	491273	1531	111706
2002	1396	15406	15919	65645	456903	1540	111752
2003	1552	15779	14682	64730	425846	1551	116390
2004	1731	15998	14454	63757	394183	1560	117899
2005	1792	16092	14466	62486	366213	1593	124402
2006	1867	16153	14693	60885	341639	1605	130495
2007	1908	15681	14832	59384	320061	1618	129086
2008	2263	15206	14847	57914	300854	1640	133722
2009	2305	14607	14388	56320	280184	1672	138209
2010	2358	14058	13862	54890	257410	1706	150420
2011	2409	13688	13083	54117	241249	1767	166750
2012	2442	13509	12654	53216	228585	1853	181251
2013	2491	13352	12262	52804	213529	1933	198553
2014	2529	13253	11878	52623	201377	2000	209881
2015	2560	13240	11202	52405	190525	2053	223683
2016	2596	13383	10893	52118	177633	2080	239812
2017	2631	13555	10671	51894	167009	2107	254950
2018	2663	13737	10229	51982	161811	2152	266677
2019	2688	13964	10078	52415	160148	2192	281174
2020	2738	14235	9896	52805	157979	2244	291715
2021	2756	14585	7294	52871	154279	2288	294832

注：1.初中为普通初中和职业初中(以下相关表同)。

2.2020年及以前，普通、职业高等学校包含普通本科学校和普通专科学校；2021年起，普通、职业高等学校包括普通本科学校和职业本专科学校(以下相关表同)。

3.2020年及以前，中等职业教育包括普通中专、成人中专、职业高中和技工学校；2021年起，中等职业学校不含技工学校(以下相关表同)。

17-3 专任教师数

单位：万人

年 份	普通、职业高等学校	普通高中	中等职业教育	初 中	普通小学	特殊教育	学前教育
1978	20.6	74.1	9.9	244.1	522.6	0.4	27.7
1979	23.7	66.8	11.3	241.0	538.2	0.5	29.5
1980	24.7	57.1	13.3	244.9	549.9	0.5	41.1
1981	25.0	49.4	14.8	235.0	558.0	0.5	40.1
1982	28.7	46.6	16.9	221.5	550.5	0.5	41.5
1983	30.3	45.1	18.9	214.6	542.5	0.6	43.3
1984	31.5	45.9	25.7	209.7	537.0	0.6	49.1
1985	34.4	49.2	35.5	216.0	537.7	0.7	55.0
1986	37.2	51.8	41.5	226.2	541.4	0.8	60.5
1987	38.5	54.4	46.0	235.0	543.4	1.0	65.1
1988	39.3	54.6	62.8	242.8	550.1	1.1	67.0
1989	39.7	55.4	64.6	245.4	554.4	1.2	70.9
1990	39.5	56.2	66.3	249.9	558.2	1.4	75.0
1991	39.1	57.3	67.8	254.7	553.2	1.6	76.9
1992	38.8	57.6	70.0	259.7	552.7	1.9	81.5
1993	38.8	55.9	72.2	264.1	555.2	2.0	83.6
1994	39.6	54.7	75.1	272.2	561.1	2.3	86.2
1995	40.1	55.1	74.0	282.1	566.4	2.5	87.5
1996	40.2	57.2	77.2	293.2	573.6	2.7	88.9
1997	40.4	60.5	80.1	302.2	579.4	2.9	88.4
1998	40.7	64.2	98.3	309.4	581.9	3.0	87.5
1999	42.6	69.2	85.1	318.8	586.1	3.1	87.2
2000	46.3	75.7	79.7	328.7	586.0	3.2	85.6
2001	53.2	84.0	73.8	338.6	579.8	2.9	54.6
2002	61.8	94.6	69.1	346.8	577.9	3.0	57.1
2003	72.5	107.1	71.3	349.8	570.3	3.0	61.3
2004	85.8	119.1	73.6	350.0	562.9	3.1	65.6
2005	96.6	129.9	75.0	349.2	559.2	3.2	72.2
2006	107.6	138.7	79.9	347.5	558.8	3.3	77.6
2007	116.8	144.3	85.9	347.3	561.3	3.5	82.7
2008	123.7	147.6	89.5	347.6	562.2	3.6	89.9
2009	129.5	149.3	86.7	351.8	563.3	3.8	98.6
2010	134.3	151.8	87.1	352.5	561.7	4.0	114.4
2011	139.3	155.7	88.1	352.5	560.5	4.1	131.6
2012	144.0	159.5	88.0	350.4	558.5	4.4	147.9
2013	149.7	162.9	86.8	348.1	558.5	4.6	166.3
2014	153.5	166.3	85.8	348.8	563.4	4.8	184.4
2015	157.3	169.5	84.4	347.6	568.5	5.0	205.1
2016	160.2	173.3	84.0	348.8	578.9	5.3	223.2
2017	163.3	177.4	83.9	354.9	594.5	5.6	243.2
2018	167.3	181.3	83.4	363.9	609.2	5.9	258.1
2019	174.0	185.9	84.3	374.7	626.9	6.2	276.3
2020	183.3	193.3	85.7	386.1	643.4	6.6	291.3
2021	186.5	202.8	69.5	397.1	660.1	6.9	319.1

17-4 招生数

单位：万人

年份	研究生	普通、职业高等学校	普通高中	中等职业教育	初中	普通小学	特殊教育	学前教育
1978	1.1	40.2	692.9	44.7	2006.0	3315.4	0.6	
1979	0.8	27.5	614.1	49.1	1727.8	3101.7	0.6	
1980	0.4	28.1	383.4	58.3	1557.6	2942.3	0.6	
1981	0.9	27.9	327.8	54.8	1412.9	2749.2	0.6	
1982	1.1	31.5	279.3	62.2	1363.9	2671.7	0.6	
1983	1.6	39.1	259.8	78.4	1318.5	2544.0	0.6	
1984	2.3	47.5	262.3	144.5	1302.5	2472.9	0.8	
1985	4.7	61.9	257.5	234.2	1367.0	2298.2	0.9	
1986	4.1	57.2	257.3	218.4	1402.0	2258.2	1.1	
1987	3.9	61.7	255.2	223.3	1410.9	2094.6	1.2	
1988	3.6	67.0	251.6	283.0	1359.0	2123.3	1.2	
1989	2.9	59.7	242.1	275.8	1328.5	2151.5	1.4	
1990	3.0	60.9	249.8	286.1	1389.3	2064.0	1.6	
1991	3.0	62.0	243.8	311.7	1435.1	2072.7	2.0	
1992	3.3	75.4	234.7	344.9	1491.7	2183.2	3.0	
1993	4.2	92.4	228.3	401.8	1505.6	2353.5	3.4	
1994	5.1	90.0	243.4	337.7	1644.9	2537.0	4.0	
1995	5.1	92.6	273.6	498.6	1781.1	2531.8	5.6	1972.4
1996	5.9	96.6	282.2	510.4	1791.4	2524.7	4.8	1951.7
1997	6.4	100.0	322.6	520.8	1836.5	2462.0	4.6	1824.4
1998	7.3	108.4	359.6	539.5	1996.3	2201.4	4.9	1720.0
1999	9.2	159.7	396.3	473.3	2183.4	2029.5	5.0	1617.5
2000	12.8	220.6	472.7	408.3	2295.6	1946.5	5.3	1531.1
2001	16.5	268.3	558.0	399.9	2287.9	1944.2	5.6	1398.2
2002	20.3	320.5	676.7	473.6	2281.8	1952.8	5.3	1373.6
2003	26.9	382.2	752.1	515.8	2220.1	1829.4	4.9	1316.8
2004	32.6	447.3	821.5	566.2	2094.6	1747.0	5.1	1350.3
2005	36.5	504.5	877.7	655.7	1987.6	1671.7	4.9	1356.2
2006	39.8	546.1	871.2	747.8	1929.5	1729.4	5.0	1391.3
2007	41.9	565.9	840.2	810.0	1868.5	1736.1	6.3	1433.6
2008	44.6	607.7	837.0	812.1	1859.6	1695.7	6.2	1482.7
2009	51.1	639.5	830.3	868.2	1788.5	1637.8	6.4	1546.9
2010	53.8	661.8	836.2	870.4	1716.6	1691.7	6.5	1700.4
2011	56.0	681.5	850.8	813.9	1634.7	1736.8	6.4	1827.3
2012	59.0	688.8	844.6	754.1	1570.8	1714.7	6.6	1911.9
2013	61.1	699.8	822.7	674.8	1496.1	1695.4	6.6	1970.0
2014	62.1	721.4	796.6	619.8	1447.8	1658.4	7.1	1987.8
2015	64.5	737.8	796.6	601.2	1411.0	1729.0	8.3	2008.8
2016	66.7	748.6	802.9	593.3	1487.2	1752.5	9.2	1922.1
2017	80.6	761.5	800.1	582.4	1547.2	1766.6	11.1	1938.0
2018	85.8	791.0	792.7	557.0	1602.6	1867.3	12.4	1863.9
2019	91.7	914.9	839.5	600.4	1638.8	1869.0	14.4	1688.2
2020	110.7	967.5	876.4	644.7	1632.1	1808.1	14.9	1791.4
2021	117.7	1001.3	905.0	489.0	1705.4	1782.6	14.9	1526.2

注：2017年起，研究生招生、在校生指标内涵发生变化，招生包含全日制和非全日制研究生；在校生包含全日制、非全日制研究生和在职人员攻读硕士学位学生(以下相关表同)。

17-5 在校学生数

单位：万人

年份	研究生	普通、职业高等学校	普通高中	中等职业教育	初中	普通小学	特殊教育	学前教育
1978	1.1	85.6	1553.1	212.8	4995.2	14624.0	3.1	787.7
1979	1.9	102.0	1292.0	473.3	4613.0	14662.9	3.2	879.2
1980	2.2	114.4	969.8	586.3	4551.8	14627.0	3.3	1150.8
1981	1.9	127.9	715.0	571.9	4144.6	14332.8	3.3	1056.2
1982	2.6	115.4	640.5	583.8	3888.0	13972.0	3.4	1113.1
1983	3.7	120.7	629.0	495.8	3768.8	13578.0	3.6	1140.3
1984	5.8	139.6	689.8	298.7	3864.3	13557.1	4.0	1294.7
1985	8.7	170.3	741.1	476.1	4010.1	13370.2	4.2	1479.7
1986	11.0	188.0	773.4	541.2	4158.3	13182.5	4.7	1629.0
1987	12.0	195.9	773.7	580.6	4217.0	12835.9	5.3	1807.8
1988	11.3	206.6	252.6	735.2	4060.8	12535.8	5.8	1854.5
1989	10.1	208.2	716.1	751.3	3883.9	12373.1	6.4	1847.7
1990	9.3	206.3	717.3	763.5	3916.6	12241.4	7.2	1972.2
1991	8.8	204.4	722.9	801.2	4013.0	12164.2	8.5	2209.3
1992	9.4	218.4	704.9	857.3	4122.3	12201.3	13.0	2428.2
1993	10.7	253.6	656.9	969.0	4138.4	12421.2	16.9	2552.5
1994	12.8	279.9	664.8	833.7	4379.9	12822.6	21.1	2630.3
1995	14.5	290.6	713.2	1230.2	4727.5	13195.2	29.6	2711.2
1996	16.3	302.1	769.2	1320.1	5047.9	13615.0	32.1	2666.3
1997	17.6	317.4	850.1	1355.9	5248.7	13995.4	34.1	2519.0
1998	19.9	340.9	938.0	1451.2	5449.7	13953.8	35.8	2403.0
1999	23.4	413.4	1049.7	1417.5	5811.6	13548.0	37.2	2326.3
2000	30.1	556.1	1201.3	1284.5	6256.3	13013.3	37.8	2244.2
2001	39.3	719.1	1405.0	1164.9	6514.4	12543.5	38.6	2021.8
2002	50.1	903.4	1683.8	1190.8	6687.4	12156.7	37.5	2036.0
2003	65.1	1108.6	1964.8	1256.7	6690.8	11689.7	36.5	2003.9
2004	82.0	1333.5	2220.4	1409.2	6527.5	11246.2	37.2	2089.4
2005	97.9	1561.8	2409.1	1600.0	6214.9	10864.1	36.4	2179.0
2006	110.5	1738.8	2514.5	1809.9	5957.9	10711.5	36.3	2263.9
2007	119.5	1884.9	2522.4	1987.0	5736.2	10564.0	41.9	2348.8
2008	128.3	2021.0	2476.3	2087.1	5585.0	10331.5	41.7	2475.0
2009	140.5	2144.7	2434.3	2195.2	5440.9	10071.5	42.8	2657.8
2010	153.8	2231.8	2427.3	2238.5	5279.3	9940.7	42.6	2976.7
2011	164.6	2308.5	2454.8	2205.3	5066.8	9926.4	39.9	3424.5
2012	172.0	2391.3	2467.2	2113.7	4763.1	9695.9	37.9	3685.8
2013	179.4	2468.1	2435.9	1923.0	4440.1	9360.5	36.8	3894.7
2014	184.8	2547.7	2400.5	1755.3	4384.6	9451.1	39.5	4050.7
2015	191.1	2625.3	2374.4	1656.7	4312.0	9692.2	44.2	4264.8
2016	198.1	2695.8	2366.6	1599.0	4329.4	9913.0	49.2	4413.9
2017	264.0	2753.6	2374.5	1592.5	4442.1	10093.7	57.9	4600.1
2018	273.1	2831.0	2375.4	1555.3	4652.6	10339.3	66.6	4656.4
2019	286.4	3031.5	2414.3	1576.5	4827.1	10561.2	79.5	4713.9
2020	314.0	3285.3	2494.5	1663.4	4914.1	10725.4	88.1	4818.3
2021	333.2	3496.1	2605.0	1311.8	5018.4	10779.9	92.0	4805.2

17-6 毕业生数

单位：万人

年份	研究生	普通、职业高等学校	普通高中	中等职业教育	初中	普通小学	特殊教育	学前教育
1978		16.5	682.7	40.3	1692.6	2287.9	0.3	
1979		8.5	726.5	37.4	1657.9	2087.9	0.3	
1980		14.7	616.2	73.3	964.8	2053.3	0.4	
1981	1.2	14.0	486.1	99.5	1154.2	2075.7	0.4	
1982	0.4	45.7	310.6	124.0	1032.4	2068.9	0.4	
1983	0.4	33.5	235.1	71.3	960.3	1980.7	0.3	
1984	0.3	28.7	189.8	69.4	950.4	1995.0	0.4	
1985	1.7	31.6	196.6	92.5	1007.2	1999.9	0.4	
1986	1.7	39.3	224.0	124.6	1066.7	2016.1	0.5	
1987	2.8	53.2	246.8	156.2	1128.4	2043.0	0.4	
1988	4.1	55.3	250.6	210.1	1169.1	1930.3	0.5	
1989	3.7	57.6	243.2	227.0	1147.7	1857.1	0.5	
1990	3.5	61.4	233.0	240.6	1123.0	1863.1	0.5	
1991	3.3	61.4	222.9	262.1	1099.2	1846.7	0.6	
1992	2.6	60.4	226.1	251.3	1116.3	1872.4	0.9	
1993	2.8	57.1	231.7	265.3	1148.7	1841.5	1.2	
1994	2.8	63.7	209.3	292.5	1166.4	1899.6	1.4	
1995	3.2	80.5	201.6	348.4	1244.4	1961.5	1.9	
1996	4.0	83.9	204.9	392.8	1297.8	1934.1	2.4	
1997	4.7	82.9	221.7	406.0	1463.3	1960.1	2.8	
1998	4.7	83.0	251.8	449.0	1603.1	2117.4	3.5	
1999	5.5	84.8	262.9	468.9	1613.9	2313.7	3.8	
2000	5.9	95.0	301.5	476.7	1633.5	2419.2	4.3	
2001	6.8	103.6	340.5	430.6	1731.5	2396.9	4.6	1160.2
2002	8.1	133.7	383.8	380.1	1903.7	2351.9	4.4	1152.7
2003	11.1	187.7	458.1	346.4	2018.5	2267.9	4.5	1072.0
2004	15.1	239.1	546.9	359.2	2087.3	2135.2	4.7	1059.7
2005	19.0	306.8	661.6	418.2	2123.4	2019.5	4.3	1025.4
2006	25.6	377.5	727.1	479.1	2071.6	1928.5	4.5	1045.1
2007	31.2	447.8	788.3	530.9	1963.7	1870.2	5.0	1049.1
2008	34.5	511.9	836.1	580.7	1868.0	1865.0	5.2	1040.5
2009	37.1	531.1	823.7	624.9	1797.7	1805.2	5.7	1040.6
2010	38.4	575.4	794.4	665.0	1750.4	1739.6	5.9	1057.6
2011	43.0	608.2	787.7	660.0	1736.7	1662.8	4.4	1184.7
2012	48.6	624.7	791.5	674.6	1660.8	1641.6	4.9	1433.6
2013	51.4	638.7	799.0	674.4	1561.5	1581.1	5.1	1491.7
2014	53.6	659.4	799.6	622.9	1413.5	1476.6	4.9	1527.2
2015	55.2	680.9	797.7	567.9	1417.6	1437.3	5.3	1590.3
2016	56.4	704.2	792.4	533.6	1423.9	1507.4	5.9	1623.2
2017	57.8	735.8	775.7	496.9	1397.5	1565.9	6.9	1652.7
2018	60.4	753.3	779.2	487.3	1367.8	1616.5	8.1	1790.6
2019	64.0	758.5	789.2	493.5	1454.1	1647.9	9.8	1765.2
2020	72.9	797.2	786.5	484.9	1535.3	1640.3	12.1	1779.4
2021	77.3	826.5	780.2	375.4	1587.1	1718.0	14.6	1714.8

17-7 义务教育巩固率和毛入学率

年份	九年义务教育巩固率	高中阶段毛入学率	高等教育毛入学率
1990			3.4
1995		33.6	7.2
1996		38.0	8.3
1997		40.6	9.1
1998		40.7	9.8
1999		41.0	10.5
2000		42.8	12.5
2001		42.8	13.3
2002		42.8	15.0
2003		43.8	17.0
2004		48.1	19.0
2005		52.7	21.0
2006		59.8	22.0
2007		66.0	23.0
2008		74.0	23.3
2009		79.2	24.2
2010	91.1	82.5	26.5
2011	91.5	84.0	26.9
2012	91.8	85.0	30.0
2013	92.3	86.0	34.5
2014	92.6	86.5	37.5
2015	93.0	87.0	40.0
2016	93.4	87.5	42.7
2017	93.8	88.3	45.7
2018	94.2	88.8	48.1
2019	94.8	89.5	51.6
2020	95.2	91.2	54.4
2021	95.4	91.4	57.8

注：1.九年义务教育巩固率，是指初中毕业班学生数占该年级入小学一年级时学生数的百分比。
2.毛入学率为该级教育在校学生总数与政府规定的该级学龄段人口总数之比。
3.高中阶段教育包括：普通高中、成人高中、中等职业教育。
4.高等教育包括：研究生、普通本科、职业本专科、成人本专科、网络本专科、高等教育自学考试本专科等各种形式的高等教育。

17-8 每十万人口各级学校平均在校生数

单位：人

年 份	高等教育	高中阶段	初中阶段	小 学	学前教育
1990	326	1337	3426	10707	1725
1991	304	1355	3465	10502	1907
1992	313	1365	3518	10413	2072
1993	376	1448	3599	10656	2190
1994	433	1293	3681	10819	2219
1995	457	1610	3945	11010	2262
1996	470	1780	4180	11273	2208
1997	482	1905	4289	11435	2058
1998	519	1978	4408	11287	1944
1999	594	2032	4656	10855	1864
2000	723	2000	4969	10335	1782
2001	931	2021	5161	9937	1602
2002	1146	2283	5240	9525	1595
2003	1298	2523	5209	9100	1560
2004	1420	2824	5058	8725	1617
2005	1613	3070	4781	8358	1676
2006	1816	3321	4557	8192	1731
2007	1924	3409	4364	8037	1787
2008	2042	3463	4227	7819	1873
2009	2128	3495	4097	7584	2001
2010	2189	3504	3955	7448	2230
2011	2253	3495	3779	7403	2554
2012	2335	3411	3535	7196	2736
2013	2418	3227	3279	6913	2876
2014	2488	3100	3222	6946	2977
2015	2524	2965	3152	7086	3118
2016	2530	2887	3150	7211	3211
2017	2576	2861	3213	7300	3327
2018	2658	2828	3347	7438	3350
2019	2857	2850	3459	7569	3378
2020	3126	2948	3510	7661	3441
2021	3301	2816	3554	7634	3403

注：高等教育包括研究生、普通本科、职业本专科和成人本专科。

17-9 教育经费情况

单位：亿元

年 份	合 计	国家财政性教育经费	#一般公共预算教育经费	民办学校中举办者投入	捐赠收入	事业收入	其他教育经费
1992	867.0	728.8	564.9		69.6		
1995	1878.0	1411.5	1092.9	20.4	162.8		
2000	3849.1	2562.6	2191.8	85.9	114.0	938.3	148.4
2001	4637.7	3057.0	2705.7	128.1	112.9	1157.5	182.2
2002	5480.0	3491.4	3254.9	172.6	127.3	1460.9	227.9
2003	6208.3	3850.6	3619.1	259.0	104.6	1721.8	272.2
2004	7242.6	4465.9	4244.4	347.9	93.4	2011.4	324.0
2005	8418.8	5161.1	4946.0	452.2	93.2	2340.0	372.4
2006	9815.3	6348.4	6135.3	549.1	89.9	2407.3	420.7
2007	12148.1	8280.2	8094.3	80.9	93.1	3177.2	516.6
2008	14500.7	10449.6	10213.0	69.8	102.7	3367.1	511.5
2009	16502.7	12231.1	11975.0	75.0	125.5	3527.6	543.5
2010	19561.8	14670.1	14163.9	105.4	107.9	4106.1	572.4
2011	23869.3	18586.7	17821.7	111.9	111.9	4424.7	634.1
2012	28655.3	23147.6	20314.2	128.2	95.7	4619.8	664.0
2013	30364.7	24488.2	21405.7	147.4	85.5	4926.2	717.3
2014	32806.5	26420.6	22576.0	131.3	79.7	5427.2	747.7
2015	36129.2	29221.5	25861.9	187.7	87.0	5809.7	823.4
2016	38888.4	31396.3	27700.6	203.3	81.0	6276.8	931.0
2017	42562.0	34207.8	29919.8	225.0	85.0	6957.6	1086.7
2018	46143.0	36995.8	31992.7	240.6	94.8	7738.2	1073.6
2019	50178.1	40046.5	34648.6	220.1	101.4	8723.5	1086.6
2020	53033.9	42908.2	36310.5	229.3	117.2	8704.1	1075.1

注：1.“其他教育经费”数据1991-1997年包含扣除“学费”后的事业收入。
2.“民办学校中举办者投入”数据1993-2006年为社会团体和公民个人办学总经费。
3.“一般公共预算教育经费”数据1991-2011年包括教育事业费、基本建设经费、教育费附加、科研经费和其他经费，2012年起仅包括教育事业费、基本建设经费和教育费附加，2015年起教育事业费包含地方教育附加和土地出让收益计提的教育资金。

18-1 医疗卫生机构数和床位数

年 份	医疗卫生机构(万个)	#医院	医疗卫生机构床位(万张)	#医院
1978	16.97	0.93	204.2	110.0
1979	17.68	0.97	212.8	116.1
1980	18.06	0.99	218.4	119.6
1981	80.02	1.03	223.4	124.1
1982	80.19	1.05	228.0	128.5
1983	87.07	1.09	234.2	134.5
1984	90.54	1.14	241.2	141.2
1985	97.85	1.20	248.7	150.9
1986	99.91	1.24	256.3	156.0
1987	101.28	1.30	268.5	165.3
1988	101.25	1.35	279.5	174.7
1989	102.75	1.41	286.7	181.5
1990	101.27	1.44	292.5	186.9
1991	100.38	1.46	299.2	192.6
1992	100.13	1.49	304.9	197.7
1993	100.05	1.54	309.9	203.6
1994	100.53	1.56	313.4	207.0
1995	99.44	1.57	314.1	206.3
1996	107.81	1.58	310.0	209.7
1997	104.87	1.59	313.5	211.9
1998	104.29	1.60	314.3	213.4
1999	101.77	1.67	315.9	215.1
2000	103.42	1.63	317.7	216.7
2001	102.93	1.62	320.1	215.6
2002	100.50	1.78	313.6	222.2
2003	80.62	1.78	316.4	227.0
2004	84.91	1.84	326.8	236.3
2005	88.22	1.87	336.8	244.5
2006	91.81	1.92	351.2	256.0
2007	91.23	1.99	370.1	267.5
2008	89.15	1.97	403.9	288.3
2009	91.66	2.03	441.7	312.1
2010	93.69	2.09	478.7	338.7
2011	95.44	2.20	516.0	370.5
2012	95.03	2.32	572.5	416.2
2013	97.44	2.47	618.2	457.9
2014	98.14	2.59	660.1	496.1
2015	98.35	2.76	701.5	533.1
2016	98.34	2.91	741.0	568.9
2017	98.66	3.11	794.0	612.0
2018	99.74	3.30	840.4	652.0
2019	100.76	3.44	880.7	686.7
2020	102.29	3.54	910.1	713.1
2021	103.10	3.70	944.8	741.2

注：1.村卫生室数计入医疗卫生机构数中。

2.2002年起，医疗卫生机构数不再包括高中等医学院校本部、药检机构、国境卫生检疫所和非卫生部门举办的计划生育指导站。

3.2013年起，医疗卫生机构数包括原计生部门主管的计划生育技术服务机构。

18-2 卫生机构人员数

年 份	卫生人员（万人）	#卫生技术人员	#执业(助理)医师	#执业医师	#注册护士
1978	788.3	246.4	97.8	61.0	40.5
1979	773.8	264.2	108.8	65.3	42.1
1980	735.5	279.8	115.3	70.9	46.6
1981	719.9	301.1	124.4	62.0	52.5
1982	695.4	314.3	130.7	66.8	56.4
1983	675.7	325.3	135.3	70.4	59.6
1984	662.3	334.4	138.1	71.6	61.6
1985	560.6	341.1	141.3	72.4	63.7
1986	572.6	350.7	144.4	74.6	68.1
1987	584.3	360.9	148.2	77.7	71.8
1988	592.5	372.4	161.8	109.6	82.9
1989	602.8	380.9	171.8	125.8	92.2
1990	613.8	389.8	176.3	130.3	97.5
1991	627.8	398.5	178.0	131.1	101.2
1992	640.9	407.4	180.8	132.8	104.0
1993	654.1	411.7	183.2	137.2	105.6
1994	663.1	419.9	188.2	142.5	109.4
1995	670.4	425.7	191.8	145.5	112.6
1996	673.5	431.2	194.1	147.5	116.3
1997	683.4	439.8	198.5	150.5	119.8
1998	686.3	442.4	200.0	151.4	121.9
1999	689.5	445.9	204.5	156.2	124.5
2000	691.0	449.1	207.6	160.3	126.7
2001	687.5	450.8	210.0	163.7	128.7
2002	652.9	427.0	184.4	146.4	124.7
2003	621.7	438.1	194.2	153.4	126.6
2004	633.3	448.6	199.9	158.2	130.8
2005	644.7	456.4	204.2	162.3	135.0
2006	668.1	472.8	209.9	167.8	142.6
2007	696.4	491.3	212.3	171.5	155.9
2008	725.2	517.4	220.2	179.2	167.8
2009	778.1	553.5	232.9	190.5	185.5
2010	820.8	587.6	241.3	197.3	204.8
2011	861.6	620.3	246.6	202.0	224.4
2012	911.6	667.6	261.6	213.9	249.7
2013	979.0	721.1	279.5	228.6	278.3
2014	1023.4	759.0	289.3	237.5	300.4
2015	1069.4	800.8	303.9	250.8	324.1
2016	1117.3	845.4	319.1	265.1	350.7
2017	1174.9	898.8	339.0	282.9	380.4
2018	1230.0	952.9	360.7	301.0	409.9
2019	1292.8	1015.4	386.7	321.1	444.5
2020	1347.5	1067.8	408.6	340.2	470.9
2021	1398.3	1124.2	428.7	359.0	501.8

注：1.卫生人员和卫生技术人员包括公务员中卫生监督员。
2.执业(助理)医师数包括村卫生室执业(助理)医师数。
3.2002年以前，执业(助理)医师数系医生。
4.2013年起，卫生人员数包括卫生计生部门主管的计划生育技术服务机构人员数。

18-3 社会服务情况

年份	提供住宿的民政机构			社区服务机构和设施		
	单位数（个）	床位数（万张）	收住人数（万人）	单位数（个）	床位数（万张）	收养人数（万人）
1993	43681	92.7	72.4	92946		
1994	43240	95.5	73.6	98679		
1995	43074	97.6	74.7	115175		
1996	42829	100.8	76.9	132309		
1997	42385	103.1	78.5	138366		
1998	42131	105.8	80.0	154196		
1999	40430	108.9	82.7	164962		
2000	40491	113.0	85.4	187888		
2001	38785	140.7	88.5	201758		
2002	38200	141.5	91.6	206743		
2003	37294	142.9	96.5	203945		
2004	38593	157.2	110.9	205926		
2005	42487	180.7	123.6	203275		
2006	43187	204.5	147.0	160007		
2007	44958	269.6	200.0	134852		
2008	41099	300.3	240.0	146322		
2009	43944	326.5	256.0	146341		
2010	44482	349.6	278.2	152941		
2011	45973	396.4	293.4	160352		
2012	48078	449.3	309.5	200162		
2013	45977	462.4	322.5	251939		
2014	36810	426.0	337.0	310652	187.5	64.5
2015	31187	393.2	231.7	360956	298.1	94.5
2016	31912	414.0	236.3	386186	322.8	107.9
2017	31929	419.6	228.8	407453	338.5	105.9
2018	31291	408.1	211.9	426524	347.8	105.4
2019	37021	467.4	231.6	527757	336.2	156.2
2020	40852	515.4	235.6	510510	332.8	46.7
2021	42534	528.4	236.2	553179	311.9	38.2

注：1. 2018年起，提供住宿的民政机构统计范围不再包括荣誉军人康复医院、复员军人疗养院、军休所。
2. 2020年起，社区服务机构和设施不再包括社区养老服务机构和设施。

18-4 文化文物机构情况

单位：个

年份	公共图书馆	文化馆、站			博物馆	艺术表演团体	艺术表演场馆
		省、地市级群众艺术馆	县市级文化馆	乡镇(街道)文化站			
1978	1218	92	2748	4053	349	3150	1095
1980	1732	218	2912	5609	365	3533	1444
1985	2344	335	2960	5281	711	3317	1377
1990	2527	366	2955	5895	1013	2805	1955
1995	2615	373	2886	10228	1194	2682	1958
1996	2620	392	2892	41969	1219	2664	1934
1997	2628	385	2901	42163	1282	2663	1947
1998	2662	386	2901	42547	1339	2652	1929
1999	2669	389	2905	42543	1363	2632	1911
2000	2675	390	2907	42024	1392	2619	1900
2001	2696	399	2842	40138	1461	2605	1854
2002	2697	389	2854	39273	1511	2587	1829
2003	2709	382	2846	38588	1515	2601	1900
2004	2720	380	2841	38181	1548	2759	1928
2005	2762	375	2851	38362	1581	2805	1866
2006	2778	395	2819	36874	1617	2866	1839
2007	2799	411	2806	37384	1722	4512	1732
2008	2820	389	2829	37938	1893	5114	1662
2009	2850	361	2862	38736	2252	6139	1499
2010	2884	374	2890	40118	2435	6864	1461
2011	2952	379	2906	40390	2650	7055	1429
2012	3076	382	2919	40575	3069	7321	1279
2013	3112	385	2930	40945	3473	8180	1253
2014	3117	385	2928	41110	3658	8769	1248
2015	3139	386	2929	40976	3852	10787	1264
2016	3153	389	2933	41175	4109	12301	1265
2017	3166	390	2938	41193	4721	15742	1253
2018	3176	390	2936	41138	4918	17123	1236
2019	3196	390	2936	40747	5132	17795	1202
2020	3212	390	2931	40366	5452	17581	1111
2021	3215	390	2926	40215	5772	18387	1176

注：1.2007年以前艺术表演团体为文化部门系统内数据，2007年起含系统外数据。
2.艺术表演场馆为文化和旅游部门系统内数据。

18-5 创造世界纪录和获得世界冠军情况

年份	创造世界纪录				获得世界冠军	
	项数(项)	次数(次)	人数(人)	队数(队)	项数(项)	个数(个)
1978	3	3	6		4	4
1980	7	15	17		3	3
1985	5	9	6		42	46
1990	14	16	17		54	54
1995	13	24	14	2	98	102
1996	22	30	17	1	72	75
1997	29	43	29	2	87	92
1998	31	68	30	3	75	83
1999	24	50	16		91	92
2000	22	30	14	2	92	110
2001	10	12	8	2	79	90
2002	29	33	17	5	99	110
2003	13	16	8	1	17	84
2004	16	16	7	2	27	101
2005	15	21	14	2	22	106
2006	21	25	11	3	24	141
2007	10	10	8	2	22	123
2008	16	16	11	2	24	120
2009	22	22	11	3	30	142
2010	15	15	8	5	22	108
2011	8	8	4	1	24	138
2012	14	14	9	3	24	107
2013	13	13	7	3	22	124
2014	10	10	5	4	22	98
2015	12	12	8	2	25	127
2016	9	9	7	1	23	107
2017	2	6	6		24	106
2018	5	12	12		27	118
2019	16	18	19	1	33	128
2020	1	1	4	1	3	4
2021	12	12	8	4	16	67

注：1.1995年以前各年的集体项目的队数折合在人数中。

2.受新型冠状病毒肺炎疫情影响，2020年国际级体育赛事大幅减少，我国运动员获世界冠军数和创世界纪录数比往年有所减少。

19-1 香港特别行政区主要社会经济指标(一)

指标	1990年	2000年	2010年	2020年	2021年
人口					
年中人口（万人）	570.4	666.5	702.4	748.1	741.3
粗出生率（‰）	12.0	8.1	12.6	5.8	5.0@
粗死亡率（‰）	5.2	5.1	6.0	6.8	6.9@
劳动、就业					
劳动人口（万人）	274.8	337.4	363.1	391.8^	387.0
劳动人口参与率（%）	63.2	61.4	59.6	59.7^	59.4
失业率（%）	1.3	4.9	4.3	5.8	5.2
本地生产总值					
按2019年环比物量计算①					
本地生产总值年增长率（%）	3.8	7.7	6.8	-6.5@	6.4@
本地生产总值（亿港元）	10446	15391	22940	26600@	28308@
人均本地生产总值(港元)⑰	183121	230930	326589	355571@	381859@
按当年价格计算					
本地生产总值年增长率（%）	11.7	4.0	7.1	-6.0@	7.0@
本地生产总值（亿港元）	5993	13375	17763	26753@	28616@
人均本地生产总值（港元)⑰	105050	200675	252887	357614@	386022@
本地居民总收入					
按当年价格计算					
本地居民总收入（亿港元）		13482	18139	28314@	30666@
人均本地居民总收入（港元）		202287	258240	378478@	413671@
对外商品贸易					
港产品出口（亿港元）	2259	1810	695	474	745
转口（亿港元）	4140	13917	29615	38801	48861
进口（亿港元）	6425	16580	33648	42698	53078
对外服务贸易②					
服务出口（亿港元）	1307	2460	6257	5189@	5939@
服务进口（亿港元）	1330	3467	5469	4263@	4798@
国际收支平衡表					
经常账户（亿港元）		588	1244	1868@	3216@
资本及金融账户（亿港元）		-613	-888	-2443	-3804@
净误差及遗漏（亿港元）		25	-355	576@	588@
整体的国际收支（亿港元）		1002	591	2630@	-91@
国际投资头寸③					
国际投资头寸净值（亿港元）		17195	51711	164519	165743@
对外金融资产（亿港元）		92493	232300	487770	501271@
对外金融负债（亿港元）		75298	180589	323251	335528@
居民消费物价指数④					
(2019年10月至2020年9月=100)					
综合消费物价指数	42.1	70.9	74.0	99.9	101.4

19-1 香港特别行政区主要社会经济指标(二)

指　　　　标	1990年	2000年	2010年	2020年	2021年
工业生产					
工业生产指数⑤(2015年=100)			101.9	95.8	101.0
工业电力消费量（万亿焦耳）	24934	17769	11080	10672	11163
工业煤气消费量（万亿焦耳）	583	982	917	1653	1596
服务					
增加价值（亿港元）					
进出口贸易、批发及零售		2770	4133	4733	
住宿及膳食服务		378	564	374	
运输、仓库、邮政及速递服务		976	1379	1151	
资讯及通讯		429	550	937	
金融及保险		1642	2838	5980	
地产、专业及商用服务		1182	1885	2450	
公共行政、社会及个人服务		2434	2953	5312	
楼宇业权		1391	1847	3034	
房屋及物业					
已登记物业买卖合约涉及的价值(亿港元)					
住宅		1684	5607	5482	7339
非住宅		541	1288	802	1839
总计⑥		2225	6895	6284	9178
楼宇售价指数(1999年=100)					
私人住宅单位	44.8	89.6	150.9	381.2	392.7@
私人写字楼(甲级、乙级及丙级)	99.1	89.9	230.4	468.8	502.3@
楼宇租金指数(1999年=100)					
私人住宅单位	76.7	98.1	119.7	180.3	179.7@
私人写字楼(甲级、乙级及丙级)	137.3	98.5	147.6	241.7	233.4@
政府收支、货币、金融（亿港元）					
政府储备结余⑦	765	4303	5954	9278	9572
政府收入总额⑧	895	2251	3765	5642	6936
政府支出总额⑧	856	2329	3014	8160	6933
货币供应量M_3（亿港元）					
港元⑨	5712	20024	38782	79370	80574
外币⑩	7168	16904	32781	77070	82535
总计	12880	36928	71563	156440	163109
运输、通讯及旅游					
进出香港的货物					
总卸下（万吨）	6076	13035	17282	18380	15066@
总装上（万吨）	2997	8692	12882	8900	8891@
集装箱吞吐量⑪（万标准集装箱单位）	510	1810	2370	1797	1780
电话服务（万条操作线路）	245	395	426	393	383
访港旅客⑫（万人次）	658	1306	3603	357	9
酒店入住率（%）	79	83	87	46	63

19-1 香港特别行政区主要社会经济指标(三)

指标	1990年	2000年	2010年	2020年	2021年
教育					
小学学生人数⑬（人）	531090	498175	334415	368255	352975
中学学生人数⑬⑭（人）	481830	490039	486817	343478	339992
专上教育学生人数⑮（人）	112516	186729	306476	306136	307027
卫生					
登记死亡人数（人）	29201	33993	42699	50653	
婴儿死亡率（按每千名登记活产婴儿计算）	5.9	2.9	1.7	2.0	
社会保障					
综合社会保障援助					
个案数目⑦（个）	66675	228263	282732	223792	216688
发放款项⑧⑯（亿港元）	9.6	135.6	184.9	228.5	229.1@
公共福利金					
个案数目⑦(个)	444517	550585	642979	1076990	1135572
发放款项⑧⑯（亿港元）	21.6	51.3	90.6	381.7	397.5@
交通意外伤亡援助					
获批个案数目⑧(个)	5310	5998	7203	9013	8320
发放款项⑧（万港元）	4990	13000	18719	40900	41328@
治安					
举报罪案合计（件）	88300	77245	75965	63232	64428
暴力罪案总计（件）	18820	14812	13546	9391	9587

注：本表数据由香港特别行政区政府统计处提供，国家统计局整理编辑。1990年数据指原香港地区。

@ 数字将于日后修订。

^ 统计数字在编制过程中涉及应用人口数字。根据2021年人口普查的结果得出的最新人口基准，2016年年中以后的人口数字已作修订。统计表内的统计数字亦相应作出了修订。

① 以环比物量计算的本地生产总值及其组成部分的参照年为2019年。

② 服务输出及输入数字是根据《2008年国民经济核算体系》的标准。采用所有权转移原则记录外地加工货品及转手商贸活动编制而成的。

③ 期末头寸。

④ 2019年10月起的消费物价指数是根据2019/20年住户开支统计调查所得的开支权数编制。较早的指数则是根据旧的开支权数而经过按比例换算与新基期的指数拼接。

⑤ 自2005年统计年度开始，所有工业生产指数均按《香港标准行业分类2.0版》编制。

⑥ 因四舍五入关系，个别项目的数字加起来可能不等于总计。

⑦ 财政年度终结数字。指第二年3月31日。

⑧ 财政年度数字。指当年4月1日至第二年3月31日。

⑨ 包括外币掉期存款。

⑩ 已扣除外币掉期存款。

⑪ 由1998年起，采用一系列新的集装箱吞吐量数字。与1998年以前的数字不可比。

⑫ 1996年及以后的数字包括经澳门访港的非澳门居民旅客人数。

⑬ 数字包括特殊学校。

⑭ 数字包括夜校、技工级课程及毅进文凭课程。

⑮ 数字包括就读于大学及专上教育学院开办的专上教育课程，包括证书／文凭课程、副学士或同等学历及学士或更高的学位课程；以及与非本地机构合办，而学生在修业后可获取非本地高等学术资格的非本地注册或获豁免课程的学生人数。

⑯ 2010年的开支包括于该财政年度分别向综援受助人及公共福利金受惠人额外发放的一个月标准金额及一个月津贴；2020年的开支包括(1)在该年度推行综援计划下鼓励就业的措施及其他改善措施所涉及的额外财政影响，(2)向援助失业人士特别计划下的综援个案发放的金额及(3)分别向综援受助人及公共福利金受惠人额外发放一个月标准金额及一个月津贴；而2021年的开支包括于该财政年度分别向综援受助人及公共福利金受惠人额外发放的半个月标准金额及半个月津贴。

⑰ 人均本地生产总值数字已就2021年人口普查的结果作出修订。2021年人口普查的结果提供了一个基准，用作修订自2016年中期人口统计以来编制的人口数字。

19-2 澳门特别行政区主要社会经济指标(一)

指　　标	1990年	2000年	2010年	2020年	2021年
本地生产总值①					
以2019年环比物量计算					
本地生产总值实际增长率(支出法)(%)	8.0	5.7	25.1	-54.0	18.0
本地生产总值（亿澳门元）	916.6	1193.1	3473.9	2048.9	2417.6
人均本地生产总值（万澳门元）	27.4	27.7	64.7	30.1	35.4
按当年价格计算					
本地生产总值名义增长率(支出法)(%)	19.8	3.9	31.1	-54.1	17.1
本地生产总值（亿澳门元）	260.4	543.7	2260.0	2044.1	2394.1
人均本地生产总值（万澳门元）	7.8	12.6	42.1	30.0	35.0
人口及生命统计					
年中人口（万人）	33.5	43.1	53.7	68.5	68.3
出生率（‰）	20.5	8.9	9.5	8.1	7.4
死亡率（‰）	4.4	3.1	3.3	3.3	3.4
劳动力					
劳动人口（万人）	16.9	20.9	32.4	40.5	39.0
劳动力参与率（%）	66.6	64.3	72.0	70.5	69.0
失业率（%）	3.2	6.8	2.8	2.5	2.9
就业不足率（%）	2.3	3.0	1.7	3.5	4.1
就业人口（万人）	16.3	19.5	31.5	39.5	37.8
（Ⅰ）制造业	5.3	3.8	1.5	0.6	0.7
（Ⅱ）批发及零售业②	3.5	3.0	4.1	4.6	4.3
（Ⅲ）酒店及饮食业		2.1	4.3	5.4	5.0
（Ⅳ）文娱博彩及其他服务业	4.5	2.2	7.5	9.1	8.9
对外商品贸易					
出口（亿澳门元）	136.4	203.8	69.6	108.1	129.6
本地产品出口（亿澳门元）		170.8	23.9	15.6	20.0
转口（亿澳门元）		33.0	45.7	92.5	109.6
进口（亿澳门元）	123.4	181.0	441.2	925.6	1538.8
贸易条件指数（2016年=100）		117.6	100.9	100.2	99.8
工业生产					
工业电力消耗量（亿千瓦时）		1.5	1.5	1.4	1.6
建筑					
获发使用准照(建成)的私人楼宇单位数目(个)	11574	3146	4527	2521	2545
获发使用准照(建成)的私人楼宇总建筑面积（万平方米）	105.7	37.0	127.2	28.7	95.4
获发动工批示(新动工)的私人楼宇单位数目(个)		1167	870	233	1407
获发动工批示(新动工)的私人楼宇总建筑面积（万平方米）		20.3	18.4	88.1	55.7
楼宇单位买卖数目（个）	8463	10211	29617	9002	8802
不动产买卖契约数目（宗）	8559	12484	12707	11589	11959
不动产按揭贷款数目（宗）	6610	7367	15127	14954	14835
运输、通讯、旅游					
进出澳门货运车辆数目(万辆)	26.4	45.4	35.8	29.8	34.2
领牌车辆 ③(万辆)	5.1	11.3	19.6	24.4	24.8
电话线（万条）	9.6	17.7	16.8	10.7	10.0
访澳旅客④(万人次)	594.2	916.2	2496.5	589.7	770.6
酒店入住率（%）	69	58	80	29	50

19-2 澳门特别行政区主要社会经济指标(二)

指 标	1990年	2000年	2010年	2020年	2021年
政府收支、货币、金融(亿澳门元)					
政府总收入①	60.2	153.4	884.9	1016.7	898.3
政府总开支①	55.1	150.2	383.9	961.3	861.1
货币供应(广义货币供应量M_2)					
澳门元⑤	70.2	232.2	680.4	2354.1	2434.0
港元	150.8	445.1	1328.1	3382.4	3441.8
其他货币	86.5	171.9	422.1	1187.1	999.7
总计	307.5	849.2	2430.5	6923.6	6875.4
本地机构及私人贷款及垫款	156.0	382.0	1267.9	5301.3	5607.1
消费价格指数					
(2018年4月至2019年3月=100)					
综合消费价格指数		56.90	70.66	102.60	102.63
甲类消费价格指数		55.16	69.81	102.71	102.66
乙类消费价格指数		57.03	70.30	102.45	102.58
房屋(期末值)					
公共房屋⑥(个)	4871	9084	8174	14632	15437
教育⑦					
幼儿教育学生(人)	20761	15254	10804	18908	18109
小学生(人)	35514	46260	23785	35450	36791
中学生(人)	18283	39673	37224	27627	28961
高等教育学生(人)	8864	9000	25539	39093	43964
医疗					
死亡人数(人)	1482	1338	1774	2230	2320
死于心脏病人数(人)	356	252	140	213	191
死于癌症人数(人)	278	370	581	859	873
婴儿死亡率(按每千名出生登记)					
活产婴儿计算)	8.4	2.9	2.9	2.2	1.8
社会保障⑧					
供款单位数目(个)		8451	34294	27768	28518
福利金受领人数(人)			38818	131867	138996
福利金发放金额(亿澳门元)		1.0	7.2	49.9	52.7
津贴受领人次⑨(次)		78033	16536	25520	24458
津贴发放金额(亿澳门元)		1.1	0.3	1.1	1.0
治安					
罪案数目(宗)	5514	8925	11649	10057	11376
囚犯数目(期末值,人)	719	847	929	1548	1520

注：本表数据由澳门特别行政区政府统计暨普查局提供，国家统计局整理编辑。1998年及以前数据均指原澳门地区。

①数字在日后得到更多资料时会作出修订。

②1990年“批发及零售业”数字包含了“酒店及饮食业”数字。

③自2007年开始不包括单车。

④自2008年开始访澳旅客不包括外地雇员及学生等。

⑤“中华人民共和国澳门特别行政区基本法”说明，澳门元是澳门特别行政区的法定货币。

⑥不包括已出售者。

⑦不包括特殊教育学生。第n年的学生人数是指n/n+1学年年底学生人数。2007/2008学年起不包括回归教育学生人数；2010/2011学年起为注册学生人数。

⑧福利金包括养老金、额外给付及残疾金；津贴包括失业、疾病、出生、丧葬及其他等津贴。

⑨2000年津贴受领人次包括社会救济金的受领人次。

20-1 台湾省主要社会经济指标(一)

指　　　标	2000年	2010年	2019年	2020年	2021年
人口					
户籍登记人口数①（万人）	2228	2316	2360	2356	2338
人口自然增加率（‰）	8.08	0.91	0.06	-0.34	-1.27
人口密度（人/平方公里）	616	640	652	651	646
性别比①（女性=100）	104.7	100.9	98.4	98.2	98.2
劳动、就业					
劳动力人口（万人）	978	1107	1195	1196	1192
劳动参与率（%）	57.7	58.1	59.2	59.1	59.0
男	69.4	66.5	67.3	67.2	66.9
女	46.0	49.9	51.4	51.4	51.5
农业占就业人口比重（%）	7.5	5.2	4.9	4.8	4.7
工业占就业人口比重（%）	35.8	35.9	35.6	35.4	35.5
服务业占就业人口比重（%）	56.7	58.8	59.6	59.8	59.8
失业率（%）	3.0	5.2	3.7	3.9	4.0
工业及服务业每月人均薪资(新台币元)	41831	44646	53457	54160	55792
工业	39505	43465	52865	53136	56298
服务业	44143	45600	53882	54893	55428
公共安全					
刑案发生率（件/十万人）	1977	1607	1137	1101	1036
犯罪人口率（人/十万人）	819	1164	1177	1195	1134
刑案破获率（%）	59.2	79.7	96.4	97.7	98.8
机动车肇事率（件/万辆）	31.76	101.94	155.50	163.21	152.36
道路交通事故伤亡人数					
死亡（人）	3388	2047	1849	1851	1860
受伤（人）	66895	293764	456378	483409	454401
国民经济核算					
本地居民生产总值(新台币亿元)	104652	144761	193848	203704	221239
本地生产总值（新台币亿元）	103285	140603	189086	197986	217065
居民最终消费支出	57058	74810	98831	96004	96998
固定资本形成总额	27189	33301	45266	47841	56495
商品及服务出口	54444	111977	119226	114910	143957
减：商品及服务进口	52581	102675	100502	88539	111519
经济增长率（%）	6.3	10.3	3.1	3.4	6.5
人均本地居民生产总值					
新台币元	471734	625560	821527	863806	942391
美元	15105	19765	26561	29202	33638
居民储蓄总额（新台币亿元）	30597	47529	67351	78206	93413
储蓄率（%）	29.2	32.8	34.7	38.4	42.2
工业					
工业生产指数（2016年＝100）	54.4	87.7	108.5	116.1	131.7
制造业	52.6	87.0	108.9	117.2	133.9

20-1 台湾省主要社会经济指标(二)

指　　标	2000年	2010年	2019年	2020年	2021年
运输通信					
交通运输客运人数(亿人次)					
铁路	4.6	7.8	11.9	10.3	7.9
公路	11.5	11.1	12.5	10.8	7.9
航空	0.3	0.3	0.4	0.1	0.0
高速公路通行车辆数③(万辆次)	45381	55506	597497	607532	579762
每百人机动车辆数①(辆)	76.4	93.8	93.7	94.6	96.7
港埠货物装卸量（万收费吨)	56695	65540	73056	70299	75004
观光（万人次)					
出岛旅客	733	942	1710	234	36
来台湾旅客	262	557	1186	138	14
对外贸易					
贸易额（亿美元)					
出口	1519	2774	3292	3451	4464
进口	1407	2557	2857	2861	3815
出(入)超(亿美元)	112	216	435	590	649
对日本	-217	-345	-208	-225	-269
对美国	103	53	114	180	265
对中国内地	-18	416	344	389	434
对香港	304	367	393	477	613
财政、金融及景气					
赋税实征净额②(新台币亿元)	19298	16222	24705	23987	28742
外汇存底①(亿美元)	1067.4	3820.1	4781.3	5299.1	5484.1
汇率					
1美元兑新台币	31.23	31.64	30.93	29.58	28.02
货币供应量$M_2$①(新台币亿元)	188978	309544	458918	501879	538752
年增长率（%)	6.5	5.5	4.5	9.4	7.4
存款①(新台币亿元)	193087	310063	450861	492197	527570
放款与投资①(新台币亿元)	166220	228037	354224	378266	409996
本地银行逾放比率①(%)	5.34	0.61	0.21	0.22	0.17
股价指数（1966年＝100)	7847	7950	10790	12075	16938
国际收支平衡（亿美元)					
经常账户	82.2	367.3	651.6	949.6	1161.2
资本账户		-0.49	-0.03	-0.09	0.03
金融账户	79.7	3.4	576.6	462.5	1046.0
物价年涨跌率(%)					
批发	1.81	5.46	-2.26	-7.77	9.45
消费者	1.26	0.97	0.56	-0.23	1.96
进口	4.61	7.04	-1.47	-10.23	10.54
出口	-0.87	2.02	-2.82	-7.21	6.54

注：①年底数。②为年度资料。③从2013年12月30日起，国道高速公路由计次收费改为计程电子收费。
资料来源：台湾“行政院主计总处”。

21-1 世界主要国家和地区国内生产总值和人均国内生产总值

国家和地区	国内生产总值（亿美元）			人均国内生产总值（美元）		
	2000年	2010年	2020年	2000年	2010年	2020年
世　　界	**338160**	**664883**	**847470**	**5531**	**9606**	**10919**
高收入国家	**276902**	**454891**	**534611**	**25763**	**39412**	**44003**
中等收入国家	**58199**	**200416**	**305353**	**1257**	**3835**	**5217**
低收入国家	**1884**	**5782**	**4597**	**487**	**1125**	**691**
中　　国	12113	60872	147227	959	4550	10435
印　　度	4684	16756	26602	443	1358	1928
印度尼西亚	1650	7551	10584	780	3122	3870
日　　本	49684	57591	50578	39169	44968	40193
韩　　国	5762	11441	16379	12257	23087	31631
马来西亚	938	2550	3370	4044	9041	10412
巴基斯坦	820	1772	2626	576	987	1189
新 加 坡	961	2398	3400	23852	47237	59798
菲 律 宾	837	2084	3615	1073	2217	3299
泰　　国	1264	3411	5016	2008	5076	7187
埃　　及	998	2190	3653	1450	2646	3569
尼日利亚	694	3615	4323	568	2280	2097
南　　非	1518	4174	3354	3375	8149	5656
加 拿 大	7448	16173	16454	24271	47562	43295
墨 西 哥	7079	10578	10739	7158	9271	8329
美　　国	102523	149921	209530	36335	48467	63593
阿 根 廷	2842	4236	3893	7708	10386	8579
巴　　西	6554	22088	14447	3750	11286	6797
法　　国	13622	26426	26303	22364	40638	39030
德　　国	19431	33964	38464	23636	41532	46208
意 大 利	11438	21340	18887	20088	36001	31714
荷　　兰	4164	8466	9139	26149	50950	52397
俄 罗 斯	2597	15249	14835	1772	10675	10127
西 班 牙	5969	14207	12815	14713	30503	27063
英　　国	16621	24911	27598	28223	39689	41059
澳大利亚	4156	11476	13278	21698	52088	51693
新 西 兰	526	1465	2107	13641	33677	41441

资料来源：世界银行数据库。

21-2 世界主要国家和地区经济增长率

单位：%

年份	世界*	欧元区	美国	日本	巴西	印度	俄罗斯	南非
1980	2.1		-0.3	3.2	9.2	5.3		
1981	1.9		2.5	4.2	-4.4	6.0		
1982	0.7		-1.8	3.3	0.6	3.5		
1983	2.7		4.6	3.5	-3.4	7.3		
1984	4.6		7.2	4.5	5.3	3.8		
1985	3.7		4.2	5.2	7.9	5.3		
1986	3.6		3.5	3.3	7.5	4.8		
1987	3.9		3.5	4.7	3.6	4.0		
1988	4.7		4.2	6.8	0.3	9.6		
1989	3.8		3.7	4.9	3.2	5.9		
1990	3.4		1.9	4.9	-4.2	5.5		
1991	2.7		-0.1	3.4	1.0	1.1	-5.0	
1992	2.3	1.4	3.5	0.8	-0.5	5.5	-14.5	
1993	2.0	-0.8	2.8	-0.5	4.7	4.8	-8.7	1.2
1994	3.2	2.5	4.0	0.9	5.3	6.7	-12.7	3.2
1995	3.4	2.9	2.7	2.6	4.4	7.6	-4.1	3.1
1996	3.9	1.6	3.8	3.1	2.2	7.5	-3.6	4.3
1997	4.0	2.6	4.4	1.0	3.4	4.0	1.4	2.6
1998	2.6	3.0	4.5	-1.3	0.3	6.2	-5.3	0.5
1999	3.5	2.9	4.8	-0.3	0.5	8.5	6.4	2.4
2000	4.8	3.8	4.1	2.8	4.4	4.0	10.0	4.2
2001	2.4	2.2	1.0	0.4	1.4	4.9	5.1	2.7
2002	2.9	0.9	1.7	0.0	3.1	3.9	4.7	3.7
2003	4.3	0.6	2.8	1.5	1.1	7.9	7.3	2.9
2004	5.4	2.3	3.9	2.2	5.8	7.8	7.2	4.6
2005	4.9	1.7	3.5	1.8	3.2	9.3	6.4	5.3
2006	5.4	3.2	2.8	1.4	4.0	9.3	8.2	5.6
2007	5.6	3.0	2.0	1.5	6.1	9.8	8.5	5.4
2008	3.1	0.4	0.1	-1.2	5.1	3.9	5.2	3.2
2009	-0.1	-4.5	-2.6	-5.7	-0.1	8.5	-7.8	-1.5
2010	5.4	2.1	2.7	4.1	7.5	10.3	4.5	3.0
2011	4.3	1.7	1.5	0.0	4.0	6.6	5.1	3.2
2012	3.6	-0.9	2.3	1.4	1.9	5.5	4.0	2.4
2013	3.4	-0.2	1.8	2.0	3.0	6.4	1.8	2.5
2014	3.5	1.4	2.3	0.3	0.5	7.4	0.7	1.4
2015	3.4	2.0	2.7	1.6	-3.5	8.0	-2.0	1.3
2016	3.3	1.9	1.7	0.8	-3.3	8.3	0.2	0.7
2017	3.7	2.6	2.3	1.7	1.3	6.8	1.8	1.2
2018	3.6	1.8	2.9	0.6	1.8	6.5	2.8	1.5
2019	2.9	1.6	2.3	-0.2	1.2	3.7	2.2	0.1
2020	-3.1	-6.4	-3.4	-4.5	-3.9	-6.6	-2.7	-6.4
2021	6.1	5.3	5.7	1.6	4.6	8.9	4.7	4.9

注：*按购买力平价方法计算的国内生产总值进行加权汇总。

资料来源：国际货币基金组织世界经济展望(WEO)2022年4月。

21-3 世界主要国家和地区消费者价格指数

(2010年=100)

年份	世界	欧元区	美国	日本	巴西	印度	俄罗斯	南非
1980	5.1	36.9	37.8	77.2		9.7		6.5
1981	5.9	41.3	41.7	81.0		11.0		7.5
1982	6.9	45.3	44.3	83.2		11.9		8.6
1983	7.8	49.1	45.7	84.8		13.3		9.6
1984	9.0	52.5	47.6	86.7		14.4		10.7
1985	10.3	55.6	49.3	88.4		15.2		12.5
1986	11.5	57.2	50.3	89.0		16.5		14.8
1987	13.1	57.5	52.1	89.1		18.0		17.2
1988	15.2	58.0	54.2	89.7		19.7		19.4
1989	17.0	58.5	56.9	91.7		21.1		22.2
1990	21.5	60.3	59.9	94.5		22.9		25.4
1991	25.3	63.3	62.5	97.6		26.1		29.3
1992	29.6	62.9	64.3	99.3	0.1	29.2	0.1	33.4
1993	35.3	65.0	66.2	100.6	1.0	31.1	0.5	36.6
1994	44.8	67.6	68.0	101.3	22.1	34.2	2.1	39.9
1995	51.6	71.2	69.9	101.1	36.6	37.7	6.3	43.4
1996	56.0	72.6	71.9	101.3	42.4	41.1	9.4	46.6
1997	59.3	74.9	73.6	103.0	45.4	44.1	10.7	50.6
1998	62.6	76.4	74.8	103.7	46.8	49.9	13.7	54.1
1999	66.1	78.1	76.4	103.4	49.1	52.2	25.5	56.9
2000	69.1	79.9	79.0	102.7	52.5	54.3	30.8	59.9
2001	72.1	82.5	81.2	101.9	56.1	56.4	37.4	63.3
2002	74.5	84.3	82.5	101.0	60.9	58.8	43.3	69.3
2003	77.1	86.3	84.4	100.7	69.8	61.1	49.2	73.3
2004	79.9	88.2	86.6	100.7	74.4	63.4	54.5	72.8
2005	82.9	90.4	89.6	100.4	79.5	66.0	61.4	74.3
2006	85.9	92.7	92.4	100.7	82.9	69.9	67.4	76.7
2007	89.1	94.8	95.1	100.7	85.9	74.3	73.5	81.4
2008	94.3	98.1	98.7	102.1	90.8	80.5	83.8	89.6
2009	96.5	98.4	98.4	100.7	95.2	89.3	93.6	96.1
2010	100.0	100.0	100.0	100.0	100.0	100.0	100.0	100.0
2011	105.1	102.7	103.2	99.7	106.6	108.9	108.4	105.0
2012	109.6	105.3	105.3	99.7	112.4	119.0	113.9	111.0
2013	114.3	106.7	106.8	100.0	119.4	132.2	121.6	117.4
2014	118.7	107.2	108.6	102.8	126.9	140.9	131.2	124.6
2015	122.9	107.2	108.7	103.6	138.4	147.9	151.5	130.3
2016	127.1	107.5	110.1	103.5	150.5	155.2	162.2	138.9
2017	131.5	109.1	112.4	104.0	155.7	160.3	168.2	146.0
2018	138.2	111.0	115.2	105.0	161.4	166.7	173.0	152.6
2019	141.1	112.3	117.2	105.5	167.4	172.9	180.8	158.9
2020	143.2	112.6	118.7	105.5	172.8	184.3	186.9	164.0
2021	147.9	115.5*	124.3	105.2	187.1	194.5*	199.4	171.6

注：*数据根据2020年消费者价格指数和国际货币基金组织4月份发布的《世界经济展望报告》2021年消费者价格涨跌率推算得出。

资料来源：欧盟统计局数据库、国际货币基金组织数据库。

21-4 世界主要国家和地区就业结构与失业率

单位：%

国家和地区	年　份	就业结构			年　份	失业率
		第一产业	第二产业	第三产业		
中　　国	2019	25.3	27.4	47.3	2020	4.2*
印　　度	2019	42.6	25.1	32.3	2020	4.7
印度尼西亚	2019	28.5	22.4	49.1	2021	3.8
以 色 列	2019	0.9	17.2	81.9	2020	4.3
日　　本	2019	3.4	24.2	72.4	2021	2.8
哈萨克斯坦	2019	14.9	21.0	64.2	2020	4.9
韩　　国	2019	5.1	24.6	70.3	2021	3.6
马来西亚	2019	10.3	27.0	62.7	2020	4.5
巴基斯坦	2019	36.9	25.0	38.1	2019	4.8
菲 律 宾	2019	22.9	19.1	58.0	2020	2.5
新 加 坡	2019	0.0	15.6	84.4	2020	4.1
斯里兰卡	2019	25.0	27.9	47.2	2020	5.2
泰　　国	2019	31.4	22.8	45.7	2020	1.1
埃　　及	2019	20.6	26.9	52.4	2020	7.9
南　　非	2019	5.3	22.3	72.4	2021	34.0
加 拿 大	2019	1.5	19.3	79.2	2021	7.5
墨 西 哥	2019	12.5	25.6	62.0	2021	4.1
美　　国	2019	1.4	19.9	78.7	2021	5.4
阿 根 廷	2019	0.1	21.8	78.1	2020	11.5
巴　　西	2019	9.1	20.0	70.9	2021	13.3
委内瑞拉	2019	7.9	15.3	76.8	2020	7.5
捷　　克	2019	2.7	37.3	60.1	2020	2.6
法　　国	2019	2.5	20.4	77.0	2020	8.0
德　　国	2019	1.2	27.2	71.6	2020	3.8
意 大 利	2019	3.9	25.9	70.2	2020	9.2
荷　　兰	2019	2.1	16.1	81.8	2020	3.8
波　　兰	2019	9.1	32.1	58.7	2020	3.2
俄 罗 斯	2019	5.8	26.8	67.4	2020	5.6
西 班 牙	2019	4.0	20.4	75.5	2020	15.5
土 耳 其	2019	18.1	25.3	56.6	2020	13.1
乌 克 兰	2019	13.8	25.0	61.2	2020	9.5
英　　国	2019	1.0	18.1	80.8	2019	3.7
澳大利亚	2019	2.6	19.1	78.4	2021	5.1
新 西 兰	2019	5.8	19.3	74.9	2021	3.8

注：*年末城镇登记失业率。

资料来源：《中国统计年鉴2021》、世界银行数据库、国际劳工组织数据库。

21-5 世界主要国家和地区货物进出口贸易额

单位：亿美元

国家和地区	2000年		2010年		2020年		2021年	
	出口	进口	出口	进口	出口	进口	出口	进口
世界	**64540**	**66475**	**153025**	**154397**	**176452**	**178720**	**222838**	**225188**
中国	2492	2251	15778	13962	25900	20660	33640	26875
印度	424	515	2264	3502	2764	3732	3954	5725
印度尼西亚	654	436	1578	1357	1633	1416	2299	1960
伊朗	287	139	1013	654	469	388	723	490
以色列	314	377	584	587	502	693	594	902
日本	4792	3795	7698	6941	6413	6355	7560	7690
哈萨克斯坦	88	50	600	311	464	372	606	412
韩国	1723	1605	4664	4252	5125	4676	6444	6151
老挝	3	5	17	21	61	54	76	65
马来西亚	982	820	1986	1646	2341	1899	2990	2380
蒙古	5	6	29	33	76	53	92	68
缅甸	16	24	87	48	167	179	154	147
巴基斯坦	90	109	214	378	220	458	283	725
菲律宾	381	370	515	585	639	908	746	1239
新加坡	1378	1345	3519	3108	3625	3298	4574	4062
斯里兰卡	54	63	86	135	100	161	125	206
泰国	690	619	1933	1829	2316	2062	2712	2676
越南	145	156	722	848	2826	2627	3359	3316
埃及	53	146	264	529	266	598	364	666
尼日利亚	210	87	840	442	356	554	461	747
南非	300	297	913	968	858	841	1236	1140
加拿大	2766	2448	3875	4027	3910	4148	5034	4992
墨西哥	1664	1795	2983	3102	4170	3933	4942	5225
美国	7819	12593	12785	19692	14249	24069	17546	29371
阿根廷	263	252	682	568	549	424	779	632
巴西	551	586	2004	1932	2092	1663	2808	2347
委内瑞拉	335	162	657	390	50	66	36	78
捷克	291	320	1330	1267	1919	1711	2264	2109
法国	3276	3389	5238	6111	4886	5813	5850	7143
德国	5518	4972	12589	10548	13825	11718	16318	14193
意大利	2405	2388	4473	4870	4998	4269	6103	5504
荷兰	2331	2183	5743	5164	6746	5951	8360	7571
波兰	317	490	1597	1780	2738	2616	3379	3383
俄罗斯	1050	449	4006	2486	3334	2396	4940	3039
西班牙	1153	1561	2544	3270	3083	3262	3845	4182
土耳其	278	545	1139	1855	1696	2195	2253	2714
乌克兰	146	140	515	609	492	543	681	725
英国	2832	3396	4202	5923	3995	6383	4681	6944
澳大利亚	639	715	2126	2016	2508	2118	3436	2613
新西兰	133	139	314	306	389	372	449	495

资料来源：世界贸易组织数据库。

21-6 万美元国内生产总值能耗①

单位：吨标准油/万美元

国家和地区	2000年	2010年	2012年	2013年	2014年	2015年
世　　界	**1.44**	**1.31**	**1.26**	**1.24**	**1.21**	
中　　国	2.60	2.20	2.07	1.99	1.88	
印　　度	1.62	1.33	1.31	1.26	1.25	
印度尼西亚	1.29	1.06	0.94	0.91	0.90	
伊　　朗	1.86	2.01	2.24	2.29	2.35	
以 色 列	0.92	0.87	0.85	0.78	0.74	0.74
日　　本	1.14	1.03	0.92	0.91	0.88	0.86
哈萨克斯坦	2.33	2.04	1.94	2.02	1.82	
韩　　国	1.74	1.46	1.45	1.41	1.39	1.39
马来西亚	1.32	1.27	1.21	1.30	1.26	
蒙　　古	2.21	1.94	1.78	1.76	1.66	
巴基斯坦	1.39	1.21	1.16	1.14	1.10	
菲 律 宾	1.15	0.73	0.70	0.68	0.68	
新 加 坡	0.83	0.64	0.59	0.57	0.58	
斯里兰卡	0.75	0.53	0.51	0.44	0.45	
泰　　国	1.17	1.22	1.20	1.26	1.24	
越　　南	1.22	1.32	1.20	1.14		
埃　　及	0.76	0.85	0.88	0.82	0.80	
尼日利亚	2.36	1.53	1.56	1.46	1.38	
南　　非	2.40	2.22	2.07	2.03	2.09	
加 拿 大	2.22	1.73	1.67	1.65	1.66	1.60
墨 西 哥	0.85	0.86	0.88	0.87	0.82	0.80
美　　国	1.61	1.32	1.24	1.23	1.22	1.16
巴　　西	0.90	0.82	0.80	0.81	0.86	
委内瑞拉	0.92	0.91	0.91	0.92	0.95	
捷　　克	1.59	1.26	1.20	1.18	1.13	1.06
法　　国	1.04	0.95	0.89	0.89	0.85	0.85
德　　国	0.95	0.85	0.78	0.79	0.74	0.74
意 大 利	0.70	0.68	0.65	0.64	0.60	0.61
荷　　兰	1.00	0.96	0.89	0.89	0.83	0.80
波　　兰	1.42	1.10	1.00	0.99	0.93	0.89
俄 罗 斯	2.89	2.01	1.99	1.92	1.86	
西 班 牙	0.86	0.73	0.75	0.71	0.68	0.69
土 耳 其	0.78	0.73	0.70	0.64	0.63	0.63
乌 克 兰	3.77	2.45	2.14	2.03	1.98	
英　　国	0.99	0.77	0.71	0.69	0.63	0.62
澳大利亚	1.47	1.28	1.20	1.16	1.12	1.15
新 西 兰	1.35	1.12	1.12	1.10	1.12	1.08

注：①国内生产总值按2017年不变价购买力平价法计算。

资料来源：世界银行WDI数据库。

21-7 中国主要经济指标和主要工农业产品产量居世界位次

指　　标	1978年	1990年	2000年	2010年	2018年	2019年	2020年
国内生产总值	**11**	**11**	**6**	**2**	**2**	**2**	**2**
人均国民总收入①	**175(188)**	**178(200)**	**141(207)**	**120(215)**	**71(192)**	**73(194)**	**64(187)**
货物进出口额	**29**	**16**	**8**	**2**	**1**	**1**	**1**
外汇储备	**38**	**10**	**2**	**1**	**1**	**1**	**1**
主要工业产品产量							
粗　钢	5	4	1	1	1	1	1
煤	3	1	1	1	1	1	1
原　油	8	5	5	4	6	6	6
发电量	7	3	2	2	1	1	1
水　泥	4	1	1	1	1	1	1
化　肥	3	3	1	1	1	1	1
棉　布	1	1	2	1	1	1	1
主要农业产品产量							
谷　物	2	1	1	1	1	1	1
肉　类②	3	2	1	1	1	1	1
籽　棉	2	1	1	1	1	1	1
大　豆	3	3	4	4	4	4	4
花　生	2	2	1	1	1	1	1
油菜籽	2	1	1	1	2	2	2
甘　蔗	10	4	3	3	4	4	3
茶　叶	2	2	2	1	1	1	1
水　果	6	1	1	1	1	1	1

注：①括号中为参加排序的国家和地区数。②1990年以前为猪、牛、羊肉产量的位次。
资料来源：联合国粮农组织数据库、联合国《统计月报》数据库及世界银行数据库。

附录一

主要统计指标解释

法人单位 指有权拥有资产、承担负债，并独立从事社会经济活动（或与其他单位进行交易）的组织。法人单位应同时具备以下条件:

（一）依法成立，有自己的名称、组织机构和场所，能够独立承担民事责任;

（二）独立拥有（或授权使用）资产或者经费，承担负债，有权与其他单位签订合同;

（三）具有包括资产负债表在内的账户，或者能够根据需要编制账户。

法人单位包括五种类型：企业法人、事业单位法人、机关法人、社会团体和其他成员组织法人、其他法人。

三次产业 三次产业的划分是世界上较为常用的产业结构分类，但各国的划分不尽一致。根据国家统计局《三次产业划分规定》和《国民经济行业分类》（GB/T 4754-2017），我国的三次产业划分是:

第一产业是指农、林、牧、渔业（不含农、林、牧、渔专业及辅助性活动）。

第二产业是指采矿业（不含开采专业及辅助活动），制造业（不含金属制品、机械和设备修理业），电力、热力、燃气及水生产和供应业，建筑业。

第三产业即服务业，是指除第一、二产业以外的其他行业。

“三新”经济增加值 是指一个国家（或地区）所有常住单位在一定时期内从事“三新”经济生产活动的最终成果，是常住单位进行“三新”经济生产活动的增加值之和。

工业战略性新兴产业 包括新一代信息技术产业，高端装备制造产业，新材料产业，生物产业，新能源汽车产业，新能源产业，节能环保产业和数字创意产业等八大产业中的工业相关行业。

高技术制造业 包括医药制造业，航空、航天器及设备制造业，电子及通信设备制造业，计算机及办公设备制造业，医疗仪器设备及仪器仪表制造业，信息化学品制造业。

经济发展新动能指数 是利用新产业、新业态、新商业模式调查基础数据，采用线性加权的综合评价方法构建而成的复合指数，用来反映经济新动能发展的趋势和进程。

人口数 指一定时点、一定地区范围内有生命的个人总和。年度统计的年末人口数指每年 12 月 31 日 24 时的人口数。年度统计的全国人口总数未包括香港、澳门特别行政区和台湾省以及海外华侨人数。

人口自然增长率 指在一定时期内(通常为一年)人口自然增加数(出生人数减死亡人数)与该时期内平均人数(或期中人数)之比，用千分率表示。计算公式为:

$$人口自然增长率 = \frac{本年出生人数 - 本年死亡人数}{年平均人数} \times 1000‰$$

$$= 人口出生率 - 人口死亡率$$

国内生产总值(GDP)　指一个国家所有常住单位在一定时期内生产活动的最终成果。国内生产总值有三种表现形态，即价值形态、收入形态和产品形态。从价值形态看，它是所有常住单位在一定时期内生产的全部货物和服务价值与同期投入的全部非固定资产货物和服务价值的差额，即所有常住单位的增加值之和；从收入形态看，它是所有常住单位在一定时期内创造的各项收入之和，包括劳动者报酬、生产税净额、固定资产折旧和营业盈余；从产品形态看，它是所有常住单位在一定时期内最终使用的货物和服务价值与货物和服务净出口价值之和。在实际核算中，国内生产总值有三种计算方法，即生产法、收入法和支出法。三种方法分别从不同的方面反映国内生产总值及其构成。

对于一个地区来说，称为地区生产总值或地区 GDP。

当年价格　也称现行价格，指报告期内的实际市场价格。按现行价格计算的各种综合指标可以反映当年国民经济发展水平及比例关系，但因其变化受实物数量增减和价格升降因素的影响，在不同时期之间缺乏可比性。

可比价格　指计算各种总量指标所采用的扣除了价格变动因素的价格，可进行不同时期总量指标的对比。按可比价格计算总量指标有两种方法：一种是直接用产品产量乘某一年的不变价格计算；另一种是用价格指数对按现价计算的总量指标进行缩减。

城镇调查失业率　指城镇失业人口占城镇就业人口与失业人口之和的百分比，根据全国月度劳动力调查数据计算。

城镇登记失业人员　劳动年龄（年满 16 周岁（含）至依法享受基本养老保险待遇）内，有劳动能力，有就业要求，处于无业状态，并在公共就业服务机构进行失业登记的城镇常住人员。

城镇登记失业率　指报告期末，登记失业人员期末实有人数占期末从业人员总数与登记失业人员期末实有人数之和的比重。

价格指数　指从生产者、购买者和市场的角度，分别反映不同时期货物和服务价格总水平变动趋势幅度的相对数。目前编制的价格指数主要有居民消费价格指数、商品零售价格指数、工业生产者出厂价格指数、工业生产者购进价格指数、农产品生产者价格指数等。

居民可支配收入　指居民可用于最终消费支出和储蓄的总和，即居民可用于自由支配的收入。既包括现金收入，也包括实物收入。按照收入的来源，可支配收入包含四项，分别为：工资性收入、经营净收入、转移净收入和财产净收入。

居民消费支出　指居民用于满足家庭日常生活消费需要的全部支出，既包括现金消费支出，也包括实物消费支出。消费支出可划分为食品烟酒、衣着、居住、生活用品及服务、交通通信、教育文化娱乐、医疗保健以及其他用品及服务八大类。

一般公共预算收入　指国家财政参与社会产品分配所取得的收入，是实现国家职能的财力保证。主要包括：（1）各项税收：包括国内增值税、国内消费税、进口货物增值税和消费税、出口货物退增值税和消费税、企业所得税、个人所得税、资源税、城市维护建设税、房产税、印花税、城镇土地使用税、土地增值税、车船税、船舶吨税、车辆购置税、关税、耕地占用税、契税、烟叶税、环境保护税等。（2）非税收入：包括专项收入、行政事业性收费收入、罚没收入、国有资本经营收入、国有资源（资产）有偿使用收入和其他收入。财政收入按现行分税制财政体制划分为中央本级收入和地方本级收入。

一般公共预算支出 指国家财政将筹集起来的资金进行分配使用，以满足经济建设和各项事业的需要。主要包括：一般公共服务、外交、国防、公共安全、教育、科学技术、文化旅游体育与传媒、社会保障和就业、卫生健康、节能环保、城乡社区、农林水、交通运输、资源勘探工业信息等、商业服务业等、金融、援助其他地区、自然资源海洋气象等、住房保障、粮油物资储备、灾害防治及应急管理、其他支出、债务付息、债务发行费用、预备费等方面的支出。财政支出根据政府在经济和社会活动中的不同职权，划分为中央财政支出和地方财政支出。

一般工业固体废物综合利用量 指调查年度企业通过回收、加工、循环、交换等方式，从固体废物中提取或者使其转化为可以利用的资源、能源和其他原材料的固体废物量（包括当年利用的往年工业固体废物累计贮存量）。如用作农业肥料、生产建筑材料、筑路、用作充填回填材料等。综合利用量由原产生固体废物的单位统计。

城市生活垃圾清运量 指报告期收集和运送到各生活垃圾处理厂(场)和生活垃圾最终消纳点的生活垃圾数量。生活垃圾指城市日常生活或为城市日常生活提供服务的活动中产生的固体废物以及法律行政规定的视为城市生活垃圾的固体废物。包括：居民生活垃圾、商业垃圾、集市贸易市场垃圾、街道清扫垃圾、公共场所垃圾和机关、学校、厂矿等单位的生活垃圾。

全社会固定资产投资 是以货币形式表现的在一定时期内全社会建造和购置固定资产的工作量以及与此有关的费用的总称。该指标是反映固定资产投资规模、结构和发展速度的综合性指标。全社会固定资产投资按登记注册类型可分为国有、集体、联营、股份制、私营和个体、港澳台商、外商、其他等。

房地产开发投资 指各种登记注册类型的房地产开发法人单位统一开发的住宅、厂房、仓库、饭店、宾馆、度假村、写字楼、办公楼等房屋建筑物，配套的服务设施，土地开发工程(如道路、给水、排水、供电、供热、通讯、平整场地等基础设施工程)和土地购置的投资；不包括单纯的土地开发和交易活动。

货物进出口总额 指实际进出我国关境的货物总金额。包括对外贸易实际进出口货物，来料加工装配进出口货物，国家间、联合国及国际组织无偿援助物资和赠送品，华侨、港澳台同胞和外籍华人捐赠品，租赁期满归承租人所有的租赁货物，进料加工进出口货物，边境地方贸易及边境地区小额贸易进出口货物，外商投资企业进出口货物和公用物品，到、离岸价格在规定限额以上的进出口货样和广告品(无商业价值、无使用价值和免费提供出口的除外)，从保税仓库提取在中国境内销售的进口货物，以及其他进出口货物。该指标可以观察一个国家在货物贸易方面的总规模。我国规定出口货物按离岸价格统计，进口货物按到岸价格统计。

外商直接投资 指国外及港澳台地区投资者在非上市公司中的全部投资及在单个外

国投资者所占股权比例不低于10%的上市公司中的投资。

农作物播种面积 指日历年度内收获农作物在全部土地（耕地或非耕地）上的播种或移植面积。凡是本年内收获的农作物，无论是本年还是上年播种，都算为播种面积，但不包括本年播种、下年收获的农作物面积。

建筑业总产值 指以货币表现的建筑业企业在一定时期内生产的建筑业产品和服务的总和，不包括境外产值。建筑业总产值包括:

1. 建筑工程产值：指列入建筑工程预算内的各种工程价值。

2. 安装工程产值：指设备安装工程价值以及将预制部品部件安装成建筑工程产品的价值。

3. 其他产值：建筑业总产值中除建筑工程、安装工程以外的产值。包括房屋构筑物修理产值、非标准设备制造产值、总包企业向分包企业收取的管理费以及不能明确划分的施工活动所完成的产值。

社会消费品零售总额 指企业（单位、个体户）通过交易直接售给个人、社会集团非生产、非经营用的实物商品金额，以及提供餐饮服务所取得的收入金额。个人包括城乡居民和入境人员，社会集团包括机关、社会团体、部队、学校、企事业单位、居委会或村委会等。

国际旅游收入 指入境游客在中国(大陆)境内旅行、游览过程中用于交通、参观游览、住宿、餐饮、购物、娱乐等全部花费。

货(客)运量 指在一定时期内，各种运输工具实际运送的货物重量(旅客数量)。货运按吨计算，客运按人计算。货物不论运输距离长短、货物类别，均按实际重量统计。旅客不论行程远近或票价多少，均按一人一次客运量统计；半价票、儿童票也按一人统计。

货币供应量 货币供应量可分为三个层次:

M_0：流通中的货币

M_1：即狭义货币，M_0＋单位活期存款

M_2：即广义货币，M_1＋准货币（单位定期存款＋个人存款＋其他存款）

存款 包括住户存款、非金融企业存款、财政性存款、机关团体存款、非银行业金融机构存款、境外存款等。

贷款 包括短期贷款、中长期贷款、融资租赁、票据融资、各项垫款、非银行业金融机构贷款、境外贷款等。

上市公司数 指在统计期末其发行的股票在对应交易所上市的股份有限公司的数量。以股票上市日进行统计，同时发行A、B股的上市公司，按一家计算。

股票市价总值 指统计期末根据上市公司股票价格和对应股票数量计算的股权价值合计。

研究与试验发展（R&D） 指为增加知识存量（也包括有关人类、文化和社会的知识）以及设计已有知识的新应用而进行的创造性、系统性工作，包括基础研究、应用研究和试验发展三种类型。

附录二

香港特别行政区主要统计指标解释

年中人口 在1996年前是以“广义时点”方法编制，数字包括在统计时点身在香港特别行政区的永久性居民、非永久性居民和旅客，亦包括暂时离港前往中国内地及澳门特别行政区的香港特别行政区永久性居民。自2000年8月起，“居住人口”方法已取代“广义时点”方法用以编制香港特别行政区的人口数字。追溯至1996年的修订人口数字已经编制。利用“居住人口”方法所编制的人口估计，称“居港人口”。“居港人口”包括“常住居民”和“流动居民”。

“常住居民”指两类人士：（一）在统计时点之前的6个月内，在港逗留最少3个月，又或在统计时点之后的6个月内，在港逗留最少3个月的香港特别行政区永久性居民，不论在统计时点他们是否身在香港特别行政区；及（二）在统计时点身在香港特别行政区的香港非永久性居民。对于不是「常住居民」的香港特别行政区永久性居民，如他们在统计时点之前的6个月内，在港逗留最少1个月但少于3个月，又或在统计时点之后的6个月内，在港逗留最少1个月但少于3个月，不论在统计时点他们是否身在香港特别行政区，会被界定为「流动居民」。根据「居住人口」的编制方法，旅客并不包括在香港特别行政区人口内。

粗出生率 是指某一年内的活产婴儿数目相对年中每千名人口的比率。

粗死亡率 是指某一年内的死亡人数相对年中每千名人口的比率。

劳动人口 是指15岁及以上陆上非住院人口，并符合就业人口或失业人口的定义。

劳动人口参与率 是指劳动人口占所有15岁及以上陆上非住院人口的比例。

失业率 是指失业人口在劳动人口中所占的比例。失业人口包括所有在统计前7天内并无职位，且并无为赚取薪酬或利润而工作，而随时可工作，并在统计前30天内有找寻工作的15岁及以上人士。失业人口亦包括那些并无职位，有找寻工作，但由于暂时生病而不能工作的人士；及并无职位，可随时工作，但由于下列理由而没有找寻工作的人士：（I）已为于稍后时间担当的新工作或开展的业务作出安排；或（II）正期待返回原来的工作岗位；或（III）相信没有工作可做（第III类为“因灰心而不求职的人士”）。

本地生产总值 是指香港特别行政区的所有居民生产单位，在一个指定的期间内（一般是1年或1季），未扣除固定资本消耗的生产总值。由2009年的统计期开始，按经济活动划分的本地生产总值统计数字是按「香港标准行业分类 2.0 版」编制，其数列已作出后向估计至2000年。

本地居民总收入 是指香港特别行政区的居民，在其经济领域内或外从事各项经济活动而赚取的收入，但不包括非本地居民在香港特别行政区经济领域内从事经济活动的收入。

国际收支平衡 是一项统计报表，有系统地撮录在一个指定期间内（一般是1年或1季）

某经济体与世界各地之间（即居民与非居民之间）进行的经济交易。完整的国际收支平衡表包括两大账户：(a) 经常账户；及 (b) 资本及金融账户。

国际投资头寸 是显示一个经济体在某特定时点的对外金融资产及负债存量的资产负债表。对外金融资产及负债的差额即为该经济体的国际投资头寸净值，代表其对世界各地的净申索或净负债。

居民消费物价指数 有四个数列，以反映消费价格变动对不同开支范围的住户的影响。甲类、乙类及丙类消费物价指数分别根据较低、中等及较高开支范围的住户开支模式编制而成。而综合消费物价指数是根据上述住户的整体开支模式而编制，反映消费价格转变对全体住户的影响。

指　　数	约占住户的百分比	住户于 2019 年 10 月至 2020 年 9 月期间的每月平均住户开支
综合消费物价指数	90%	\$6,500–\$91,999
甲类消费物价指数	50%	\$6,500–\$27,999
乙类消费物价指数	30%	\$28,000–\$48,499
丙类消费物价指数	10%	\$48,500–\$91,999

按教育程度划分的学生人数 数字只包括就读为期一年或以上长期课程的全日制及兼读制的学生人数。数字并不包括就读由专上教育以下程度的学校提供的补习班、职业训练及成人教育课程。

综合社会保障援助计划 其目的是向有需要的个人或家庭提供现金援助，使他们的收入达到一定水平，以应付生活上基本及特别需要。申请人无须供款，但必须接受经济状况调查。

公共福利金计划 包括高龄津贴、伤残津贴、长者生活津贴、广东计划及福建计划。高龄津贴及伤残津贴分别是为年龄在70岁或以上或严重残疾的香港居民，每月提供现金津贴，以应付因年老或严重残疾而引致的特别需要。至于长者生活津贴，旨在为年龄在65岁或以上有经济需要的香港居民，每月提供特别津贴，以补助他们的生活开支。而广东计划及福建计划分别设有高龄津贴及长者生活津贴，为选择移居广东或福建的合资格香港居民，每月提供现金津贴。申请公共福利金计划下的伤残津贴及高龄津贴（包括广东计划及福建计划)的人士均无须接受经济状况调查。公共福利金计划的一宗个案指一位受助人士。

附录三

澳门特别行政区主要统计指标解释

本地生产总值 反映每年在澳门特区生产的货物和提供各种服务的总量。本摘要中的本地生产总值用支出法及生产法估算，支出法等于私人消费支出、政府最终消费支出、固定资本形成总额、库存变化和货物及服务出口净值（出口减进口）的总和。而生产法等于各经济行业的增加值总额的总和，再加上相关税项。这种方法可以评估澳门特区的产业结构。

出生率 参考期内新生婴儿数目与年中人口之千分比。

死亡率 参考期内死亡人数与年中人口之千分比。

劳动人口 在调查日前 7 天内可参与生产商品或提供服务的年龄在 16 岁及以上人士，包括就业人士及失业人士。

就业人口 在调查日前 7 天内为赚取报酬或利润而工作至少 1 小时的年龄在 16 岁及以上人士，亦包括无酬家属帮工、没有上班但与雇主保持工作联系的雇员，以及正在休假的雇主或自雇人士。

劳动力参与率 劳动人口占年龄在 16 岁及以上人士的百分比。

失业率 失业人口占劳动人口的百分比。

就业不足率 就业不足人口占劳动人口的百分比。

贸易条件指数 澳门称为贸易价格比率指数。即货物出口单位价格指数与货物进口单位价格指数之比率。

访澳旅客 指任何非以澳门特区为常居地的人士，其在澳门的逗留时间少于一年，旅客之旅游目的并非在澳门特区参与任何有偿活动。

酒店入住率 入住客房数量与可供应客房数量之百分比。

进口 将任何来自外地的货物运入澳门特区，但属以再进口及转运方式运入者除外。

出口 将任何货物运离澳门特区，但属以暂时出口及转运方式运离者除外。

本地产品出口 将原产地为澳门特区的任何货物运离澳门特区。

转口 澳门称为再出口。将任何先前进口入澳门特区的货物，不经加工运离澳门特区，或虽经加工，但尚不足以取得以澳门特区作为原产地资格的货物运离澳门特区。

楼宇单位 包括住宅、商铺、办公室、工业、车位、酒店及其他单位。

楼宇总建筑面积 所有楼层楼面面积之总和。楼面面积从外墙起量度，包括大堂、楼梯、升降机所占面积以及所有公用地方面积。

广义货币供应量 M_2 指狭义货币供应量 M_1 加上准货币负债。准货币负债指储蓄存款、通知存款、定期存款、其他存款和存款证明书。

消费价格指数 反映澳门特区住户于购买一篮子之指定商品或服务时，在不同时间该等商品或服务之价格变动。

小学教育　为期6年，完成幼儿教育或在报名当年的12月31日年满6岁的儿童可报读小学教育第一年。就读小学的最高年龄为15岁。

中学教育　由两个阶段组成：初中教育及高中教育。

1)初中教育　为期3年，合格完成小学教育者可以入读。就读初中最大年龄为18岁，但在特别情况下，经教育机构决定，可以逾越此年限。

2)高中教育　为期3年，合格完成初中教育者可以入读。就读高中最大年龄为21岁，但在特别情况下，经教育机构决定，可以逾越此年限。

高等教育　由大学、理工学院及相等之学院开办之学位或非学位课程。

附录四

台湾省主要统计指标解释

户籍登记人口数 是指具有户籍登记的年底人口总数。

劳动力人口 是指资料标准周内年满 15 岁可以工作的民间人口，包括就业者及失业者，并有年龄及教育程度等分类资料。

劳动参与率 是指劳动力占 15 岁以上民间人口的比率，并有年龄、教育程度与婚姻状况等分类资料。

失业率 是指失业者占劳动力的比率，并有年龄、教育程度、婚姻状况及县市别分类资料。

本地生产总值 是指台湾省的本省居民与非本省常住居民，在一个指定期间内（通常为一年），在台湾省从事各种经济活动所产出的附加价值的合计。

居民储蓄总额 是指台湾省各经济部门在一定期间内的储蓄总额。

居民储蓄率 是指居民储蓄总额与本地居民总收入的比率。

逾期放款比率 是指逾期放款占总放款的比率。

存款 是指银行收受个人、公营和民营事业、政府或同业之存入款额，是银行的负债和资金的主要来源。

放款 是指银行与顾客约定一定时间，到期一次收回本息，或在约定时间内，分期收回本息的贷款及贴现，是银行的债权和资金运用的主要方式。

投资 是指银行运用资金生利的一种方式，也即从事以生利为目的的有价证券的经营。